适性语文

小学语文教学主张与实践

高玉梅 著

东北师范大学出版社
NORTHEAST NORMAL UNIVERSITY PRESS

图书在版编目（CIP）数据

适性语文：小学语文教学主张与实践 / 高玉梅著. -- 长春：东北师范大学出版社，2024. 11. -- ISBN 978-7-5771-1853-6

Ⅰ．G623.202

中国国家版本馆CIP数据核字第20255T24L5号

SHIXING YUWEN: XIAOXUE YUWEN JIAOXUE ZHUZHANG YU SHIJIAN

适性语文：小学语文教学主张与实践

责任编辑：包瑞峰　　封面设计：吴思萍
责任校对：陈佳韵　　责任印制：许　冰

东北师范大学出版社出版发行
长春净月经济开发区金宝街118号（邮政编码：130117）
电话：0431-84568126
网址：http://www.nenup.com
厦门集大印刷有限公司制版
厦门集大印刷有限公司印装
厦门市集美区环珠路256-260号
2024年11月第1版　2024年11月第1版第1次印刷
幅面尺寸：170mm×238mm　印张：17.25　字数：245千字
定价：58.00元

（版权所有，盗版必究）

序

高玉梅老师是一位优秀的小学语文教师，躬耕教坛三十多年，曾任厦门市集美区内林小学校长，现任厦门市集美区曾营小学书记。在长期的教育教学工作中，特别是在内林小学、曾营小学担任主要领导期间，她勤学笃行、求是创新，形成了特色鲜明、行之有效的学校办学主张和语文教学主张，在推进学校内涵式高质量发展和语文教学改革的征途上，蹄疾步稳，一路生花。

高老师在内林小学推行"三实教育"，继而在曾营小学赓续"差异教育"研究，在此基础上提炼出"适性语文"的教学主张，并我们奉献了极具理论和实践价值的著作——《适性语文》。这本书从"适性语文"主张的缘起、内涵、教学策略、教学与作业设计、教学研究、教育叙事等方面，构建了"适性语文"主张的理论架构，探索了"适性语文"主张落地落实的路径方法，对于广大语文教师贯彻实施义务教育语文新课标、新教材、新教学、新评价，很有启发借鉴作用。

高老师的"适性语文"主张，集中体现为"三六三"适性课堂教学模式。她认为，语文教师应把"三性"作为教学基点（即学生性、学科性、学习性），坚持"六适"教学路径（即目标适宜、内容适当、流程适恰、方法适合、作业适切、评价适时），体现"三化"教学特点（即差异化、实践化、协同化），因材施教，让语文学习在每一个学生身上真实发生。这本书通过丰富的案例和深入的分析，向我们展示了如何在语文课堂上实施"适性教学"。无论是教材的教学解读、教学目标的确定，还是教学流程、教学设计、教学评价，都提供了"适性"的解决方案；更有阅读、习作、综合实践活动等模块"适性教学"的具体操作范例。徜徉于本书的字里行间，我们对"适性语文"的理解、运用，渐有了然于心之感。

读罢掩卷，我认为高老师主张的"适性语文"，其精髓，大致体现在以下几个方面：一是尊重差异，因材施教。强调语文教学要尊重学生的个性差异，让每个学生都能找到适合自己的语文学习方式。二是以人为本，学为中心。强调语文教学要符合学生身心发展规律，让学生真正成为学习的主人，享受语文学习的乐趣。三是聚焦素养，全面培养。强调语文教学要能够帮助学生"在真实情境下解决问题"，突出"情境""任务""活动""评价"在教学中的作用发挥。四是评价导向，促进成长。强调语文教学要"以评导教""以评促学"，关注学生的学习过程和成长变化，关注显性学业成就和隐性素养提升，为学生全面发展奠基。

百年前，梁启超先生就对"学术"一词有过精辟论述。他说："学也者，观察事物而发明其真理者也。术也者，取所发明之真理而致诸用者也。"他又说："学者术之体，术者学之用，二者如辅车相依而不可离。学而不足以应用于术者，无益之学也；术而不以科学上之真理为基础者，欺世误人之术也。"可以说，《适性语文》一书兼具"学"与"术"两个方面的特质，是打通从理念到实践"最后一公里"的务实力作，益"学"、益"术"，益己、益人。

这本书的出版，不仅是高玉梅老师专业发展的标志性事件，更是我区教育科学研究和名师培养工程的最新成果。为此，我们要向高老师表示衷心祝贺和诚挚敬意。愿更多的教师"看见"《适性语文》，践行"适性语文"，愿语文教育开出更加绚丽的"适性"之花、结出更加丰硕的"适性"之果。

厦门市集美区教师进修学校校长　李涛
2024年7月19日

目录

第一章　适性语文教学主张的缘起……001
第一节　内林小学"求实教育"的实践基础……001
第二节　曾营小学"差异教育"的研究基础……006
第三节　个人教育教学成长的实践基础……016

第二章　适性语文教学主张的阐释……021
第一节　适性语文教学主张的内涵……021
第二节　适性语文教学主张的理论基础……036
第三节　适性语文教学主张的文献综述……044

第三章　适性语文的教学策略……056
第一节　适性语文教材解读与备课策略……056
第二节　适性语文教学目标的设计策略……065
第三节　适性语文课堂教学流程……070
第四节　适性语文教学设计策略……081
第五节　适性语文教学评价策略……085

第四章　适性语文阅读教学策略……089
第一节　目标适宜：单元阅读教学目标设计……089
第二节　内容适当：把握人物特点的教学内容选择……092
第三节　流程适恰：单课阅读教学流程设计……097
第四节　方法适合：指向高阶思维的"问题链"设计……102

第五节　评价适时：基于"教—学—评"一体化的命题与评价 … 107

第五章　适性语文习作教学策略 … 112
第一节　目标适宜：基于教学目标的随文练笔 … 112
第二节　内容适当：充分挖掘教材资源的习作指导 … 120
第三节　流程适恰：单元习作教学实践 … 123
第四节　方法适合：从仿写中起步　在练笔中提升 … 132

第六章　适性语文综合实践策略 … 137
第一节　拓展资料的运用要有语文味 … 137
第二节　语文与班会课综合实践 … 140
第三节　跨学科语文综合实践 … 144

第七章　适性语文的教学设计 … 153
案例一：四年级上册《王戎不取道旁李》 … 153
案例二：五年级下册《自相矛盾》 … 158
案例三：五年级下册《草船借箭》 … 164
案例四：六年级上册《只有一个地球》 … 171
案例五：六年级下册《那个星期天》 … 177

第八章　适性语文的作业设计 … 184
第一节　课堂作业设计的要则 … 184
第二节　语文校本作业设计 … 189
第三节　单元整体视域的情境性作业 … 202
第四节　运用校本作业培养学生的审美创造力 … 210

第九章　适性语文与教师教研 … 218
第一节　主题教研模式的主要内容 … 218
第二节　主题教研助推教师专业成长 … 227

第三节　主题教研中优化教学策略 …………………………… 233

第十章　适性语文与教师的教育叙述……………………………… 243

　　第一节　适性育人心得：我的学生来"家访" …………………… 244

　　第二节　适性读书心得：用温和而坚定的方式陪伴孩子成长 …… 246

　　第三节　适性家教心得：言传身教　代际相承 ………………… 248

　　第四节　适性生活心得："尊重与成全"的生活更舒适 ………… 252

　　第五节　适性办学心得：学校文化密码阐述 …………………… 255

后记………………………………………………………………………… 260

参考文献…………………………………………………………………… 263

第一章　适性语文教学主张的缘起

第一节　内林小学"求实教育"的实践基础

厦门市集美区内林小学位于杏林工业区，占地面积约50亩，校舍面积1.45万平方米。学校的前身是"后埔堡"董任私塾，1943年春，由社区的家长代表林清秀牵头发起，将位于官仓村的一间破旧民舍进行改造，成立了内林初级小学。1961年，内林初级小学成为公办完全小学。2005年4月，学校扩建，更名为杏林中心小学，下属三所六年制完全小学，分别为高浦小学、西亭小学、杏苑小学。2014年2月杏林中心小学更名为杏林小学，成为集美区直属小学，当时的校园文化主题为"感恩教育"。2015年1月，杏林小学再次更名为内林小学。校名更替频繁，使得师生缺乏对学校文化的认同，广大师生希望进一步明确学校文化建设的方向，提炼出与目前学校实际吻合的办学主张。

一、"求实教育"的内涵

"求实"，顾名思义，"求"，追求、探究；"实"，真实、扎实而又务实。"求实"，指的是基于学校实际的实地、实况的研究，去寻找教育的实然，探究教育的规律，发现教育的本真，追求教育的真谛。陶行知先生有言"千教万教教人求真，千学万学学做真人"，表现了老教育家对"实事求是"的教育追求。"实事求是"思想方法启迪我们：无论是学校整体，还是学校中的每一个人，必须脚踏实地，实事求是，只有扎扎实实地做事，踏踏实实地做人，才能实现可持续发展。

二、"求实教育"的提出

（一）育人目标使然

核心素养的概念是对"教育应培养什么样的人"这一问题的回答。"求实教育"正是基于核心素养背景下的理性思考，为核心素养的校本化实践寻找突破口与发力点。所回应的是在教育教学实践中，通过对规律的把握，使核心素养的培养指向变得精准、具体、可操作，从而增强教育的成效。

（二）教育理论引领

《论语》中谈及，"君子务本，本立而道生"。"本"，原来的，本来就有的。"本立"，地基有了，才会有成就。意思是做人要脚踏实地，才会有成就。陶行知先生主张做一个真正的人，这是教育的目的，也是做其他一切的基础。"求实教育"即尊重规律，务本求真，引导学生追求真知，追求真才实学。

（三）学校发展需要

1. 三个"一"

一棵树：具象化的学校文化象征。校园内有一棵200多年树龄的榕树，几代内林师生在榕树的庇荫下学习生活，产生浓厚的情感，校友回到学校总要到榕树下站立仰望，眷念之情溢于言表。在学校师生的心目中，榕树是一种精神的寄托，是一种情怀的牵挂。把榕树作为学校文化具象化的象征，用其形更用其神。

一校训：脚踏实地·心向蓝天。因为对榕树的敬仰和爱慕，学校把榕树作为学校文化的象征，凝练出校训"脚踏实地·心向蓝天"。"脚踏实地"的寓意是脚踏坚实的土地，比喻做事认真、踏实、不虚浮，一步一个脚印。校训的提出，勉励全校师生都像榕树一样：认真学习、扎实根基，不断追求进步。

一愿景：像榕树一样茁壮成长。"求实教育"是具有实践落点的可操作性系统。学校倡导把每天在做的事，从校园文化的角度去表述、去实践，师生在各项教育实践中建立起"脚踏实地"的根本意识，在实践中体悟榕树的品性，把榕树精神体现在具体的行为中，成为具有"求实"思维品质的人。

2. 三个阶段

（1）第一阶段：感恩文化（2015年9月前）。这一阶段内林小学校名更替频繁，使得师生对学校文化认同有遗憾。再者多年来"感恩"为主题的校园文化建设遇到了瓶颈，加上学校领导班子调整等因素，师生希望进一步明确学校文化的建设方向，提炼出与目前学校实际吻合的学校文化。

（2）第二阶段：昌榕文化（2015年9月—2018年6月）。2015年9月，全体师生一致同意以榕树精神作为学校文化的主题。从办学理念"立德树人·教学根本"的提出，到教风"立己达人·枝繁叶茂"和学风"向善立美·春华秋实"的确立，榕树精神成为学校文化的基因渗透到学校办学实践的各方面，并成为全体师生认可的精神风貌。

再者，榕树枝繁叶茂、庇荫乡里的特点，是学校"感恩文化"的形象体现，更使得原来的感恩文化得到扩充。榕树文化的提出既尊重了学校的历史文化，又帮助师生找到了维系学校过去和明天的纽带。

（3）第三阶段：求实教育（2018年6月后）。围绕当下的现状与需求，学校不断向师生说明学校文化的内涵，让师生理解学校"为什么要去做"，以及必须"脚踏实地去做"的道理。学校的文化认同，其核心是对一种基本价值的认同。"脚踏实地"的榕树精神，带给学校的不仅是"精气神"，还是一种学校特有的价值观，它指引着学校的发展方向。

三、"求实教育"的文化体系

从榕树身上提炼的"坦诚宽厚、立己达人、向善立美、脚踏实地"的品性，在某种意义上已经超越榕树本身，不仅用其美，更用其神。学校把榕树文化提升为一种价值观，就带着一种生命的期待，榕树文化的提出是学校自然条件的优势使然。

（一）办学理念：立德树人·教学根本

立德树人是教育的根本任务，也是教育现代化的方向目标。培养德智体美劳全面发展的社会主义建设者和接班人，归根结底就是立德树人。要完成好这一根本任务，需要厘清思路、花大力气、下真功夫，学校抓住"教学"主任务，立足"课堂"主阵地，以福建省教改示范性建设学校的研究项目为依托，从"课堂"研究着手，进行教学改革。

（二）学校发展愿景：像榕树一样茁壮成长

寄寓全校师生在榕树下学习成长为具有"榕树之仪、榕树之才、榕树之美"的人才！

（三）学校发展目标：内养英华·芬芳成林

"内养英华"指内林小学师生涵养教育的甘霖，修身养性，向善立美，在生活、学习中充实自我，完善自我；"芬芳成林"指内林小学全体师生像榕树一样成长，秉承"立德树人·教学根本"的办学理念，围绕"立美、立人、立德、立行、立英"的教育宗旨，最终春华秋实，枝繁叶茂，成为国家栋梁。办学目标寓意内林小学脚踏实地，扎根课堂，博采众长，终育得桃李满天下。

（四）三风一训

1. 校训——脚踏实地·心向蓝天

"脚踏实地"，就是脚踏在坚实的土地上，比喻做事认真、踏实、不虚浮，一步一个脚印。榕树之所以能独木成林，就是凭借脚踏实地的信念，夯实根基，一步一步向上成长。"脚踏实地·心向蓝天"作为内林小学校训，勉励全校师生都像榕树一样：认真学习、扎实根基，不断追求进步，最终成为有用之人！"脚踏实地·心向蓝天"作为学校的校训读起来铿锵有力，行动起来简单可操作，从此便成为全体师生行动的指南和精神面貌的写照。

2. 校风——坦诚宽厚·淳朴大方

"坦诚宽厚·淳朴大方"作为内林小学的校风,是希望师生以坦诚之心,做宽厚之事,如榕树一样淳朴大方。

3. 教风——立己达人·枝繁叶茂

希望内林小学教师必须以育人为己任,不仅要自己成功,更要助学生成功;不仅要做到自己明事理,更要教导学生明事理。枝繁叶茂,寓意培养出更多的人才,像榕树一样枝繁叶茂,桃李满天下。

4. 学风——向善立美·春华秋实

向善,愿意做对他人有益的事;立美,做美的事情,包括让自己美,让他人感觉到美。春华秋实,"华"同"花",春天开花,秋天收获,比喻事物发展的因果关系。"向善立美·春华秋实"作为内林小学学风,鼓励广大学子:学习的目的在于向善立美,只要我们坚持用心学习、努力践行,必将收获美好的未来。

学校以"榕树文化"为引领,围绕学校的办学理念"内养英华·芬芳成林",提炼出"三风一训",即校训"脚踏实地·心向蓝天";校风"坦诚宽厚·淳朴大方";教风"立己达人·枝繁叶茂";学风"向善立美·春华秋实"。学校还创编了"榕情觅意"校本课程,从榕树之仪、榕树之才、榕树之美三方面创编教材。榕树之仪,写榕树高大、秀美又朴实大方的外形特点;榕树之才,写榕树脚踏实地、不畏艰难顽强生长的精神和"天生我材必有用"的人生信念;榕树之美,写榕树树大如盖,春华秋实,美化乡里,朝气蓬勃的精神面貌。

"榕树文化"渐渐地渗透进学校教育教学工作,形成一系列彰显榕树精神的校园主题活动,如榕园书语读书节、榕林探秘科技节、榕海艺梦艺术节、榕子健体体育节、榕情心声心理健康教育月、榕情心曲教工活动、榕情心语党员活动、榕情护校安全工作,还有主题鲜明的"扎根课堂·博采众长"教学活动、"向上向善·立德树人"德育活动等。

如在"扎根课堂·博采众长"教学活动中,学校要求教师在课堂教学中,抓住学科根本,落实学科育人目标。在行动上,要把教学理念外化于具体的实践体现在教学过程中，积极探索"三实课堂"教学模式，提炼"三实课堂"的教学理论，运用合适的教学策略，构建"教学真实、训练扎实、收获厚实"的课堂，从而实现"内养英华·芬芳成林"的办学愿景。

四、从"求实教育"到适性语文

"求实教育"是实践的文化，从它被提炼出来的那一刻，便有力地证实榕树文化对学校发展的促进作用，同时又指导着学校从实践活动的角度深化求实文化内涵。学校管理体现一个"制度务实"，教师发展需要"教学厚实"，学生成长指向"为人踏实"。"制度务实、教学厚实、为人踏实"要求学校用具体的行动去诠释"求实教育"的含义。

"求实教育"的办学实践孕育了"三实课堂"，"三实课堂"构建了"教学真实、训练扎实、收获厚实"的课堂新样态。

"学习真实"，要求教师基于学情需要，设计适合学生的学习目标，选择合适的内容供学生学习，实施合适的方法让学生的学习真正发生；"训练扎实"则要求教师根据教学要素设计作为"学习支架"的作业或练习，为学生掌握知识和形成能力提供必要的训练，使学习扎实有效，从而达到"收获厚实"的教学目标。可以说"三实课堂"追求给学生提供合适的教育，让学习真实有效地发生。

"求实教育"追求给每个孩子适合的教育。适性语文主张教师把"合适才是最好"贯彻教学的始终。溯本求源，适性语文与求实教育一脉相承。"求实教育"追求给每个孩子适合的教育，到语文学科，就是适性语文。

第二节　曾营小学"差异教育"的研究基础

厦门市集美区曾营小学开展差异教育已有20多年的历史，学校推行以"三核"为导向的差异教学模式，其做法主要是根据统编教科书提炼出反映课程标准的"核心知识"，根据"核心知识"设计每堂课的"核心问题"，围绕"核心问题"采用"核心方法"，为学生提供基础性教学和练习，帮助每位学生在原有基础上有所提高，培养适应终身发展和社会发展需要的关键能力。在以"三核课堂"为抓手的差异教育校本化研究中，学校梳理了学生的差异表现，也提炼了差异教育的策略，可以说掌握了一定程度的关于差异教育的资源，获得了差异教育研究的相应成果。

一、差异教育的概述

差异教育研究，在曾营小学经历了3个重要的时期（图1-1）。

深化期
2011年后
彰显个性·最优发展
（主题教研、素养银行）

发展期
2001—2010年
差异教学·同时发展
（游学、免考、择业）

初创期
约1995—2000年
分层教学·同步发展
（层次目标、层次策略）

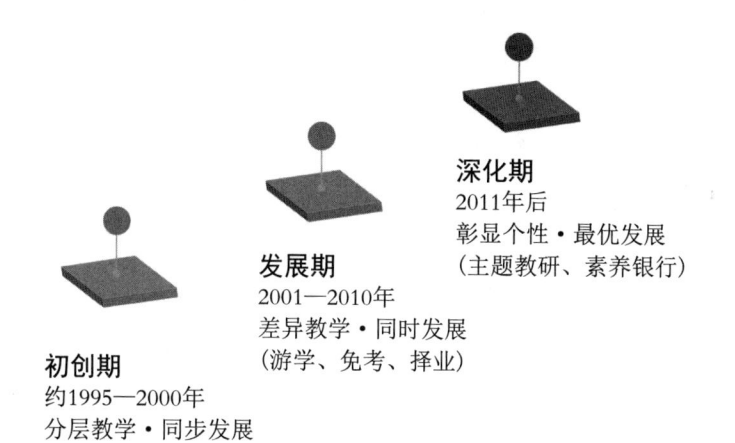

图1-1 差异教育的发展阶段

（一）初创期（约1995—2000年）

此阶段，时任校长沈怡蓉指导下，语、数两个学科探索"异步教学·同步发展"的教学策略的研究。"异步教学"，即分层教学，就是在教学中根据学生的发展水平，确定与之适应的、不同层次的教学目标，并采取不同层次的教学策略，促使每位学生在原有的基础上得到提高。

（二）发展期（2001—2010年）

这是曾营小学差异教育研究的关键阶段。"新课程背景下大班额教学照顾学生差异的实践与研究"被确定为中国教育学会"十五"规划课题，同时被确定为厦门市"十五"规划重点课题，时任校长沈怡蓉于2003年10月应邀参加中国教育学会"十五"规划课题经验交流，"游学、免考、择业"等差异教育的策略引起教育界和社会的反响，《光明日报》《人民教育》等报刊媒体先后进行了专题汇报。课题研究成果荣获厦门市第七届教育科研成果评比一等奖。

（三）深化期（2011年后）

叶秀萍校长、高玉梅校长、张汉城校长等先后主持学校工作。校长不同，但是他们都瞄准学校差异教育的主攻方向，即"彰显个性·最优发展"的差异育人目标的实现。三位校长均以"福建省教改示范性建设项目——基于学生核心素养发展的差异教育改革与实践"为抓手，聚焦学生核心素养发展，引入信息技术进行数据采集与分析，梳理差异教育的课程建设、教学模式、学生评价体系等，为促进学生个性发展，实现学生全面发展，前仆后继，做出有益的探索。2021年，叶秀萍校长撰写的《差异教育促最优发展》一书正式发表，标志着差异教育取得阶段性的研究成果。2022年，高玉梅校长提炼了"三段四环主题教研模式""适性课堂"等差异教育的策略，撰写了《基于学生发展核心素养的差异教育改革与实践》课题研究总报告（荣获厦门市第十三届教育科研优秀成果评比三等奖），为差异教育研究的不断深入打开了新通道。《中国教育报》《厦门日报》《厦门晚报》等国家省市媒体多次对学校差异教育进行专题报道，更加坚定我们继续深化差异教育研究的信心和决心。

二、差异课堂的研究

曾营小学电教馆的正面墙上有一句箴言，即"一切教学理念都要在课堂上看得见"，这可谓是曾营小学几十年教改的理念和经验，几代曾营人在差异教育的研究中始终坚守课堂教学主阵地，构建了差异教学理论和教学模式。叶秀萍校长总结梳理差异教育的经验成果，在其专著《差异教育促进最优发展》中，提出了差异教学课堂教学策略。核心内容如下：差异导致差别，差别化对待是差异教学模式的根本要求。从教学内容上进行分层，而不是对人进行分层，有别于其他的差异教学研究；对课进行分段，有利于差异教学的实施；对学生进行分组，有利于不同个性、能力和兴趣的学生能更好地互相学习；分人是甄别优势的补偿，也有利于弱势补偿，达到差异发展。曾营小学的差异教学策略概括起来为四个方面，即"分层、分段、分组、分人"，笔者且称为"四分教学策略"，以下全文摘录，略有删减。

（一）分层教学策略

分层，即"三核"分层。在班生模达50人以上的班级实施差异教学是极具挑战性的，教师所制定的教学计划、设计的教学活动，必须让学得慢的学生不掉队，同时让学得快的学生有成效。但在实践中可以发现，教师在教学能力、教学经验、教学风格、教学偏好等方面存在差异，学生在学习风格、学习偏好方面也存在差异。教师的差异具体体现为教学重点把握程度不一，问题设计能力不一，教学方法运用不一。教师的教学差异直接影响着教学效果和学生素养的发展。学生的学习风格有分析型学习风格偏好、综合型学习风格偏好。从学生的学习风格偏好看，可细分为视觉型偏好、听觉型偏好、触觉型偏好、动觉型偏好和多感官学习偏好。不同的感官偏好对教师在教学过程中知识的呈现、问题的设计、方法的运用提出了不同的要求。当教师的教学方式与学生的学习方式恰好匹配时，师生在同一频道，教与学是一种积极而愉快的体验。经过摸索实践，学校推行以"三核"为导向的差异教学模式，即根据教材提炼出反映课程标准的"核心知识"，根据"核心知识"设计每堂课的"核心问题"，围绕"核心问题"采用讨论、评论、视听、观察、实验、操作、演示等"核心方法"，让已有一定基础的学生巩固并扩充知识，同时为那些初学者或学习困难的学生提供基础性教学和练习，帮助每位学生在原有基础上有所提高，培养适应终身发展和社会发展需要的关键能力。

（二）分段教学策略

分段教学，即课前、课中和课后分别采取相应的方法教学。

1. 课前：学测结合，了解学情

课堂教学中，学校推行课前预习改革，通过编制语文、数学、英语、科学学科"课前预习"检测题库，并借助APP推送给学生，获得数据为课堂教学提供有力的依据，提高课堂教学效率。首先，由教师创建教学视频，学生课外观看视频讲解，然后再回到课堂中，师生、生生间面对面地分享交流学习成果与心得。教师开发创建与"核心知识"相对应的"微课程"，即一个微课（5分钟以内），一组标准化试题（10题以内），一组标准化答案（对应试题），一组答案解析（对应试题），并将"微课程"直接推送至APP。学生可结合课本阅读，根据自己的学习需要选择微课，可反复观看，或回看重点、难点部分；通过自我检测，自我修正，使个性化差异化学习成为可能。学习平台自动生成的数据，可以给教师的差异教学带来颇有价值的信息，使课堂教学更有针对性。

2. 课中：差异教学基本操作程序

第一环节：自学（2分钟），学生明确自己的"核心问题"；

第二环节：互学（10分钟），三人小组运用"核心方法"交流，教师巡视指导、获取"共学"阶段指导信息；

第三环节：共学（20分钟），小组汇报，教师点拨"核心知识"；

第四环节：拓学（10分钟），举一反三，进行巩固练习、扩展练习或完成校本作业。

3. 课后：设计"作业超市"，促进最优发展

学校以课改项目"基于师生发展核心素养的差异教育改革与实践"为主线，根据学段的核心素养目标要求，将要领性的、关键的学习内容设计成层递式任务：一是根据挑战水平设计，二是根据复杂性设计，三是根

据资源设计，四是根据学习成果设计，五是根据过程设计，六是依据作品设计。以这六大类型设计形成"作业超市"。"作业超市"的设计做到依"标"、据"本"、抓"情"（依据语文课程标准、根据文本、抓住学情），采用"选编—改编—创编"的方式进行设计，供学生选择使用。

比如，语文学科，每课的校本作业分为三部分：一是预习与检测，以选择题、提问题为主，如"预习完课文，把你的问题写下来"，教师根据学生提的问题判定等级：一星级为"检索"，二星级为"理解"，三星级为"运用"，四星级为"评价"，五星级为"质疑创新"，以此培养学生的问题意识，将阅读引向深入，并从中挑选有价值的问题作为课堂教学的"核心问题"。学完课文后，每位学生还要回头看"你的问题解决了吗？把你的想法写下来"。二是课中练习题，以书面作业为主，主要有"积累与运用""阅读与欣赏"两部分。三是拓展与提升，以完成层递式任务为主，如统编版三年级语文上册《大青树下的小学》就设计了"学习了课文，我们认识了一所大青树下的小学。我们的曾营小学也非常美丽可爱，请你用自己喜欢的方式介绍我们学校。你可以写一段话，可以写一首小诗，可以写一段歌词，也可以画一幅画并配上文字说明"的作业任务，不同兴趣爱好、特长的学生都可一展身手。校本作业的每一部分与课堂教学环节大致匹配，紧扣课堂教学主线，与课堂教学内容对应。这样为学生量身定做的作业，重视学生主体，达到了"学练合一"的目的。

（三）分组教学策略

分组教学，即通过弹性分组实现对不同学生的最好观照。面对实际存在的不同学情，教师可根据教学任务和学生的学习方式进行弹性分组，弹性分组的方式有四种。一是同质分组，根据学习内容，将达成某一学习目标所具备的学习条件相接近的学生分在同一组。这样的分组，利用相近性进行有效互动，使小组学习更为顺利。二是异质分组，即根据学习内容，将达成某一学习目标所应具备的学习条件不一样的学生分在同一组。教师按照学生的知识基础、学习能力、兴趣爱好、道德认知、生活环境等差异进行分组。利用互补性获取信息，让不同特质、不同层次的学生优化组合，使每个小组都有高、中、低三个层次的学生。由于每个小组成员都是异质的，所以就连带产生了全班各小组间的同质性，这就充分体现了"组内异质、组间同质"原则。组内异质为小组成员间的互相帮助、互相促进提供了可能，组间同质又为全班各小组创设了公平竞争的宽松环境。三是自由分组，教师只确定小组的人数，其他不做要求，让学生自由搭配。小学生往往有自己喜欢的学习和生活伙伴，在情感与信息交流上畅通无阻。对难度较大而且需要情感参与的教学内容，自由搭配式组合无疑起到了积极作用。四是随机分组，随机分组就是没有任何要求下的随意分组，教师根据座位就近分组，实现便捷式高效合作。这种分组方式在完成较简单的小组学习任务时比较合适。

进行分组时，要对小组成员进行"编号""分工"，明确各自的职责和任务，并对组员的组内交流提出要求：一是每个成员，按顺序依次交流自己的方法和结论；二是"说"的同学，要清晰表达，以确保所有同伴听懂你的想法，"听"的同学，要认真倾听，努力听懂同伴的想法；三是交流结束后，团队集思广益、博采众长，整理思路。全班汇报要求：一是"说"的同学，既要说清现在的想法，也要说清组内交流时出现过哪些想法，后来又做出了怎样的改变；二是"听"的同学，既要听懂台上同学的想法，也要想想团队有没有不同的观点，及时补充或质疑。每节课通过如此方式的交流讨论，学生的阅读、倾听、思考、表达能力得到了培养，敢于担当、善于合作的精神得到了提升。

（四）分人教学策略

分人，指的是为不同的学生创设当"小老师"的平台。陶行知先生说过："小孩子最好的先生，不是我，也不是你，是小孩子自己队伍里最进步的小孩子。"这句话表明了同伴教学的重要性。金字塔学习理论也表明，在众多学习方法中，"学习后，马上教别人"，两周后的学习成果保持率是较高的。

在课堂教学中，教师应重视"小老师"的培养：低年级，教师示范如何当"小老师"，通过轮流组织晨读、午休阅读、收作业等，起"小老师"的作用；中年级，主要是当好三人小组的"小老师"，能够帮助组员解决困惑，教组员更好的思维方法；高年级，从小组内当"小老师"慢慢走向讲台讲习题。

上讲台前，教师先布置任务——"小老师"准备讲解内容——教师适当修改。上讲台讲解习题时，"小老师"会接受同学和教师的提问和质疑。整个互动的过程，一方面培养了"小老师"的应变能力，另一方面培养了其他学生的倾听和思考能力。实践证明，"小老师"上台讲课比教师上课更有吸引力。一方面，学生们用自己熟悉的语言交流，另一方面，台下的同学等着给"小老师""挑刺"，因此上课更加专注，思考问题更加深入，提问题的水平也在不断提高。

三、基于差异课堂的适性语文

曾营小学二十多年的差异教学的研究成果浓缩在"分层、分段、分组、分人"的"四分教学策略"中，"四分"蕴含着曾营人坚持差异教育理念，体现了曾营人"为学生提供最适合的教育"的积极探索的智慧。

多年来，笔者在运用学校的差异教学策略进行语文教学的实践中，始终将"为学生提供最适合的教育"的理念贯穿其中，结合语文学科的特点，渐渐把着力点放在关于"目标、内容、方法、流程、作业、评价"等方面是否"适合"的研究上。笔者发现，这六个方面的研究与"四分"密不可分，可以说"四分"使差异教育落地课堂，"四分"启发笔者去构建差异教育特色鲜明的适性语文教学课堂的样态。

（一）"分层"教学的启发——教学目标适宜，内容适当

"当教师的教学方式与学生的学习方式恰好匹配时，师生在同一频道，教与学是一种积极而愉快的体验，学生就能感受到成功的学习经

历。"[1]这句话引导曾营人在差异教育的探索中推行以"三核"为导向的"分层"教学模式,"让已有一定基础的学生巩固并扩充知识,同时为那些初学者或学习困难的学生提供基础性教学和练习","帮助每位孩子在原有基础上有所提高,培养适应终身发展和社会发展需要的关键能力"。"三核"之"核心知识",为根据教材提炼出反映课程标准的"核心知识",体现了教师对"教什么"的执着认真。"教什么"是差异教育的出发点,需要教师制定教学目标,选择相应的教学内容,以落实"教学核心知识"。而"核心问题"和"核心方法"则指向怎么教、怎么学、学得怎样的问题。

鉴于学生、教师现实存在的差异,如何让"师生在同一频道",需要教师去寻找适宜的目标,选择恰当的教学内容,才能达到让"学得慢的学生不掉队,同时让学得快的学生不浪费时间"的目标。"分层教学"的实践结果证明,只有制定"适宜目标"和选择"适当内容",才能为学生提供合适的教育。

(二)"分段"教学的启发——教学流程适恰、作业适切

"分段"教学指课前和课中两个阶段,主要运用"翻转课堂"实施"先学后教"的策略。课前阶段,学校推动课前预习改革,建立"课前预习"检测题库,让学生在课外自学,然后回到课堂中进行互动,倡导自我检测、自我修正的个性化差异化学习。课中阶段,推行"自学、互学、共学、拓学"四个环节的教学流程,充分发挥"三人小组"在"互学"和"共学"当中自主学习、协同学习的作用。

2018年8月,教育部会同国家卫生健康委员会等八部门联合印发《综合防控儿童青少年近视实施方案》,要求学校布置作业不依赖电子产品,原则上采用纸质作业。2018年12月,《教育部办公厅关于严禁有害APP进入中小学校园的通知》指出,"凡未经备案审查的学习类APP一律禁止在校园内使用,不得在课外统一组织或要求、推荐学生使用未经备案审查的学习类

---

[1] 叶秀萍.差异教育促最优发展[M].厦门:厦门大学出版社,2021.

APP"。2021年1月，教育部办公厅发布《关于加强中小学生手机管理工作的通知》，要求"原则上不得将个人手机带入校园"。至此，需要电子平台及电子工具支撑的"翻转课堂"，到了需要调整的关口，迫使学校去寻找一个更合适的操作模式。

课后"作业超市"，根据学段核心素养目标设计的"六大类型"作业，具有层递式的特点，是教师为学生量身定做的。教师在作业的设计中，不仅考虑作业的类型、评议的标准，还提供给学生自主选择的机会。因此"作业超市"备受学生喜爱，这与教师深研语文课程标准、把握学情的努力是分不开的。随着语文课程标准出台和党的二十大报告对教育公平的要求，笔者清醒认识到，在差异教育的研究上，不仅要继续"作业超市"的研究，还要进一步思考如何设计出适切的作业，以达到教学的最优效果。

（三）"分组""分人"的启发——方法指导要适合，评价要适时

体现差异教学策略的"分组"是弹性分组，即根据学生的情况、内容的呈现、进度的需要随时进行微调。分组的目的指向"这样做比较合适""这样做效果更好"的教学追求。分组的人员组成是弹性的，但是人数固定为三人，组成"三人小组"，"编号""分工"的方式一致，且各自有明确的职责和任务，如组内交流的流程有次序，即"说"要清晰表达，"听"要能懂意思，还要有三人的共识；再向全班汇报要求："说"的同学、"听"的同学全程要有交流、倾听、反馈、评价。三人小组合作学习模式，为学生自学创设了条件，构建了互学的场域。

金字塔学习理论指出"学习后，马上教别人"的学习效果保持率较高。因此，"三人小组"合作学习采取自学与互学交织的学习方式，以及运用小组交流和全班汇报相结合的方式，悄然把每个学生推到了"小老师"的讲台上。如：低年级，"小老师"轮流组织晨读、午休阅读、收作业；中年级，"小老师"帮助组员解决困惑，教会组员更好的思维方法；高年级，"小老师"上台讲习题，接受同学和老师的提问和质疑。

教师创设机会让每个学生都有机会当"小老师",从而提高教学效率。但毕竟课堂时间有限,"分组、分工"的科学性有赖教师的实际操作水平,不同的教师关于"分组、分工"的指导有明显的差异。同时,从评价的内容和评价的方式看,教师对学生的学习评价产生的效果大相径庭。因此,在传承和运用有效教学策略的同时,笔者思考:语文教学中,采取适合的学习方法事半功倍,反之则不然,因此基于差异教育的语文课堂,亟须教师在学习方法的指导和学生评价上,始终朝着"最优化"的目标去寻找最合适的路径。

第三节　个人教育教学成长的实践基础

1992年,笔者进入曾营小学,直到2010年离开,其间十多年时间亲身参与了学校的差异教育的研究;2020年,回到曾营小学。离开学校的十年间,差异教育的办学理念和教学立场始终伴随我。从区学科带头人到厦门市学科带头人、厦门市专家型教师再到福建省名校长后备人选的过程,就是从"差异教育"到"差异教学"再到"适性语文"的研究过程。

一、教科研业务实践

笔者从1995年开始跟着时任校长沈怡蓉探究"异步教学·同步发展"教学策略。2001年,笔者参与厦门市"十五"规划中小学首批重点课题"新课程背景下大班额教学照顾学生差异的实践与研究"的课题研究,探索大班额背景下照顾学生差异的教学路径及教学策略。在此期间,课题组总结了照顾学生差异的策略:课堂上的策略,如借贷教学制、三证学习制(三证指游学证——学生可游学到相应学力水平的年级教室进行相应学科学习;免考证——学生可申请免予单元考试、期中考试或期末考试;择业证——学生有选择作业的权利);课外活动的策略,如扩大的新芽执勤队的活动功能、扩大的总早会的活动功能,还有"走进马銮湾"校本课程实践活动；评价的策略，包括"八二开形成性学习评价法""成长记录袋评价法"等。这些做法培育出一批个性特长明显的学生，如2023年担任全国政协委员的自媒体人"意公子"吴敏婕。课题研究成果让老师认识到差异教育的价值，形成了差异教育的理念：一是学生差异是现实存在的，他们都是独立的个体；二是教学要考虑学生差异，尊重学生差异就要给学生提供不同的学习内容或方法。

随后的教学中，笔者阅读了华国栋的《差异教学论》，在汲取书籍关于差异教育的理论滋养的同时，从作业设计方面入手，开始分层作业的设计，进行层级随文练笔的实践。随即课堂出现了学生进行作业选择的场景，如"生字组词"作业，对于某些学生是必做题，对于某些学生却是可选题或免做题。接下来的几年间，笔者先后担任厦门市规划办课题"优化课堂练习"、福建省教育规划课题"基于语文实践能力提升的校本作业设计的研究"和福建基础教育研究院的"'双减'背景下校本作业新形式的研究"课题研究主持人，课题成功立项并顺利结题，积累了丰富的差异作业设计的经验。这期间笔者执教《呼风唤雨的世纪》获中央电教馆录像课比赛一等奖，执教《花的勇气》获厦门市语文课堂教学比赛一等奖，2022年《基于学生发展核心素养的差异教育改革与实践》课题研究总报告获厦门市第十三届教育科研优秀成果奖。实践表明，差异教育的研究是基于学生的研究，它与语文课程标准倡导的"关注学生个性化、多样化的学习和发展需求，增强课程适宜性"理念是一致的。

二、与他人共成长实践

2010年，因校际交流，笔者来到厦门市集美区李林小学任教，当时这还是一所隶属于灌口中心校的农村六年制完全小学。生源主要是外来务工人员子女。学生流动性强，学习基础不扎实，需要教师寻找一种有效提升学生学习效率的教学策略。借鉴曾营小学"新课程背景下'大班额'教学照顾学生差异的实践与研究"的课题研究成果，笔者决定带着李林小学的语文学科教师开展"差异化的小学语文随文练笔"的课题研究。如教学《只有一个地球》时，在了解地球的外形特点时，教师会设计层级性作业，供学生选择。如："围绕中心句写一段话。1.地球是那么美丽（渺小）＿＿＿＿＿＿＿＿。2.地球是那么美丽而渺小。＿＿＿＿＿＿＿＿。"层级性作业给不同能力水平的学生提供了选择的机会，学生可以选择适合自己的作业，"选择题2"的学生要从两个角度阐述自己的观点，具有一定的挑战性，让学有余力的学生在作业的实践中掌握知识，形成能力。这期间，层级性作业的设计让许多教师意识到，根据不同学生的需要设计不同的作业，不搞"一刀切"，让学生对完成作业更有信心。对于学生来说，作业是关于"练什么"的范畴，对于教师来说则是"教什么"的问题，因此基于差异教育的教学，从选择教学的内容到设计作业，以及作业评价，都要适合学生的差异。笔者的关于"合适才是最好的"理念，应该就是那时候萌芽的。

2011年，因工作调动笔者来到厦门市集美区新源小学。这是一所新办学校，90%左右的学生都是外来务工人员子女。学生来自五湖四海，学习基础、学习方式等差异十分明显。笔者担任分管教学的副校长，带领各教研组分析学生差异，根据差异制定教学目标，设计层级作业，继续贯彻"教什么"即"练什么"，把"教学练合一"作为研究的课题。三年左右，新源小学的学业质量跻身于区域范围内良好的阵营中，先后有十多位教师成长为学校、进修校和教育局有关部门的管理干部。根据差异教育的理念，学生因为适合的教学而成长，教师也根据自身的差异找到最适合自己成长的方式。

2015年，笔者担任内林小学书记、校长职务，基于差异教育理念的"求实教育"办学主张，在学校榕树文化浸润下，孕育出"三实课堂"。"三实课堂"突出"实、活、效"的教学特点，打造"教学真实、训练扎实、收获厚实"的课堂，力求让学生学得扎实、练得扎实，学有所得，学有所成。学校也在沉寂22年后，重新收获省级以上的荣誉。

2020年，笔者回到"吃第一口奶的地方"。学校作为首批"福建省义务教育教改示范性建设学校"，笔者接过其研究项目"基于学生发展核心素养的差异教学改革与实践"（后更改为"基于师生发展核心素养的差异教育改革与实践"）的任务，深深感受到前任校长叶秀萍把担子放在我肩上的期望。传承"差异教育"，与其说是一种责任，更是一种使命。

三、名师工作室实践

语文课程标准中"关注学生的个体差异和不同的学习需要"以及"增强课程实施的情境性和实践性，促进学习方式变革"的要求，向语文教师传达了教学的基本理念与方法：教师要用"有教无类"的情怀，实施"因材施教"的策略，让每个学生都能充分发挥自身的本领和潜能。带着这样理解，工作室活动的开展富有成效。

2019年笔者开始担任区级名师工作室领衔人，从带领学校教师发展到带领区域的名师发展，始终以深入差异教育的研究为抓手，精心设计工作室各项活动，并逐步进行成果提炼，努力争取理论成果和实践成果双丰收。并主要了开展理论学习、课题研究、教育帮扶、课堂教学研究、教师技能提升、对外交流展示等方面的工作。

三年多来，工作室成员开展专题研修活动29场，覆盖集美区12所小学，还多次与省内各地市学校开展交流研讨工作，在工作室内完成47节公开课、34场讲座。笔者连续担任集美区两届"五级带教"导师，带教的19位教师共开设公开课、讲座23场次，其中5人获厦门市青年教师五项基本功综合奖项三等奖，集美区青年教师五项基本功比赛一等奖，个人单项奖（课件制作）第一名；2人获集美区创新赛一等奖；7人在市区语文试题命制比赛中获奖。工作室成员和带教徒弟都十分认可差异教育的理念，他们积极打造适合学生的课堂，为学生量身定制作业、教学内容，在设计有层级的作业方面做出了有益的探索。

2023年8月—2024年4月，担任"国培计划（2023）——西藏自治区全区小学骨干校长（名校长）办学治校能力提升培训班"实践导师，为19位西藏骨干校长做专题培训；2020年10月—2023年9月，担任福建师范大学教育学部专业学位研究生校外实践导师；2022年10月—2024年10月，担任厦门市第十一期学科带头人培养对象培训班指导教师，指导5位市学科带头人培养对象进行课堂教学、课题研究等。差异教育的教学经验推广到外省如西藏、新疆、甘肃、宁夏、广东等地的学校，推广到省内明溪、大田、南平、同安、翔安等地学校，以及对口支援学校甘肃临夏州和政县三合小学、闽宁帮扶教育共同体学校宁夏固原市彭阳县古城镇第二小学（农村学校）。整个带教的过程中，引领更多的教师关注学生的天性和个性，去寻找适合学生发展的一种语文教学范式。

可以说，适性语文教学主张的提出，并非心血来潮，它生发于曾营小学这所百年老校，生发于工作室建设多年的实践与思考。未来的日子里，工作室成员们逐步梳理和提炼出适性语文课堂教学模式，切实打造一个适应学生的语文生态课堂，为学生提升核心素养构建一个理想的课堂教学模式。

第二章 适性语文教学主张的阐释

适性语文基于差异教育，从学科本位出发，探索语文教学中关于"学生性、学科性、学习性"的教学基点，突出实践育人的学科特点，通过探寻目标、内容、方法、流程、作业、评价等具体的教学路径，落实学生核心素养的发展，是遵循教育规律、尊重学生差异的语文教学研究。

第一节 适性语文教学主张的内涵

"给学生适合的教育"彰显了几代曾营人朴素的教育情怀。学校坚持"全面发展、适性扬长"的育人目标，努力培养"基础扎实、个性张扬、身心健康、全面发展"的人。基于长期的教学实践和理论学习，语文组提出了"适性语文"教学主张，全力探索适应学生的语文教学策略，积极寻求学生语文核心素养培育的新举措。

一、适性语文的提出

适性语文生发于学校的办学理念，是教师践行学科育人目标，落实教育公平的积极探索。

（一）学校差异教育研究的积淀

学校开展差异教育研究有二十多年的历史，学校推行以"三核"为导向的教学模式，其做法主要是根据教材提炼出反映课程标准的"核心知识"，根据"核心知识"设计每堂课的"核心问题"，围绕"核心问题"采用"核心方法"，既为学生提供基础性教学和练习，也为学有余力的学生提供进阶的学习资料，帮助每位学生在原有基础上有所提高。以"三核课堂"为抓手的差异教育研究中，推行"'三人小组'合作学习"和"作业超市"等举措，客观呈现了学生的差异表现，为适性语文教学提供了丰富的案例，为适性语文教学的研究奠定了基础。

（二）语文学科育人本位的坚守

"育人"是教育的根本使命，是教师的根本职责，是学科教学的根本价值。课堂是学科育人的重要场域，用差异教育的理念浸润课堂，构建一个打开个体生命、丰盈个体生命、提升个体生命的"适性"课堂，一直是学校语文教师的自觉追求。语文组教师一贯尊重学生的差异，根据差异教育理论从学生的学习能力、学习兴趣、学习风格等方面进行弹性的、分层的教学设计。课堂上注重培养学生主动学习、个性表达的能力，实施差异评价，促进学生最优发展。"合适的才是好的教学"成为学校语文教师的共识，正是课堂实践的积累和理论研究的深入，逐步凝练而成"适性语文"的教学主张。

（三）"适性语文"教学主张的提出

党的二十大提出了"促进教育公平"的要求，"教育公平"，指的是要保障每个人享受教育的平等权利（包括机会、过程和结果）。公平能否允许差异？关于这个问题，顾明远教授认为："教育公平不仅应该允许差异，而且要承认差异，重视差异，培养差异。"[1]差异的存在正是提出"教育公平"的前提。学校几十年的教学改革实践，论证了"尊重差异，接纳差异，照顾差异，发展差异，反馈差异、实现差异"的教学逻辑体系，鼓励学生按照自己的节奏参与学习，允许不同的孩子选择不同的方式解决问题，促进个体最大限度获得发展，实现全体学生个性和谐发展。"适性"语文正是在这样的教育环境中培育出的一种教学新生态。教师在适性语文教学中，实施合适的教学流程、采用合适的教学策略，让语文学

---

[1] 顾明远. 公平而差异是基础教育的必然选择[J]. 上海教育科研，2007(9)：4—5+33.

习在每一个学生身上真实发生。

二、适性语文的内涵

适性语文，即根据差异教育的理论，科学认识学生的差异，并主动依据学生的差异制定适宜的目标，选择恰当的内容，运用适合的方法，施以适恰的流程，布置适切的作业，采取适时的评价，让学生在适性语文学习中，实现最优发展。

（一）适性

"适"指适合，"性"指学习者的个性、人格、兴趣和能力等方面的特性。适性，《现代汉语大词典》解释为"称心，合意"，在教育教学中意为教师根据学生的实际情况采取适合个体差异的教学行为使学生的学习称心如意。"适性"突出三性：一是学生性，注重差异教学，因材施教；二是学科性，注重学科特点，落实核心素养；三是学习性，注重学习方法，培养学习力。

（二）差异教育

差异教育，指学校教育教学中，尊重学生的个体差异，开展照顾差异的教育活动，促进学生在原有的基础上得以发展。关注学习者的个性差异，为其提供个性化教育是我国当前和未来教育发展的趋势。基于差异教育的适性语文，其最基本的理念与方法就是尊重学生个体差异，有教无类、因材施教，让每个学生在语文学习中充分发挥自身的天赋，激发自己的潜能。

（三）适性语文

教师把"适合才是最好的"理念贯穿语文教学的始终，努力构建"三六三"适性课堂。"三性"即"学生性、学科性、学习性"的教学基点；"六适"即教师坚持学习"目标适宜、内容适当、流程适恰、方法适合、作业适切、评价适时"的教学路径；"三化"即"差异化、实践化、协同化"的教学特点（见图2-1）。适性的语文课堂上，教师要把握教材，找到学生的薄弱点、认知偏差、学习优势等，实施适性的教学流程和策略，因材施教，让语文学习在每一个学生身上真实发生。

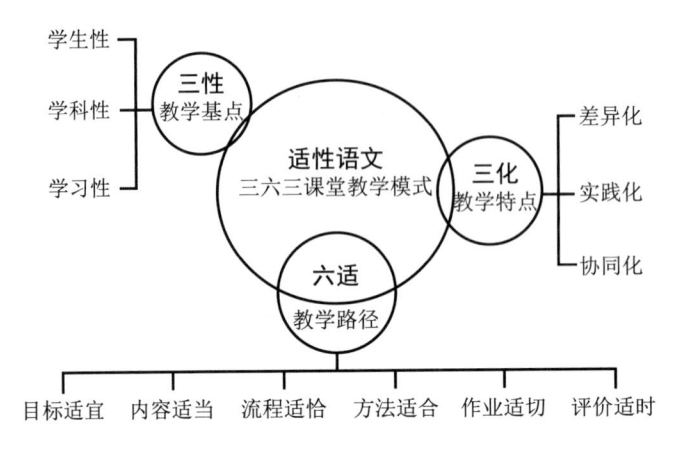

图2-1　适性语文教学模式

三、适性语文的特征

适性语文，主张遵循差异教育理念，以立德树人为根本任务，以教材单元为基本单位，在语文实践中根据学生的内在需求提供适合的学习内容和学习方法，尊重教育规律和学生身心发展规律，发挥学生个性潜能，进而构建适应学生、适合学生的语文课堂。

（一）适性语文的教学基点

"教育要适合学生的天性和个性，要以适合学生的教育促进学生全面发展"[1]。适性语文以"学生性、学科性、学习性"为教学基点，注重学生个性发展，注重学科语文实践、注重学生学习力培养。

1. 学生性

《义务教育语文课程标准（2022年版）》中提出"关注个体差异和不

---

[1] 贾永春."适性扬才"目标引领下基础教育与职业教育衔接问题刍议[J]. 现代教学，2023(22)：29—32.

同的学习需求，鼓励自主阅读、自由表达"的要求，向我们传达了这样的信息，即语文教学要基于"学生"，以学生的"差异和需要"作为教学的起点。实施差异教育，首先要了解学生差异，教师要成为观察学生的专业师、诊断师。教育必须先读懂学生、了解学生，才能"因材施教"。教师观察、分析，了解学生各自的特点，为教学提供相对准确的起点，然后给予教育的引导和帮助，使学生不断超越自己，实现自我发展，这就是"学生性"的含义。

2. 学科性

《义务教育语文课程标准（2022年版）》明确指出："语言文字是人类社会最重要的交际工具和信息载体，是人类文化的重要组成部分……工具性与人文性的统一，是语文课程的基本特点。"语文学科教学最突出的特点应是着眼于培养学生语文运用能力的实用功能和课程的实践性。教师应重视"写好字、读好书、作好文"，让学生在听说读写训练中，发展语言能力，提升思维能力，懂得审美创造，增强文化自信。这是语文教师历来努力践行的工作，语文教师无不希望有一种适合的教学主张或教学模式能有效提高课堂教学的效率。适性语文坚持以学科性为教学基点，是建立在教师对学生差异的充分认知基础上，更是建立在对语文学科性质的深刻理解上，教师要考虑教学的内容，更要思考基于学生的差异，如何合适地做出安排，使每个学生都能在自己的最近发展区产生"心流"，主动投入学习。

3. 学习性

学习性，是适性语文重视学生学习力培养的重要特征。学习力，是一个能量概念，而不是品质概念。"我们将学习定位为学生的生成、生长和发展，将学习力概念界定为学生的生长力，是对人的发展应具有的基本要素和个性化发展机制的刻画。"[1]语文课程标准倡导"增强课程实施的情境性和实践性，促进学习方式变革"，这正是适性语文主张提出的逻辑起

---

[1] 裴娣娜. 学习力：诠释学生学习与发展的新视野[J]. 课程·教材·教法, 2016(7)：3—9.

点。适性语文致力于学生学习方式的研究，允许不同的学生有不同的学习方法，鼓励不同的学生完成不同的作业。整个教学中，注重学生学习力的培养，探索促进学生学习与发展的思路和举措，把握学习力发展的内在机制，为学生未来的生存与发展找到自我发展的生长点。

"学生性、学科性、学习性"是适性语文的教学基点。适性语文利于学生学习、利于语文学习，体现了语文的工具性和人文性的统一。适性语文是关注人的差异的教育、关注语文学科特点的教育，具有较高的教育价值。

（二）适性语文的教学路径

明确语文教学的三个基点，彰显了适性语文的鲜明特征。如何把适性语文落地课堂，为培养学生核心素养提供理论基础和实践路径，学校语文组提出了"目标适宜、内容适当、流程适恰、方法适合、作业适切、评价适时"的教学路径，确保适性教学主张得以实施。

1. 目标适宜

在制定语文教学目标时，教师充分考虑到学生的差异，确保目标具有针对性，能够满足不同学生的学习需求。首先，目标要小而具体。大而泛的目标往往难以实现，也不利于教师对学生的指导。因此，教师需要将目标细化，例如，学习简要复述课文的方法，要求能长话短说、情节完整、突出要点地复述课文内容。这样的目标不仅具体可操作，也有利于教师评估学生的学习成果。其次，目标的表述要清晰明确。目标的表述准确、简洁、易懂，能够清晰地表达出预期的教学效果。此外，制定教学目标的角度要新颖。传统的教学目标往往只关注知识的传授和技能的训练，而忽视了学生的情感态度或能力的发展。因此，教师需要转变观念，从新的角度出发，制定出更加全面、立体的教学目标。例如，从单元整体出发，把跨学科思维、培养学生审美情趣、树立正确价值观等目标纳入教学计划中。教学目标要能够促进学生核心素养的发展。核心素养是指学生应具备的适应终身发展和社会发展需要的必备品格和关键能力。例如，将培养学生的批判性思维、团队协作能力等目标纳入教学计划中，以促进学生核心素养的发展。由此可见，制定语文教学目标时，基于学生的差异，确保目标小而具体、表述清晰明确、角度新颖，能够促进学生核心素养的发展。只有这样，才能更好地满足学生的学习需求，提高语文教学质量。

2. 内容适当

教学目标是终点，也是教学的起点。在语文教学中，学生的差异是教师必须面对和考虑的重要因素。为了达成教学目标，满足不同学生的学习需求，教师需要选择适当的教学内容，以照顾学生的差异。首先，教学内容的选择应具有层次性。学生的语文基础和学习能力存在差异，因此，教学内容应由浅入深，逐步提高难度。这样既能够满足基础较弱学生的需求，又能够激发基础较好的学生的学习热情。其次，教学内容应注重培养学生的核心素养。语文学科的核心素养包括语言建构与运用、思维发展与提升、审美鉴赏与创造、文化传承与理解等方面。教师在选择教学内容时，要基于核心问题，结合学生实际情况，以解决问题为出发点，选择合适的学习内容让学生在语言建构中发展核心素养。在此基础上，师生共同进行学习任务的制定，共同商定学习内容的选择，在具体内容的学习中解决问题。

3. 流程适恰

优质的教学流程是实现高质量教学的先决条件，而教学的质量反过来又反映了教学流程的质量。因此，要提升教学水平，关键在于提升教学流程的质量。在差异教育理念下，适合学生学习的语文教学流程应该具备适恰性，充分考虑学生的个体差异和学习需求，教学流程包括"引趣—品读—操练—反馈"四个教学环节。一是引趣，主要进行任务导入，包含字词复习、揭示课题、情境创设等。二是品读，引导品读课文，进行任务驱动下的课文感知、理解内容等。教师根据学生的学习风格和兴趣爱好，采用多样化的教学策略，如小组合作、角色扮演、游戏等，以提高学生的学习参与度和学习效果。重点落实课文中的语文要素，如语法、修辞、写作技巧等，培养学生的语文实践能力。三是操练，提供学习支架，鼓励学生自主选择练习、写作等方式，在完成任务的过程中将所学知识内化为自己的能力，实现语文要素的学习和内化。四是反馈，根据"教—学—评"一致性理念，实施多元评议，适时评价，不同的学生对照评价标准，得到恰当的评价。

4. 方法适合

语文学习方法恰当的概念是指在学习语文的过程中，师生采用讲授法、讨论法、演示法等采用的方法是有效的、科学的、符合学习规律的。这种学习方法能够帮助学生更好地掌握语文知识，提高语文能力，促进语文学习的进步。适性语文，关注学生自主学习能力的培养，积极推行"三人小组"合作学习（见图2-2）。三人小组主要采用异质分组，教师将三个学习能力不同的学生编在一组，为1号、2号、3号。2号综合能力较强，在讨论中起组织作用。3号学习力较弱或行为习惯偏差，座位安排于过道，便于教师巡视、辅导。学习结果的汇报有多种组合形式，如上台汇报，一人主汇报，一人在屏幕上圈画，一人补充；或教师指定一人主汇报，其他两人补充。三人协同学习，相互扶持，以优带差，共同进步。恰当的学习方法，关注学生的个体差异和个性需求，学生的学习得到更加全面和个性化的发展。

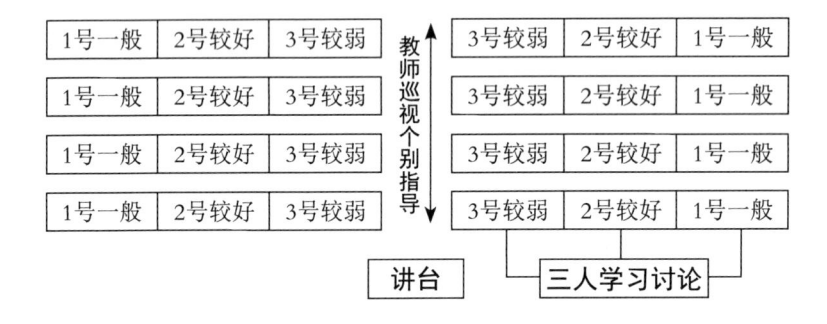

1号一般	2号较好	3号较弱	教师巡视个别指导	3号较弱	2号较好	1号一般
1号一般	2号较好	3号较弱		3号较弱	2号较好	1号一般
1号一般	2号较好	3号较弱		3号较弱	2号较好	1号一般
1号一般	2号较好	3号较弱		3号较弱	2号较好	1号一般
	讲台			三人学习讨论		

图2-2　三人小组合作学习座位安排示意图

5. 作业适切

良好的教育应当基于两个方面：一是尊重人的普遍本性，二是考虑到每个人独特的个性。这种既考虑共性又尊重个性的教育，称为与学生本性相契合的教育。在差异教育中，作业的设计、布置和评议都强调适切性，以满足不同学生的学习需求和促进他们的个性化发展。首先，设计作业要适切，表现为三个方面：有层次，即设计不同难度的作业，以满足不同层次学生的需求，基础题、提高题和拓展题可以适应不同水平的学生，让他们在作业中都能得到挑战和提升；多样性，即设计不同类型的作业，如阅读理解、写作、翻译、听力等，让学生有机会锻炼不同的语文技能；个性化，即根据学生的学习风格和兴趣，设计个性化的作业，如让学生选择自己感兴趣的主题进行写作，或者让他们根据自己的学习进度和目标自主设计作业。其次是布置作业要适切，也表现为三个方面：明确性，即布置作业时，要明确作业的要求和目标，让学生清楚地知道要做什么，以及完成作业的意义和价值；可行性，即作业的难度和量度适中，既不过于简单缺乏挑战性，也不过于困难让学生望而却步，同时要考虑到学生的时间和精力限制；灵活性，根据学生的学习情况和进度，适时调整作业的量和难度，以满足学生的学习需求，对于学习困难的学生，还可以提供额外的支持和辅导。

6. 评价适时

评价适时，指评价内容、评价方式合适，也指评价时机合适。《义务教育语文课程标准（2022年版）》中提及，要根据不同年龄学生的学习特点和不同学段的学习目标，选用恰当的评价方式，注重评价的多元与互动，以及多种评价方式的综合运用。指导教师要构建科学的评价意识，以提高课堂教学的效率，提升学科育人的效果。适性语文强调真实性评价，侧重学生个人的纵向对比，尊重学生的个性差异。教师将及时判断与测评学生的学习表现和学习效果。其一，评议作业适时，教师及时批改和评议作业，让学生尽快了解自己的学习情况，及时的反馈可帮助学生及时纠正错误并加深理解。其二，评议表现准确，教师在课堂上要时刻关注学生的反应和表现，包括他们的参与度、语言表达、思维逻辑等方面。通过观察和留意，教师可以更好地了解学生的学习状态和需求，从而有针对性地进行评价。其三，重视个别指导，当学生在课堂上表现不佳时，教师需要及时指出不足并提出改进方向。例如，当学生回答问题不够全面或思路不够清晰时，教师可以给予提示和引导，帮助学生更好理解和掌握知识。教师还要注重个性化评价。例如，对于性格内向的学生，教师可以给予更多的鼓励和支持；对于思维活跃的学生，教师可以给予更多的挑战和启发。准确把握学生的实际需求，开展真实性评价，测评学生真实的学习成效，并适时鼓励学生，激发学生学习的积极性。

（三）适性语文的教学特点

适性语文彰显了差异教育的理念，它尊重学生个体内在差异，遵循语文教学规律，借助丰富多样的路径和形态，引导学生进行具体的语文实践，采取自主合作探究的学习方式，因而体现了差异化、实践化、协同化的特点。

1. 差异化

适性语文在差异教育理念下，实施照顾差异的语文教学。教师根据"8∶1∶1"的命题难度指导意见，结合语文课程标准制定教学目标，在确保80%左右的学生完成任务的前提下，允许剩下20%左右的学生自主选择学习的内容或完成的方式（见图2-3）。因此，适性语文于课前便关注学生的差异。

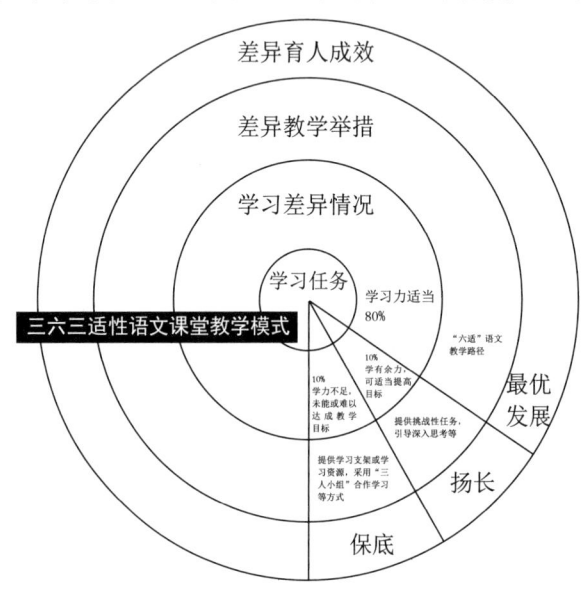

图2-3 三六三适性语文课堂教学学习任务设计比例

（1）教师在备课时从学生的实际出发。知识目标设计体现出层次性和差异性，明确提出差异发展要求。如《西门豹治邺》的教学：基础较差的学生要能够借助板书提示，长话短说、情节完整的复述故事；优秀的学生要能够在此基础上突出要点，用讲故事的方式向他人介绍西门豹。

（2）教师以课堂为主阵地实施差异教育。课堂上教师要确保80%左右的学生达成教学目标；另10%左右的学生完成目标仍学有余力，要给予一定挑战的任务，如拓展阅读、深入思考等；还有10%左右学生未能达标或难以达标，要根据学生的学习基础或学习风格等，改变教学方式，提供更多的学习资源，利用"三人小组"合作学习优势，帮助学力弱的学生达成目标。

（3）教师充分运用课后延伸满足差异发展。教师要运用课后拓展延伸满足差异发展，如布置不同难度的作业供学生选择，提供形式各异的完成作业的方式满足不同的学生的需求，使每个学生都有成就感。可以说，适性语文教学需要全面了解学生的差异，制定照顾差异化的教学目标，采取差异的教学方法，布置差异的作业和提供差异的辅导，采用自主学习和合作学习相结合的方式引导学生成长。

2. 实践化

"实践"是《义务教育语文课程标准（2022年版）》的高频词，成为语文课程改革与创新的一大亮点。实践一词指向语文基本性质，指向语文运用能力。全面理解和正确把握语文实践，是当代语文课程与教学改革的重大课题，是发展学生语文核心素养的重要举措。适性语文的教学中注重语文实践，具体表现在：

（1）创设实践情境。教师创设语文实践情境，如社会调查、实地考察、撰写报告等，通过角色扮演、模拟对话、写作实践等方式让学生在语言实践中锻炼语文能力。

（2）突出语言运用。强调语文知识的实际运用，创造条件为学生提供更多的语文实践机会，如开展语文活动、组织朗诵比赛、写作比赛等，让学生在活动中锻炼语言表达、沟通交流等实践能力。

（3）注重反馈与反思。及时给予学生学习实践情况的反馈和评价，引导学生反思自己的实践过程和成果，帮助学生发现问题、改进方法、提高实践能力。

适性语文重视语文实践，通过创设实践情境、强化语文运用、注重反馈与反思等方式，培养学生的语文实践能力。这样的教学方式能够更好地满足学生的学习需求和发展需求，提高学生的语文素养。

3. 协同化

适性语文的教学是面向全体的教学，在确保80%的学生完成目标的同时，兼顾20%左右学习优秀和学习弱的学生，都在原有的基础上有所提升。因此，适性语文从教学设计开始到教学实施，要组织学生共同参与，合作互助，达成协同化发展的目标。

（1）共商教学计划，开展协同教学。为了促进学生适性发展，在了解学生的实际情况以及学习需求的基础上，教师以备课组为单位，着眼于大单元教学，拟定教学计划。同时，各科教师加强交流、共享教育实践经验，组建教学团队，通过项目化学习等手段建构合作关系，帮助彼此确定合理的教学计划，开展多学科融合协同教学。

（2）实施分组教学，协调教学进度。德国物理学家Harmann·HaKen的协同（synergetics）理论"将协同学说成是'协调合作之学'"。"协同"是指协调两个或者两个以上的不同资源或者个体，协同一致地完成某一目标的过程或能力，强调组合效能大于个体功能。"协同学习是一种创新设计，是由学习者以异质小组形式参与，学习者有共同的学习目标，协同学习的结果不仅使自己获益，而且他人乃至整个小组从中都能获益。[1]"适性语文学习中，教师实施分组教学，选择不同的教学策略，积极协调教学进度，促进学生共同发展。例如，针对学习能力一般的学生，教师可采取不断重复、强化练习的方式，帮助学生及时巩固课堂所学内

---

[1] 王伟，吴昊，钱风华，等．基于协同创新理念下的卓越人才培养模式改革研究与思考［J］．中国高等医学教育，2018（4）：57—58．

容；对于学习能力比较好的学生，设计梯度问题，让学生在"运用、分析、讨论"的目标层级要求中解决问题；对于学习能力强的学生，则引导学生采取"探究、评价、拓展"的高层级要求的个性化学习方法。教师根据学生的个别差异，组织分组教学，依据组别来选择适当的教学内容，分配相应的学习任务，协同教学进度，实现全员参与。

（3）开展多元评价，促进互动交流。罗杰斯认为学习是个人的事，没有人可以真正知道另一个人学到了多少，只有自己最清楚自己学得怎么样。评价的角度不限于以知识为标准，也可以从学习态度、学习兴趣、抗挫折能力等方面来评价，其方式也可以是多种多样的。学生自己评价自己，可以说把评价的权力给了学生，同时让学生体悟到自我负责的精神品质。教师采用自我评价、小组评价、师生互评多元化的评价方式，以全面评议学生的学习状况。例如，可以采用口头表达、书面作业、小组讨论等方式进行评价，以便更好地了解学生的学习状况和需求，有针对性地进行教学。学生在多元评价中互动交流，通过问答、讨论等方式参与课堂活动，教师根据学生的反馈和表现及时进行调整和改进，从而实现生生、师生协同发展。

（四）适性语文的教学观点

适性语文教学集中表现为尊重学生个体差异，教师提供有差异的学习任务，实施多元的评价，落实语文实践。

1.尊重个体差异，鼓励多元发展

"由于遗传因素、家庭生活状况和教育条件、人际关系、社会环境等方面的不同，学生在知识积累、行为习惯、智力水平、身体素质、个性品格等方面都表现出一定的差异"[1]，这些差异大体表现为个体间差异、个体内差异、群体间差异、阶段间差异四个方面。语文教学是培养人的实践活动，适应个性、尊重差异是现代教学的基本理念，也应该成为教学方法

---

[1] 付敏，张瑞霞，桑淑霞，等.谈"差异教育"的实施[J].黑龙江教育（高教研究与评估），1997（4）：28.

选择的根本遵循。因此，教师在教学中既要立足于学生的差异，又要创设多种条件，让学生的潜能在原有的基础上充分发展。

20世纪80年代，美国心理学家霍华德·加德纳提出多元智能理论，指出每个人至少有七种智能，即语言智能、音乐智能、数理逻辑智能、空间智能、身体运动智能、人际交往智能和自我认知智能。以多元智能理论为视角，语文素养构成要素包含以下基本内容：口头语言与书面语言能力；语文思维能力；语文读书写字能力；语文审美能力；语文自主、合作、探究学习能力等。以上要素紧密联系，相互依存，共同构成了语文素养，使之具有立体化、综合性、动态化、实践性的特征。[1]

适性语文基于差异教育，接纳学生的差异，坚持"把学生的个性作为教学的出发点"，强调依据学生的能力、兴趣等，实施分组教学或个别指导，采用多种差异化的教学方式，以指导学生个性化学习，促进多元发展。

2. 强调学科实践，突出核心素养

语文课程标准指出"应该让学生更多地直接接触语文材料，在大量的语文实践中掌握运用语文的规律"。而培养语文能力的主要途径是语文实践。如何理解"语文实践"，黄伟老师指出，语文实践有着鲜明的学生主体性特点，以学生为本，以学生身心的充分参与为原则，以学生生命的发展为最高目标。"要充分发扬学生实践的主体性，也要注重实践对象与实践主体的匹配性。"[2]为了达到"匹配"的程度，教师在引导教学对象进行实践活动时，要充分考虑各种教学资源的利用，如网络资源、图书馆、多媒体等，以满足不同学生的学习需求，并采用多样化的教学方法，如小组合作、角色扮演、演讲等，以满足不同学生个体的需求。

学科实践是实现学科育人价值的重要路径，但在日常教学中如何有效

---

[1] 周艳青. 语文素养的多元智能理论观点[J]. 现代语文（教学研究版），2010(6)：20—21.

[2] 黄伟. 如何理解"语文实践"：基于《义务教育语文课程标准（2022年版）》的解读[J]. 中小学课堂教学研究，2022(6)：1—6.

地开展学科实践活动？崔允漷认为语文实践有着实践媒介性的特点，语文学科是学习其他学科的基础，是学科课程与学生生活相连接的纽带，有着文化超越性的特点，学科实践的目标是在真实的实践中培养学生解决问题的能力。发挥学科育人优势，促进学生核心素养发展，要求教师把每一个学生都视为真实而具体的人，让每一个学生都拥有均等的学习机会，都能按照自己的节奏参与学习，逐步养成自主学习的意识和习惯。

3. 落实公平理念，实现差异发展

安徽师范大学李宜江在《公平而有质量的教育：新时代十年我国教育改革发展的基本取向》中指出，发展公平而有质量的教育，其价值取向是更加坚持立德树人，更加坚持有教无类，更加坚持因材施教，更加坚持终身学习。公平而有质量教育的时代内涵是教育公平与教育质量辩证统一的教育，是提供适合每一位学生发展的教育，是促进人全面而有个性发展的教育。[1]南京大学余秀兰在《中国式现代化背景下的教育公平》中指出，党的十八大以来，"有质量的公平"成为新的追求，2017年十九大报告提出"努力让每个孩子都能享有公平而有质量的教育"；2022年二十大报告提出，加快建设高质量教育体系，加快义务教育优质均衡发展和城乡一体化，促进教育公平。党和政府对教育公平的追求越来越关注质量、结果、学生发展及主观获得感。[2]

适性语文汲取了两千多年前由道家学派代表人物庄子提出、西晋的郭象和东晋的支遁加以发展、北齐的刘昼加以丰富的"适性为美"思想[3]，秉持公平理念，尊重每位学生特有的经验背景，坚持"适合学生的才是好的"理念，关注学生"从入学机会平等到教育结果的平等"[4]，根据学生

---

[1] 李宜江. 公平而有质量的教育：新时代十年我国教育改革发展的基本取向[J]. 教育文化论坛，2023(1)：1—9.

[2] 余秀兰. 中国式现代化背景下的教育公平[J]. 江苏高教，2023(9)：29—37.

[3] 祁志祥. 道家"适性为美"思想的生态美学意义[J]. 安徽师范大学学报（人文社会科学版），2011(5)：8.

[4] 余秀兰. 中国式现代化背景下的教育公平[J]. 江苏高教，2023(9)：29—37.

的生活背景、成长环境、价值观念、学习能力、学习风格的差异进行育人活动。教师制定"适宜的目标"让学生运用"适合的方法"在"适恰的流程"里学习，辅以"适切的作业"和"适时的评价"，确保上不封顶，下要保底。这个过程中，每位学生都能感受到语文学习的多样性、趣味性，从而形成自己的个体语言经验，体会语文学习带给自己的"获得感"。

第二节 适性语文教学主张的理论基础

"适性语文"的提出来源于孔子和庄子的教育思想、陶行知先生的教育观、多元智能理论、鹰架学习理论、建构主义理论、人本主义理论等。

一、学生个性方面的理论基础

（一）因材施教，尊重差异

先贤孔子倡导因材施教的教学原则，强调对学生的指导要尊重个别差异，以达成最佳教育效果。《论语·先进》记载，"子路问：'闻斯行诸？'子曰：'有父兄在如之何其闻斯行之？'冉有问：'闻斯行诸？'子曰：'闻斯行之。'"在这段话中，孔子针对学生的不同性格进行回答，这无疑是因材施教理念的践行，也是适性理念的体现。可以说，孔子是我国古代适性语文理念的首倡者，他认为要依学生秉性不同而施以差异化的教学，在教育上应有所区别。这正是曾营小学二十多年来一直坚持践行有差异的教学这一教改项目的核心所在，即"适性教育"追求的本源。

正式提出"因材施教"的是宋代理学家朱熹。他在极力推崇孔子因材施教教育思想的同时，还将学校教育按照学生的年龄大小划分为小学"事教"和大学"理教"两个阶段。明清时期王夫之则指出"君子之教因人而进之，有不齐之训焉"的教育理念，认为熟悉和了解学生是实现"因人而进"的关键。北京大学校长蔡元培将教育比喻为种植物，提出"干则灌溉之，弱则支持之，畏寒则置之温室，斋食则资以肥料"[1]，即教育者要清楚地知道学生的"身心发达之程序"，而后选择各种各样的方法帮助学生学习和成长。此外，他还主张对"鬼才""怪才""天才"等特别的人才施以不同的、特殊的"教练"。中华人民共和国成立后，因材施教的教育思想得到了进一步发展。顾明远先生强调因材施教也需要注重发现和培养学生的特殊才能，全面发展并不等同于平均发展，要综合考虑学生的兴趣、爱好等不同特点，灵活多样地选择教学计划、课程、教材等，这样才能把每一个学生的真才实学发挥出来。

2023年9月，习近平总书记在致全国优秀教师代表的信中，正式提出了"中国特有的教育家精神"：心有大我、至诚报国的理想信念，言为士则、行为世范的道德情操，启智润心、因材施教的育人智慧，勤学笃行、求是创新的躬耕态度，乐教爱生、甘于奉献的仁爱之心，胸怀天下、以文化人的弘道追求。其中"启智润心、因材施教的育人智慧"特指了教育智慧是教师科学精神的具体体现，唯有做到这一点，才能够将教师的学识转化为学生的学识，实现教育"转识成智"的目标。[2]

综上可见，随着各朝各代的教育文化发展和教育思想者、实践者的不断探索，因材施教的内涵及其教育思想有了更为丰富、人本化和科学化的发展。但不容忽视的是，人类社会正加速迈向以高度数据化和高度智能化为核心特征的数据智能时代。在此背景下，因材施教的思想内涵变得更加丰富、人本化和科学化，呈现出对象趋于规模化、目标趋于全面化、过程趋于精准化、模式趋于创新化四大特征。[3]新时代的教育者，需要教师研究如何传承和发展因材施教的思想和内涵，适时调整教学流程和策略，让语文学习在每一个学生身上真实发生。

---

[1] 蔡元培.新教育与旧教育之歧点[J].教育，2009(34)：62.

[2] 张志勇，史新茹."中国特有的教育家精神"的演进逻辑、本质内涵和时代价值[J].中国教育学刊，2023(11)：1—6+96.

[3] 杨现民，米桥伟，张瑶，等.数据智能时代因材施教的新发展：主要特征、现实挑战与未来趋势[J].现代教育技术，2022(5)：5—13.

（二）鼓励多元，接纳差异

20世纪80年代，美国心理学家霍华德·加德纳提出多元智能理论。他认为智力是多元的。人除了言语—语言智能和逻辑—数理智能两种基本智能以外，还有视觉—空间智能、音乐—节奏智能、身体—运动智能、人际交往智能、自我内省智能、自我观察者智能和存在智能等。随着时间推移，美国心理学家吉尔福德则提出包含了180种可鉴别的不同智能模式的智能结构说，斯腾伯格提出包含三种智能类型的"三元智能论"，戈尔曼（Daniel Coleman）提出"情绪智能"……这些都引起人们的热切关注。因此，"多元智能"很快成为20世纪90年代以来许多西方国家教育改革的指导思想之一。智能的这种独立性，意味着即使一个人有很高的某一种智能，如音乐智能，却并不一定有着同样程度的其他智能。从重要性上来讲，每种智能都有同等的重要作用，并不一定要在某一个领域成功才算智商高。所以，我们应该同等看待和发展每一种智能。[1]

国内教师杨现民、米桥伟在注重全面发展学生的各种智能的基础上，将全面发展与个性发展有机地统合起来，不同的教学内容运用不同的教学技术，以适应不同智力特点的学生；针对每个学生的不同智力特点、学习风格和发展方向，采用丰富多样的、适应性的、有广泛选择性的教学技术；客观地认识学生的智能优势，并且针对性地给予合适的教育。这为适性语文提供了理论基石。

冯荣老师在《扬长教育论》中指出，根据多元智能理论，人与人之间主要表现出智能的差异性，还有其独特的表现形式。从学校教育来看，也就没有所谓的"差生"。换句话说，没有所谓的"教不好的学生"。他说，如果有差别，那只能是学习方法和教育方式的不同，对此，我们何尝不是这样理解的。付敏、张瑞霞、桑淑霞、倪嘉波也指出，人的智力有高低之分，人的个性、爱好也是千差万别。不同的学习和发展需要不同的教育方式。一刀切的教育方式必定会使一部分学生的发展受到限制。深入探

---

[1] 孙丽霞. 多元智能理论对差异教学的指导 [J]. 科学教育，2009(2)：6—7.

讨每个学生内心世界的构成要素，分析这些要素在每个学生身上的独特组合，区别不同类型，根据结构相近，特点类似的学生，有针对性地实施"差异教育"，是十分必要的。[1]因而，我们今天所实施的教育必须充分考虑学生的多元智能，保障其个性。在实践中，要充分尊重学生的优势智力，努力挖掘其个性潜能。通过实施不同的针对性教育，帮助其建立积极的心理效应，帮助其得以扬长发展。

多元智能理论给我们提供了一个独特的视角，在实施教学的过程中，通过这个视角去看待学生，更有助于我们看到每个学生的优势和潜能。运用多元智能理论可以使教师激发和引导学生的优势智能的同时，唤醒学生的其他智能，从而调动每一个学生的积极性、主动性，促进每一个学生的最大发展。[2]

二、学习相关的理论基础

（一）提供支架，发展差异

鹰架学习理论，又称鹰架教学、支架式教学，指在学生学习一项新的概念或技巧时，教师通过提供足够的支援来提高学生的学习能力的教学方法。鹰架理论在教育学中首先是用于帮助学生学习，这一理论与维果茨基提出的"最近发展区"有异曲同工之处。鹰架理论从维果茨基的"最近发展区"理论及"辅助学习"思想出发，借用建筑行业使用的"脚手架"作为基础知识概念框架的形象化比喻，其实质是利用基本知识概念框架作为学习过程中的脚手架，帮助学习者理解特定知识、建构知识意义的教学模式。借助于该概念框架，学习者能够独立探索并解决问题，独立建构意义；同时，强调通过教者的帮助（鹰架）将学习的任务逐渐转移给学习者，最后撤去鹰架，使学习者达到独立学习的目标。

---

[1] 付敏，张瑞霞，桑淑霞，等. 谈"差异教育"的实施 [J]. 黑龙江教育（高教研究与评估），1997(4)：28.

[2] 孙丽霞. 多元智能理论对差异教学的指导 [J]. 科学教育，2009(2)：6—7.

"鹰架式教学是当今教学领域中重要的教学法，其中一个原因是当今的教学逐渐重视知识的建构性，更加注重教师积极地引导，教学过程不再是学生被动地接受知识，而是积极地建构知识的过程。""鹰架式教学范式包括：搭脚手架→进入情境→独立思索→协作学习→效果评价等教学环节。其特征：为学生创设学习情境，在学生智力的'最近发展区'来建立概念框架，通过这种适当的引导和学生间的交流，使新建立的概念框架起到鹰架作用，从而不停顿地把学生的智力从一个水平提升到另一个水平，最终教师的引导会越来越少，学生会逐渐养成独立思索与自主学习的能力。"[1]这为"适性"课堂的操作实践提供了具体思路。语文学科教学中，如何在学生需要的时候提供关于"作业""方法"的鹰架，并在适合的时候撤去，是适性语文站在学生立场，为不同的学生实现最好的发展需要去思考和实践的重要内容。

（二）重视方法指导，培养学习力

随着社会发展对教育越来越强调自主学习和发展质量的观点，"教是为了不教""教育最重要的是释放学生的学习力"等观念越来越得到人们的关注。

学习力，最早由美国麻省理工学院的佛睿斯特（Jay Forrester）于1965年在《一种新型的公司设计》一文中提出。佛睿斯特认为"学习力"一般指一个人的学习动力、学习毅力、学习能力和学习创新力的总和，是人们获取知识、分享知识、运用知识和创造知识的能力，不仅包含他的知识总量，还包含他的知识质量，即学习者的综合素质、学习效率和学习品质；还包含他的学习流量，即学习的速度及吸纳和扩充知识的能力；更重要的是看他的知识增量，即学习结果的创新程度以及学习者把知识转化为价值的程度。[2]由此可以理解，学习力是一系列学习过程的综合能力的体

---

[1] 王磊. 鹰架式教学：一种有效的教学互动[J]. 科教文汇，2017（1）：48.

[2] 裴娣娜. 学习力：诠释学生学习与发展的新视野[J]. 课程·教材·教法，2016（7）：3—9.

现，也是学习结果的呈现。2023年，李思玲博士进一步论证了"学习力"的内涵，她认为学习力的本质是一种能力或能量系统，探讨"学习力"的本质必须持一种整体观和过程观，并关注其中各要素的相互联系。系统动力学是"学习力"构想的起源理论，是对整体运作本质的一种思考方式。从系统运作的逻辑出发，"学习力"可分为驱动、运作、保障和转化四个部分，分别对应学习动力、学习能力、学习毅力和学习转化力四个维度。[1]

国内外学生对于学习力的阐释不尽相同，但是都在向我们传达：学习力是一个关乎学习系统的问题，需要教师建立整体观和过程观，用系统的观点去培养学生的学习力。"学习动力"的培养，教师要探索如何保持学习信念、学习态度、学习兴趣；在学习能力方面，要探索训练学生记忆、概括、注意、理解、批判反思、实践动手能力；在学习毅力方面，要探索如何培养学生的进取意志、自控自觉、坚持性；在学习转化力方面，探索引导学生对知识和技能的理解运用、迁移转化、创新创造和强化执行。

适性语文重视"学习力"的培养，教师在教学中探索关于"目标、内容、方法、流程、作业、评价"的教学路径的过程，伴随着学生学习力运用、提升的过程。结合学习方法的指导，学习任务的安排，学习过程的组织，学习结果的评价，教师应力求学生的学习动力、学习毅力、学习能力和学习创新力等得到相应的成长，转化为学生的学习力。

三、实践性相关的理论基础

《义务教育课程方案（2022年版）》在"深化教学改革"部分指出，"注重真实情境的创设，增强学生认识真实世界、解决真实问题的能力"，其中三个"真实"，为语文学科的实践育人指明了方向。

---

[1] 李思玲，黄韵芝，向琼."学习力"嬗变及其内涵实质[J].大学：教学与教育，2023(6)：139—142.

（一）杜威、陶行知做中学理论

杜威认为，真正的知识教育不是让学生坐在教室里学习教材上的知识，而是要让教材里的知识通过各种社会活动和职业的媒介，或者就在直接的社会活动和职业中"活"起来，成为活动的力量，具有自动的生长性，与个体生命经验的增加和丰富融为一体。[1]这一论断，诠释了"做中学"的实践路径，也就是从活动中学、从经验中学，使得知识的获得与生活过程中的活动联系了起来，这成为指导教师建立学科知识和社会活动联系进行知识教育的思路。

同时，杜威还认为学生能从那些真正有教育意义和有兴趣的活动中进行学习，有助于学生的生长和发展；贯彻"做中学"的原则，会使学校所施加于它的成员的影响更加生动、更加持久并含有更多的文化意义。"做中学"的过程就是"做"的过程，而学生对活动具有强烈的兴趣。因此，"做中学"对于落实语文实践，提高语文教学效率显得尤为重要。许多教师从"做中学"受到启示，努力践行把构建学习中心课堂作为教学改革的根本取向；把学生发展作为教学改革的价值选择；把"以学定教、以教促学"作为教学改革的实践路径。

陶行知倡导"教学做合一"，与杜威的"做中学"，同有一个"做"，都强调"做"是教学的中心，但后者强调"教而不做不能算是教，学而不做不能算是学"。"教学做合一"包含的"做"，是同"教与学"不可分离的，是指"教"要在"做"上教，学要在"做"上学，即"教学做"是三位一体的，"只有手到心到才是真的做"，"只有在劳力上劳心才是理想的做"[2]。陶行知还认为"教的法子必须根据学的法子"，就是教师要根据学生的知识程度和接受水平，采取适合学生学习的教学方法。"跟学生学，你要教你的学生做你的先生。如果你不肯向你的

---

[1] 黄英杰.杜威的"做中学"新释[J].课程·教材·教法，2015(6)：122—127.

[2] 董宝良.试论陶行知"教学做合一"同杜威"做中学"的本质区别[J].教育研究与实验，1984(1)：87—96.

学生虚心请教，你便不知道他的能力，不知道他学得少就教得少，学得快就教得快，学得慢就教得慢。"

"教学做合一"的理念，正是曾营小学践行"'三人小组'合作学习"教学策略的理论依据，它促使语文教师进一步去思考：学科实践不仅是学习方式的变革，更是课程形态的创新与教育观念的转变。

（二）提倡做中学，落实语文实践

殷黎荣、陈旭强老师在《略论实践育人下的学科实践》中列举了我国古代教育哲人重视实践的实例，如孔子强调"学而时习之"，荀子指出"知之不若行之"，朱熹提出"知行常相须"的命题，王夫之提出"知行相资以为用"的观点，都强调了知行合一的实践性。以上可见实践育人的方法与原则，有着哲学依据和历史渊源。

《义务教育课程方案（2022年版）》将"变革育人方式，突出实践"作为义务教育课程应遵循的一条基本原则，明确提出"强化学科实践"是"深化教学改革"的重要任务。学科实践不是学生个体自发的或偶然的行为，需要教师系统组织相关教学活动，"坚持素养导向……设定教学目标，改革教学过程和教学方法，把立德树人根本任务落实到具体教育教学活动中"。因此，有必要从学理上回应学科实践的本质特点、教学目标、实施路径等问题，以提升对学科实践的认知和理解。[1]

适性语文根据语文课程标准，注重引导学生在"听、说、读、写"实操中，落实"识字与写字""阅读与鉴赏""表达与交流""梳理与探究"等语文实践活动，这正是语文学科实践性的特点体现。如上所述，这些理论为适性语文的研究指明了方向，提供了理论依据，为适性语文教学模式的建构创造了条件。

---

[1] 傅曼姝，王兆鹏. 学科实践的本质特点、教学目标与实施路径[J]. 课程·教材·教法，2023(6)：19—23.

第三节　适性语文教学主张的文献综述

"适性语文"主张在语文课堂教学中落实因材施教，也就是实施差异教育。古往今来，适性语文的教学思想渗透于延绵不绝的人类教育的历史长河中。

一、差异教育、差异教学研究情况

国内首先提出差异教育的华国栋教授，在《差异教学论》一书中指出"学生存在个性差异，这个差异包括个体间的差异和个体内的差异，反映在学生的性格、兴趣、能力和认知风格等方面"。书中将"差异教学"阐释为"在班集体教学中立足学生差异，满足学生个别需要，以促进学生在原有基础上得到充分发展的教学"。根据多元智能理论，我们很容易理解"划一性的教育无视学生之间个体差异的存在，对每个学生来讲，都是不公正的教育"。公正的教育适合差异性需要，是一种个人化的教育，它要求每个人都受到适合他自身的教育，而且这种教育的进度和方法是适合个人的特点的。因为"学生的优势智能和偏好不仅影响他们的最佳学习方式，还影响他们用以表现自己理解和掌握程度的最佳方式"[1]。

赵宇昕在《美国的"差异教学"概述》中对美国差异教学进行梳理。他认为差异，即个别差异，"亦称个性差异或人格差异，指不同个体之间在身心特征上相对稳定的不相似性"。2001年，美国差异教学专家汤姆林森发表了《多元能力课堂中的差异教学》，对"差异教学"进行了详细描述，"将学生个别差异视为教学的组成要素，教学从学生不同的准备水平、兴趣和风格出发来设计差异化的教学内容、过程与结果，最终促进所有学生在原有水平上得到应有的发展"。美国学者黛安·荷克丝则于2002年在所著的《差异教学：帮助每个学生获得成功》中对差异教学作了这样的阐释："实施差异教学意指教师改变教学的速度、水平或类型，以适应

---

[1] 孙丽霞. 多元智能理论对差异教学的指导[J]. 科学教育, 2009(2): 6—7.

学习者的需要、学习风格或兴趣。"

近几年，"分层走班"与"选课走班"逐渐成为我国中小学教育研究领域的热点问题，课堂教学也提出了"课堂革命"的改革呼声。为了能够帮助学生和教师建构和形成适合自身的学习和教学模式，燕学敏、华国栋等基于差异教育理念，"从学生层面、教师层面和对应策略层面建构差异教学课堂模式。该策略体系是差异教学的重要内容，它来源于差异教学理论，但更容易操作，是实施差异教学的重要手段和途径，也更容易被一线教师所认同和掌握。为师生提供了八个课堂教学和学习策略作为脚手架"[1]。

在当前和未来的教育发展中，关注学生的个性差异并提供个性化的教育方案是至关重要的。在这种背景下，适性教育作为一种重视学生个体差异和需求的教育模式，变得非常关键。借鉴美国在关于学生差异的理论和实践，学校进行了一些有益的尝试，如针对学生的个性差异提供有选择性的和个性化的课程；构建"分层课程"模式；甚至基于"每一个孩子都能学习成功"的观念，设计课外活动计划，实施档案袋评价；等等。结合已有的经验，进一步在课堂模式的建构、评价等方面施以系统性的研究，正是适性语文关于教学观建设的研究范畴。

二、适性语文相关教育教学研究情况

"教学主张是教师对于如何开展教学活动的见解和认识，同时又对教师进一步的教学实践具有鲜明的指向功能。凝练教学主张可帮助许多中小学名优教师有效突破可持续发展的瓶颈，促进名优教师从优秀走向卓越，实现专业发展上的自我超越。"[2]通过名优教师教学主张的解读，我们试图去读懂这些主张后面的见解和认识。

---

[1] 燕学敏，华国栋. 差异教学课堂模式的理论建构与实践探索[J]. 教育理论与实践，2020(17)：3—6.

[2] 郭春芳，张贤金，陈秀鸿. 教学主张的专业发展意义及其主要特征[J]. 福建基础教育研究，2017(7)：4—6

（一）近年来我国语文教学主张的文献综述

郭春芳等老师在《教学主张的专业发展意义及其主要特征》中阐述到，近年来我国许多名优教师成长的经验显示，凝练教学主张，帮助教师通过"对教育教学问题进行科学的反思和深入的研究，在不断总结语文教学经验中，渐渐把经验上升到理论高度或用理论来充实、改造、优化自己的经验，使碎片的主张系统化，隐性的主张显性化，浅层的主张深度化，模糊的主张清晰化，操作的主张理论化，从而使自己的教育教学经验拥有更为丰富的'理论因子'，变得更为深刻，更有普遍性、规律性"[1]。名优教师凝练教学主张的过程、教学主张产生的成效，给予广大教师深刻的启发，总结起来主要有以下几方面。

1. 基于问题解决的实践研究

江苏省海安市海陵中学崔慧琴，在《经历真语文：我们的语文教育主张》中指出："当前的语文教学普遍追求'高效'的教育。学生主动经历知识、经历自然、经历社会的权利被剥夺，学生的身心长期以来被大量隐性的条条框框所束缚，弱化了贴近语文的过程性学习经历，主要存在三种现象，一是'假认知'，即语言文字符号化。她认为没有被真正认知与认同的语文知识，就是虚假的符号化认知，偏离语文的本原。二是'假能力'，即生活实践教条化。语文知识与实践能力、生活应用能力割裂现象严重，口语交际技巧头头是道，却不能根据现实情景灵活应对，遇到问题不能很好地沟通，不能准确表达自己，不能正确理解他人，难以有理有据地自信表达，难以条分缕析让人信服。三是'假思想'，即情感体验程式化。学生中往往同声现象严重，阅读理解用所谓的标准答案禁锢自己的思维，写作素材虚假化，空洞抒情，脱离生活中的真实，语文学习缺少独立自由的思想，贴标签的假思想越来越多，悖逆立德树人的教育宗旨。"[2]

---

[1] 郭春芳，张贤金，陈秀鸿．教学主张的专业发展意义及其主要特征[J]．福建基础教育研究，2017(7)：4—5.

[2] 崔慧琴．经历真语文：我们的语文教育主张[J]．江苏教育研究，2021(14)：42—45.

因此，崔慧琴推行经历真语文的三类活动：对话、转换、体验。学生在对话的过程中，在转换的过程中，在体验的过程中，亲历语文学习的全过程，实现"经历真语文"的价值取向：基于真生活、面向真世界、融入真品质。

江苏省盐城中学廖海燕总结了语文课堂教学行为偏差产生的六个原因：教学思想理念的偏差、教师自身素养的偏差、教学目标和教学内容的偏差、教学设计和教学方法的偏差、教学流程和环节的偏差、教学评价的偏差。即教学中，评价的主体、内容和评价的手段、方式未能与全面培育学生的语文素养相契合。结合以上产生偏差的原因，她提出"语文性•生活化•融通式"教学主张，采取课堂教学"行为诊断—发现、分析问题—实践改进"循环往复、螺旋式演进的研究方法，但求让学生体味到学生语文素养和能力不断提升带来的愉悦。[1]

孙双金的关于"情智语文"的追求是这样阐述的：情智语文不是追求展示教师自我才艺的语文，不是追求精巧设计的语文，不是掌控学生的语文。而是追求儿童生命的灵动、情感的放飞、思想的碰撞、人格的升华。

2. 先进的教育理论引领

福建教育学院应永恒老师的"本然语文"把目光投向了现代理论，"他引进定向控制、结构系统、信息源流的原则，依纲据本，根据学生已有的知识能力结构，参照美国教育心理学家布卢姆"掌握学习"的教学策略，制定出整个学期的教学目标和实施计划，与单元教学和单篇教学，组成一个有机的网络。在实践中，他还自觉地运用了心理学、教育学、课程论的有关知识，对语文教育理论进行了应用性追求，而他在建构主义理论、多元智力理论指导下也更加注意学情研究，并整理了比较系统的语文学习策略，触发学生思维，叩击学生心灵，使学生学有所得，习有所能。丰富的教学实践得到了理论的观照，这些理论依据支撑了他的本然语

---

[1] 廖海燕. 语文性•生活化•通融式——我的语文教学之路[J]. 语文教学通讯，2023（10）：4—7.

文观"[1]。

吴炜旻老师则在《以教学主张之独特成就名师路》关于"本然语文"教学主张的溯源中指出，于漪老师的"教文育人"之道，钱梦龙老师培养语文素养的"三主""三E式"，陈日亮老师的"得法养习，历练通文"，王立根老师的"作文智慧"，黄厚江老师的"把语文当语文教学，用语文的方法教语文"……都是不变的语文本然。应永恒老师的"本然语文"以"闽派语文"为依托，"凸显本一（文道合一）、本真（求真务实）、本练（得法养习）、本我（我即语文）、本色（智慧语文）、本源（语文素养）的鲜明特色。求真、求序、求和、求新、求实、求美是'本然语文'的具体探求。本然语文，传承汉语教育的传统，植根于学生语文素养的培育，放眼学生未来，滋润学生生命，这才是富有生命力的语文——语文之本然"[2]。

江苏省南通市天星湖中学特级教师戴继华的"发现语文"，也被称为"语文发现教学"，是基于"发现"和"发现学习"的教学。戴老师认为"发现语文"教学主张有着丰厚的理论依据，并已经衍生出极强的教学现实意义，主要是因为有先进的教育理论做引领。一是汲取中国传统儒家教育思想，从《论语》"不愤不启，不悱不发，举一隅不以三隅反，则不复也"中，捕捉最早的"启发式"教学思想，从《学记》"故君子之教，喻也。道而弗牵，强而弗抑，开而弗达。道而弗牵则和，强而弗抑则易，开而弗达则思。和易以思，可谓善喻矣"中，领悟"发现学习"的实质就是在教师的启发、引导下自主学习、自主发现、自主选择、自主建构的过程。二是从古希腊苏格拉底的"产婆术"这一理论中，找到支撑起"语文发现教学"主张的西方最早的启发式教育思想。三是借鉴美国布鲁纳的发现学习理论。参考卢梭、斯宾塞、杜威等提倡的"发现教学法"，结合布

---

[1] 石文美. 探寻本原 道法本然——应永恒本然语文观的理论与实践[J]. 福建基础教育研究，2015(10)：21—24.

[2] 应永恒，吴炜旻. 以教学主张之独特成就名师路[J]. 福建教育，2018(28)：18—21.

鲁纳强调的"学习过程、直觉思维、内在动机、信息提取"的内涵，确定了"语文发现教学"实践价值。四是借鉴建构主义理论中倡导的探索法、发现法，确定"发现教学法"教学模式，提倡教师要激发学生的学习兴趣，帮助学生形成学习动机，创设探索情景，协调、组织、指导学生学习。建构主义理论与"语文发现教学"的主张一样，都非常重视学生的主体性和主动性、教师的参与性和指导性，两者思想内核高度一致。[1]

3.深厚的实践基础做铺垫

杭州新世纪外国语学校校长虞大明主张"快乐成长"，通过二十多年的实践反思，虞大明认为，对于儿童教育而言，"晓之以理"不如"动之以情"，"动之以情"不如"趣之以心"。因此，他关注"童心、童趣、童味"，加强多元互动，加强情境对话，加强综合体验，提升阅读实践活动的情趣性，让孩子尽享阅读的快乐、学习的快乐、成长的快乐。以二十多年的生命投入，终于寻找到自己的教育愿景，勾勒出他一生的教育主张——快乐成长。他认为："教育的目的是让孩子成为快乐的人，教育的手段和方法也应该是快乐的。""以'快乐成长'为目的的教育，其最主要的作为和价值就是最大限度地调动孩子的求知欲、探究欲、创造欲、自信心以及帮助孩子构建快乐成长的美好愿景。快乐，应当是学习的真谛，人生的真谛。"[2]张化万指出虞大明"'快乐教育'的主张和成就，与他对生活、对儿童的爱和追求健康生活的毅力是分不开的。行云流水的课堂教学与智慧精美的教育背后是他大写的爱。站在创造生活、享受生活的高度，站在社会生活和儿童生命成长的角度思考语文教育改革，相信能够给孩子带去幸福快乐的童年"[3]。

---

[1] 戴继华."发现语文"的内涵、理据与模式建构[J].基础教育参考，2016(1)：28—30.

[2] 张化万.虞大明语文教育改革的实践与主张[J].教学月刊（小学版　语文），2017(10)：10—12.

[3] 张化万.虞大明语文教育改革的实践与主张[J].教学月刊（小学版　语文），2017(10)：10—12.

杨伟在《走向充满智慧的语文教学——特级教师薛法根与他的语文组块教学访谈录》中详细介绍了语文组块教学的原理和方法。"组块教学"实施主要是两方面，第一方面是重组教学内容，要唱好三部曲。一是"减"，即运用减法思维，只保留值得教和值得学的内容，作为"内核"；二是"联"，根据所要教学的"内核"，找到社会生活与学生生活和教材内容之间的联系，以拓宽学习领域；三是"整合"：围绕"内核"，将选编的相关内容有机组合，理清序列，形成一个具有聚合功能的教学"块"。第二方面是整合实践活动，以经过重组的教学内容为核心，确立以发展学生语文运用能力为主的目标群，然后根据小学生每个年龄阶段的主导活动，科学、合理地安排听说读写等各项语文实践活动，确定训练层次，制定训练步骤，如朗读、体悟、想象、比较、概括、复述等，并整合成一个生动活泼的综合的语文实践活动，使学生在各层次的训练中得到全面的训练和整体的发展。组块教学，以学定教，删繁就简，确立了读、悟、习的课堂教学基本结构。对于"组块教学"所取得的成就，薛法根是这么说的，"要成为一名智慧型的语文教师，最重要的是要用自己的头脑思考自己的问题，用自己的行为实践自己的思考，并始终不断地超越自己"[1]。

广东省廉江市第五小学陈亚虾在《"绿韵语文"的教学实践》谈及"绿韵语文"的主张，力求教师转变学习观、课堂观、评价观，做到"教—学—评"一体化，通过高品质、高境界、高效率的语文教学活动，让学生在自主、合作、探究的语文课堂中乐学、活学、创学、群学，享受学习，幸福成长。"绿韵语文"教学体现了"教—学—评"一致的思想和要求，培养了学生的语文核心素养。"绿韵语文"主张的落地，得力于"教—学—评"一致的"一二三四"教学模式强力支撑。一中心：以培养学生核心素养为中心。二为主：教师为主导，学生为主体；三阶段：自主

---

[1] 杨伟. 走向充满智慧的语文教学——特级教师薛法根与他的语文组块教学访谈录[J]. 语文教学通讯, 2004(31): 4—6.

学习、合作学习和用中学习；四步骤：预习与研讨，展示与交流，检测与总结，拓展与延伸；实施"一二三四"教学模式是为了构建"分组合作、目标具体、问题引领"的高效语文课堂。[1]

福建省福州市鼓楼区教师进修学校陈朝蔚老师的"相融课堂"，从学生成长和语文学习的特点、教育心理学的规律、教育的哲学思考，探求"相融课堂"的理论支点，形成"相融课堂"基本架构：学——学有所需，目标相融；馈——学有所感，对话相融；导——学有所知，教学相融；练——学有所得，读写相融；用——学有所用，内外相融。这是陈朝蔚老师基于二十年教学实践的启迪、教学研究的探索、教学本质的追寻而建构的课堂教学范式。在理论研究的基础上开展实践研究，把教学与研究合二为一。在教学中研究、在研究中教学，通过对课堂变革的思考、对相融课堂的实践探索，逐步形成"相融课堂"的基本架构。

从名优教师教学主张的解读中，我们可以感受到教学主张提出的前提——基于问题、基于理论。教学主张突显实践性的特征，是教师在多年的实践反思中凝练而成的，既促进了教师教，更是落实了学生的学。

（二）与"适性"有关的语文主张的文献综述

"好的教育，既要从普遍的人之本性出发，同时也要从人的独特性出发。这种基于普遍性和独特性的教育，我们称之为教育与学生本性的适切。"[2]关注学生个性，立足课堂主阵地，注重教学策略的研究，是许多致力于适性教育研究同行的共识，他们用具体的行动在践行"因材施教、启智润心"的教育智慧。我们查阅了以"适性"相关的教学主张，发现许多教师已经做出有益的探索。

1. 以生为本，关注学生个性地位

"适性"即"适合个性"，适性发展与孔子提倡的"因材施教"异曲同工。古今中外很多教育家的办学实践和理论主张都体现出对适性教育的

---

[1] 陈亚虾. 小学"绿韵语文"的教学实践[J]. 天津教育，2023(23)：126—128.

[2] 周兴国. 教育实践话语的意义阐释[M]. 芜湖：安徽师范大学出版社，2016.

追求。比如：孔子提出"因材施教"，道家教育哲学倡导顺应人的天性，王守仁主张教育应"顺导性情"，法国教育家卢梭认为教育必须尊重儿童天性，美国教育家加德纳提出教育应重视学生的多元智力，苏联教育家苏霍姆林斯基追求"个体全面和谐发展"的教育，等等。无数的教育实践证明，以适性教育为指导思想的教育符合教育教学规律，是教育自身发展的必然要求，经得起时间考验。

江苏省无锡市广丰中学陈庆丽在《初中语文适性共生教学主张的实践表达》中提出"初中语文适性共生"的教学主张，体现在对语文课程标准导向的语文教学转型的思考：从适性出发，进行以生为本的教学设计；从项目入手，实行因材施教的教学组织；达成共生，施行适宜发展的教学评测等。[1]"适性共生"关注学生的差异发展，注重师生的协作关系，营造共生的融合生态，强调以生为本，尊重和顺应学生的差异，通过阅读、写作、交际等语文实践活动设计，进行因材施教的有效教学，"促使每一个体与群体共同实现富有个性的适宜发展"[2]。

基于"适性"课堂教学理念的确定、"适性"教学原则的寻找以及智慧教学评价的实践，笪鸿山提出的"合适教育"认为"适性"课堂要体现"五适"，"即适"于国家课程标准，"适"于学校办学理念，"适"于学生的发展水平，"适"于教师的教学风格，"适"于社会的培养要求。"适性"课堂如果能够灵活运用"适"的理念、原则、方法，"和适教育"就能开创新境界。[3]

"适合个性""顺导性情""适性共生""和适教育"的提出，彰显了教育者对学生个性的关注，这是适性教学"以生为本"，突出学生为主

---

[1] 陈庆丽. 初中语文适性共生教学主张的实践表达[J]. 初中生世界：初中教学研究，2019(12)：49—50.

[2] 陈庆丽. 初中语文适性共生教学主张的实践表达[J]. 初中生世界：初中教学研究，2019(12)：49—50.

[3] 笪鸿山. 和适教育：基于传统文化的新建构——南京市竹山中学"和适教育"的基本实践理念[J]. 江苏教育，2017(9)：57—59.

体的显著特征。

2. 立足课堂，探索适性教学路径

中国台湾著名学者何福田教授提出的"三适连环教育"，倡导适时、适性、适量的"三适连环"现代教育理念。三适连环教育并不是一个新鲜的话题，它是因材施教和有教无类的再次延展，是教育者对教育本意的再次探究和思考。[1]

职业学校也倡导适性教学，陈苏俊在《适性教学：成功逆袭课堂低参与度——基于中职生课堂参与影响因素调查的思考》中提出教学要适应学生，要让学生适应。他指出适性教学要基于因材施教的教育思想，依据最近发展区教学理论，主张教学内容、教学方法、教学评价、教学环境、教学资源等都要从学生的实际出发进行设计。他认为"课堂教学的根本目的是发展学生，激发学生的生命活力，引导学生对知识本身的兴趣才是实现这一目的的最有效途径。也就是说，适性教学不仅能够改善中职生课堂参与水平低的现状，同时，还能激发出中职生的生命价值"[2]。为此，陈老师结合平时的教学实践，从设置教学目标多元化、教学内容层次性和教学过程人文化三个方面进行了教学路径的探索。

江苏省南京市竹山中学特级教师潘森云在《适性课堂中实现"文本"与"体验"有效结合的途径及方法》中指出，适性课堂是让学生在教师的指导下，在文本的引领下，让文本与体验有效结合，这是适性课堂之所以能够适性的表征，是学生乐学、善学的法则。[3]基于这样的理解，适性课堂建立四段教学流程：小组竞读—创设情境—引向生活—打通读写。以学生小组合作性学习为基本单位，在情境中以课堂学习任务的分派和评价为

---

[1] 黄慧玲."道德与法治"教学中的"适性课堂"构建[J].宁波教育学院学报，2019(4)：129—130+140.

[2] 陈苏俊.适性教学：成功逆袭课堂低参与度——基于中职生课堂参与影响因素调查的思考[J].科技风，2020(11)：48—49.

[3] 潘森云.适性课堂中实现"文本"与"体验"有效结合的途径及方法[J].语文知识，2016(11)：10—12.

考核单位整体进行，实现读写打通。足见适性课堂在学生、情境、教材、方法等方面的研究，都是朝着"最佳结合点"的方向努力的。

正如陈苏俊在"适性教学"提出的"教学要适应学生"的观点，许多教师在适性教学的研究中，都把构建适应学生学习的教学路径式作为适性课堂教学模式研究的重点。

3. 注重实效，探索适性教学策略

鲍家银在《"适性课堂"助力学习方式转型》中指出"适性课堂"是适合学生自然性和社会性发展的课堂，也是在实践中以模式推动、学思案统领、小组组织为抓手，以自主、合作、探究为本质，以三维目标为统领，以发展学生为方向的一种课堂教学系统。[1]他由此提炼了实现"适性课堂"教学系统的三个策略。一是合作型学习小组建立，提出评价以学生的发展为本；二是科学创编学思案，把教学的全过程改为"学、思、练"结合的过程。遵循由浅入深的原则，充分发挥教师的主导作用和学生的主体作用；三是建立"适性课堂"标准新要求。其要点是重视"学情观察"，即课前由小组长收齐每组学生学思案后交给组长或教师，教师当场备"学情"，及时做出适应性的调整，使教学行为更人性，更有效，从而建立起"合作学习"的学习愿景。

韩锦老师提倡问题研究，即行动多赢。她认为学校提出要制定项目行动"要素"的原则：一是做中学，即任务驱动，边做边学；二是持续分享，学生能"说出、写出、做出"；三是协作学习，倡导学生相互协作、相互学习；四是注重实践，倡导把创意变成实物；五是跨学科学习，去学科边界化；六是用信息技术，把信息化带进课堂。[2]

江苏省苏州市吴江区盛泽实验小学王晓奕指出："适性教学评价的目标应指向学习实践对学生自己及他人发展的影响，评价的内容基于学生问

---

[1] 鲍家银."适性课堂"助力学习方式转型[J].江苏教育，2018(82)：37—38.

[2] 韩锦."创"适性品牌　做创育侠"客"：神龙小学"小微创新大家创育"教育创客行动研究[J].湖北教育（教育教学），2017(11)：28—29.

题解决的全过程，评价的主体为实践过程中的学生，评价的方法体现个体关照、持续跟进。因此评价学生要聚焦学科素养提升，凸显学习实践的成果，指向的是每一个学生语文学习的进步、核心素养的落地。"[1]

张迎东在《发现教育：识才适性、各以类进》中则表明了"识才适性、各以类进"的观点，他认为"适性教学要能发现、识别不同个体的才能，并以此因材施教，促进个体不断发展。对学生的培养目标提出讲求'基点求平等，高处谋自由'，关心个体的需要，扬长避短，促进其兴趣、潜能、特长发展，充分体现伯乐'合格+特长'的价值追求；对教学则提出师生在教育教学活动中，能相互发现、相互欣赏，教学相长，共同提升"[2]。

综上，关于适性的语文教学研究主要有以下几方面的特点：一是关注学生的个性，基于学情探索合适的教学，如笪鸿山"合适教育"中注重"适"于学生的发展水平；二是主要教学要适应学生，如陈苏俊在"适性教学"主张教学要从学生的实际出发进行设计；三是对教学策略的关注，鲍家银、韩锦、王晓奕、张迎东等均对适性课堂的教学策略进行了打磨，提炼出关于教学设计、组织、评价的策略，还有学生学习的策略，目标都指向提升效率，促进核心素养的落地。同行的研究给适性语文的教学提供理论指导，给笔者带来很大的启发。

深入分析这些研究，可见已有的适性研究比较集中体现对学生个性的关注，对学习策略、为提供适合学生的语文教学进行的深入研究。但关于语文学科本身的研究，以及学生学习能力培养的方面有所忽略。因而，我们觉得有必要在借鉴同行基础上，突出学生性的研究，并着力在学科性、学习性等方面对适性语文进行研究，提出适性语文教学的每个环节的教学策略，构建照顾差异、发展差异的"适性语文"课堂教学模式，切实为学生提供适合的语文教学范式，促进学生核心素养的发展。

---

[1] 王晓奕.遵循学习的意义：基于"适性"的跨学科语文实践探索[J].语文建设，2023(4)：33—37.

[2] 张迎东.发现教育：识才适性、各以类进[J].生活教育，2016(1)：41—44.

第三章　适性语文的教学策略

学习是一种主动的过程。在这一过程中，学习者构建新旧知识的意义关系，推动着学习者更积极地在新旧知识之间产生联结。[1]适性语文立足课堂，注重对教学环节和教学内容的研究，致力于"怎样在小学语文教学中让生活经验不同、学习基础各异、学习习惯不同的学生都能通过语文学习获得能力的提升""在教学过程中开展差异性教学，满足不同学生的学习要求"[2]的探索。本章主要从教材解读、教学目标、教学流程、教学设计、教学评价五个方面进行适性语文教学策略的阐述。

第一节　适性语文教材解读与备课策略

教材解读与备课策略在语文教学中具有重要意义。准确解读教材，能确保教师深入理解文本内涵，把握教学重点和难点，针对性地开展教学。精心设计的备课策略，有助于教师选择合适的教学方法，激发学生的学习兴趣，提高课堂效率。两者结合，不仅能够提升教师的教学水平，更能有效促进学生的语文学习，培养学生的语文核心素养。

一、"适性语文"教材解读策略

2019年统编教材走进了小学语文的课堂，翻开了教学改革的新篇章。统编教材从体系、结构上进行整体设计，采取"双线"组织单元内容的举

---

[1] 吴文胜，盛群力．论有效教学策略的设计[J]．杭州师范学院学报，2002(1)：109—112．

[2] 王一鹏．在小学语文教学中实行差异教学的策略[J]．基础教育研究，2017(20)：16—17．

措,实现了教材编写的历史性突破。如何理解、把握统编教材的特点,在"适性语文"教学中发挥统编教材的独特优势?面对新任务、新挑战,我们坚持"适性"教学理念,进行教材解读,促进学生核心素养的发展。

(一)以素养发展为导向,确定适宜的教学目标

语文课程标准指出,义务教育课程培养的核心素养,是学生在积极的语文实践活动中积累、建构并在真实的语言运用情境中表现出来的,是文化自信和语言运用、思维能力、审美创造的综合体现。核心素养培养的路径"在语文实践中""在真实的语言应用情境中",要培养包括"文化自信和语言运用、思维能力、审美创造"等方面的能力,从而达成"积累、建构和表现"等不同层面的学习效果。教师解读教材,要以素养发展为导向确定单元要素,结合教材中的课文、交流平台、园地、习作等,根据单元学习内容和教学提示,制定适宜的教学目标。为达成能力培养目标,需要在语文课程标准的解读、教材内容的选择和学情的判断三个层面上着力,制定出适宜的教学目标。

(二)以核心问题为抓手,选择适当的学习内容

教学目标是终点,也是教学的起点。教材只是个"例子",教师要根据教材内容体系,结合学生实际情况,以解决问题为出发点,选择合适的学习内容让学生有效学习。教师根据教学的重难点设计核心问题,在解决核心问题上选择适合的学习内容。这里的"学习内容"包括从教材选取学习材料,也包括师生开发的课外资源。如教学五年级上册第八单元《我的"长生果"》时,教师根据教材单元要求,以核心问题"梳理作者从读书、作文中悟出的道理,分条、重点突出地说清楚作者的读书经历"为抓手,选择教材相应的内容,让学生借助时间轴,通过"前后对比",采用"导图""表格"等方法对教材中的内容进行研读,以"提取和整理信息"并将其说清楚。也可以说,抓住"核心问题",其实也抓住了教学的重难点,那么师生便可以将教材或其他的资源作为教学内容进行学习。

（三）实践活动为载体，实施适恰的教学流程

语文教学强调学生在实际的语言运用中提高语文能力。"适性语文"课堂教学流程为"引趣—品读—操练—反馈"四个环节，每个环节都突出了语文实践性的特点。"引趣"环节，教师通过语言情境创设，激发学生的学习兴趣和实践欲望。例如，教师通过讲述与课文内容相关的故事、展示图片或视频等方式，将学生带入一个具体的语言环境中，让他们感受到语文学习的实用性和趣味性。"品读"环节，学生通过朗读、默读、分角色读等多种方式，结合自己的生活经验和情感体验，对课文进行个性化的解读和表达，深入理解和感受课文的语言魅力。"操练"环节，是贯彻语文实践性特点的关键环节。在这一环节中，教师围绕"核心问题"，创设各种形式的语文实践活动，如口语交际、写作练习、表演展示等，让学生在实践中运用所学的语文知识。"反馈"环节，主要是对学生的语文实践成果进行及时、具体地评价和指导，肯定学生的进步和成绩，指出存在的问题和不足，并给出具体的改进建议。同时，鼓励学生互评和自评，促进他们在评价中反思和提高。这四个环节引导着学生在生动的语言情境中学习语文知识，学生在多样化的实践活动中提高语文运用能力。

（四）突出学生性特点，采取适合的学习方法

学生性是"适性语文"的一个教学基点，指的是教师通过观察、分析，了解学生不同的特点，为教学提供相对准确的起点，给予教育的引导和帮助，使学生不断超越自己，实现自我发展。在"适性语文"教学中，教师根据学生的个性差异，设计不同层次的讨论话题，让每个学生都有机会发表自己的看法。教师要相信每个学生都拥有不同的智能强项和弱项，尊重学生的个性差异，提供多样化的学习方式和机会。如采用"三人学习小组"学习方式，鼓励学生运用适当的方法自学、互学、共学，达到巩固知识，提高语文运用能力的教学目标。在共学环节，"三人小组"可以共同阅读课文、讨论问题、分享观点，成为组内的"小老师"。例如，在阅读理解方面较强的学生可以担任"小老师"帮助阅读理解能力弱的学生。

这种互助学习不仅能提升"小老师"的语文能力，还能培养学生间的团队协作精神和人际交往能力。

（五）落实学科性特点，提供适切的作业设计

"适性语文"的学科性特点，指的是教师基于语文学科性质的理解，既考虑教学的内容，又要思考学生的差异，如何合适地做出安排，使每个学生都能在自己的最近发展区产生"心流"，主动投入学习。为了突显学科性，我校教师积极研发"作业超市"，努力做到根据学生的智能差异和兴趣爱好，设计不同类型的作业供学生选择。例如，设计阅读理解、写作、口语表达、实践操作等多种类型的作业。作业设计考虑学生的最近发展区，提供适当的挑战，同时确保不同能力层次的学生都能获得有效的学习支持。以鹰架理论为基础，结合差异教育理念，设计出基础层、提升层和拓展层等不同层级的作业，旨在通过分层、分级的语文实践活动，让学生根据自己的智能强项和兴趣选择适合自己的作业，在自主选择的学习环境中，体验学习的乐趣和成就感，培养自主学习能力和责任意识。

（六）彰显学习性特点，实施适时的教学评价

"适性语文"的学习性主要指学生在学习中的培养学习力。"适性语文"致力于学生学习方式的研究，倡导不同的学生有不同的学习方法，鼓励不同的学生完成不同的作业。一般来说，课堂教学成效需要通过及时判断与测评学生的学习效果来推进。为培养学生的学习力，教师要以语文实践活动为载体，综合运用各种学习方式展开教学，引导学生在具体的情境中思考问题，表达观点，形成认知，丰厚情感。如设计链接生活的情境，呈现学习的任务和相关自然事物、生活场景、切身经历等，运用"三人小组"展开学习；再如联系真实任务，借助"作业超市"的推行，把文本情境和生活情境交融，让学生合理选择运用艺术、历史等学科知识和技能，线上和线下多渠道获取材料，进而解决问题。

语文核心素养的培养离不开真实的语言运用情境和学生实际的语言运用活动。教师根据学生学习的全过程，依据学习目标制定相应的标准展

开评价，选择评价方式，使用评价手段，创新评价语言，激发学生学习的积极性。贯穿全过程的适时、适合的评价，势必发挥评价促进教学的整体性、连续性、系统性的作用。（见图3-1）

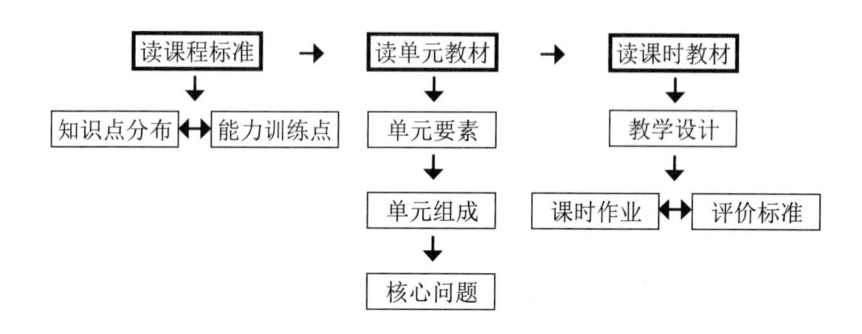

图3-1 单元整体设计流程

二、适性语文教材备课策略

备课，顾名思义是教师为了上好一节课提前做的准备工作，它是上好课的前提和基础。有效备课简单地说就是做好：从确定语文本体性教学内容做起。

（一）心备——研究教材、学生和学法

备课，首先要对教材、学生和教法作一番深入的研究，做到心中有数，即所谓的"心备"。仔细研究，全面、综合考虑，了然于心，做教学上的明白人。

1. 全面认真吃透教材

吃透教材是语文教学的重要前提和基础。只有深入研读、分析、理解教材，注重整体性，结合实际，不断反思，才能更好地把握语文教学的本质和规律，提高教学质量和效果。从语文学科性的角度看，适性语文教学中，要在备课时吃透教材，需要做到"三读"：

一读，读课程标准。熟悉语文课程标准，了解不同年级的教学要求和目标，明确教材在课程标准中的地位和作用："语文课程围绕核心素养，体现课程性质，反映课程理念，确立课程目标"。鉴于课程标准是语文教学的指导意义，适性语文在备课中首先强调读课程标准，然后带着对课程标准的理解去读教材，把握教材的整体性和系统性（见图3-1）。教师读课程目标时，通读小学语文12册教材，了解小学阶段语文知识点的分布，明确各年级各单元教学要素，以确定每个单元的教学重难点，整体把握教材在促进学生核心素养发展方面的教育价值。

二读，读单元教材。首先了解单元组成，从内容、结构、语言等去理解教材的编写意图和教学目标，为制定适宜的教学目标做好准备。第二步，结合单元教学要素设计单元"核心问题"，找准适当的学习内容；第三步，创设学习情境，分解学习任务，实施适恰的教学流程引导学生运用适合的学习方法进行学习。

三读，读课时教材。教师要深入把握课时教材的文本内容、文体特点、写作背景、文化内涵等，从整体上把握课文的主题思想、写作风格和语言特点，分析教材的特点和价值，注重课文的内在联系和整体性，并对教材中的知识点进行分类和归纳，形成系统的知识网络，从而设计出一个课时的具体教学设计。

2. 全面深入了解学生

在适性语文教学中，教师根据多元智能理论，结合学生的个性、天性进行备课，一般遵循以下步骤：

一是了解学生的多元智能分布情况，包括语言智能、数学逻辑智能、空间智能、身体运动智能、音乐智能、人际智能、自我认知智能和自然认知智能等。通过观察和测试，初步判断每个学生在哪些智能方面表现出优势或潜力。

二是分析教学内容。在备课过程中，教师应根据教学内容的特点，分析其与多元智能的关联。例如，一篇描写自然风光的课文可以激发学生的空间智能和自然认知智能；一篇富有节奏和韵律的诗歌则可以培养学生的音乐智能和语言智能。

三是设计个性化教学活动。根据学生的多元智能分布和教学内容的特点，教师可以设计一系列个性化的教学活动。例如：对于语言智能较强的学生，可以组织他们进行课文改写、续写或创作性写作等活动；对于空间智能较强的学生，可以利用图表、地图等辅助工具帮助他们更好地理解课文中的空间关系；对于音乐智能较强的学生，可以通过配乐朗读、创作诗歌配乐等方式激发他们的学习兴趣；对于人际智能较强的学生，可以组织他们进行小组合作、角色扮演等活动，以促进他们的团队协作和沟通能力。教师还需要关注学生的天性和兴趣，并加以引导。例如，对于活泼好动的学生，可以设计一些身体运动智能相关的活动，如表演、游戏等；对于喜欢安静的学生，则可以安排一些阅读、写作等需要静心的活动。

根据多元智能理论结合学生的个性、天性进行备课，需要教师深入了解学生、分析教学内容、设计个性化教学活动，并关注学生的天性和兴趣。通过不断调整和完善备课方案，教师可以更好地满足学生的个性化需求，提高教学效果。

3.科学合理选择教法

在适性语文的教学理念下，选择教法至关重要，因为它直接关系到能否有效关注学生的个体差异、强化语文实践，并着重培养学习力。通过"引趣—品读—操练—反馈"的教学流程，教师可以有针对性地选择适合的教法。

（1）"引趣"阶段，主要运用情境教学法、问题导入法等。如通过创设与课文内容相关的生动情境，利用多媒体展示图片、视频或讲述相关故事，激发学生的学习兴趣和情感共鸣。或设计富有启发性和趣味性的问题，引导学生主动思考，激发他们的好奇心和探究欲望。

（2）"品读"阶段，主要采用分层教学法、"三人小组"合作学习等教学方法。如分层教学法的使用，教师根据学生的阅读能力和水平，将学生分成不同层次的小组，针对不同小组提供不同难度和深度的阅读材料和指导，确保每个学生都能在自己的水平上得到发展。学习小组鼓励学生进行小组讨论和交流，共同解决阅读中的问题和难题，促进彼此之间的思想碰撞和知识共享。

（3）"操练"阶段，主要采用任务驱动法、实践应用法等。任务驱动法指的是设计具有挑战性和实践性的任务，如写作练习、口语表达、阅读理解等，让学生在完成任务的过程中巩固所学知识，提高语文应用能力。实践应用法指的是结合课文内容，布置一些与生活实际紧密相关的作业或活动，如社会调查、采访报道、课本剧表演等，让学生在实践中运用所学知识，增强他们的实践能力和社会责任感。一般情况下，任务驱动法、实践应用法交叉使用，以求最佳效果。

（4）"反馈"阶段，主要运用即时反馈法、个性化指导法等。教师要对学生课堂表现，包括练习、作业等进行及时评价，给予具体的反馈和建议，帮助学生及时纠正错误，提高学习效率。针对学生的个体差异和学习困难，提供个性化的辅导和帮助，如一对一的阅读指导、写作辅导等，确保每个学生都能得到适合自己的指导和支持。

在适性语文的教学中，教师应根据学生的实际情况和需求，灵活选择适合的教法，确保教学流程的顺畅和高效。

（二）手备——编写教案或教学设计

1. 适性语文教案编写内容

教师如何编写出高质量的教案？"心备"是前提，然后在内容方面要有具体的、完整的呈现，一般包括以下八个方面：

（1）课题：课的名称。

（2）教学目标：说明本课要达到什么样的目的，运用什么方法，经历哪些过程，达到什么效果，力求设计制定适宜的教学目标。

（3）课型课时：指出是新授课、复习课、习题课、实验课还是评卷课等。基于单元整体的教案，还包括教学内容不同的单元导读课、字词整理课、习作指导课等。教案中，还要说明需要几课时，这个部分侧重体现在教学内容的选择上，教师要力求选择适当的内容。

（4）教学方法：即课堂中采用的主要教学方法，教学方法的应用要照顾学生个性差异，根据学习内容，选择适当的学习方法。

（5）教学重难点：说明本节课必须解决的关键性问题，以及学生学习容易产生困难和错误的知识点。基于语文学科实践性的特点，要求教师要根据教学重难点，设计课前、课中或课后作业，让学生在文字的操练中掌握重点。适切的作业设计是适性语文备课中重要的一环。

（6）教学过程：教学进行时的内容、方法和步骤，多课时可分第一课时、第二课时，以此类推。一般情况下，一节课的流程为"引趣—品读—操练—反馈"四个环节，教师可以适当微调，以使教学流程更为适恰。

（7）板书设计：板书设计也称微型板书，在黑板上的内容主要是学生要掌握的主要知识及课堂总结、评价结果等。板书上的评价主要有两种内容，一种是教师对学生评价的结果，一般运用等级制，有个体评价也有集体评价；一种是教师提供的评价标准，让学生自己、学生之间、师生之间参照进行的多元主题评价。评价适时有利于学生自我检视，自我鼓励。

（8）教后反思：说明本节课教学所得及不足，教师结合"三性六适三化"的适性语文教学模式进行反思，并提出改进意见。

2. 适性语文教案（教学设计）编写流程

在教案（或教学设计）的编写中，我们要求教师把重点放在"教学过程"的编写中。如新授课的教学过程一般分为四个步骤：

（1）引趣：以感知材料、提出问题或复习旧知等方式引入新课。

（2）品读：根据新知识发生发展规律和学生的年龄特点和认知规律，引导学生积极思维，让其"发现"知识的内在规律，从而掌握新知，这里教师不能越俎代庖，要适时评价，点燃学生学习的激情。

（3）操练：布置作业让学生会应用新知分析问题、解决问题，使学生当堂训练当堂消化，最好讲中有练、练中有课、讲练结合。

（4）反馈：将所学知识进行梳理、拓展或制造悬念等，对学生当堂所学的知识进行总结、提高，同时为后续学习埋下伏笔。教师布置作业注意难易适度，份量适中，形式丰富使学生进一步灵活运用知识解决问题。

其他课型的教案与此大同小异，这里不再赘述。

第二节 适性语文教学目标的设计策略

教学目标是教学的核心所在,引领着教学与研究活动。制定适性语文的教学目标,要摒弃既往宽泛堆砌而又模糊不清的教学目标设计误区,力求在教学目标的制定、教学目标的表述等方面突出三适:适合教学内容,适合教学方法,还有适合教学对象。

一、范围要"小",忌空泛堆砌,适合教学内容

教学目标既是教学活动的出发点,也是预先设定的可能达到的结果。对目标的不同理解,会形成不同的教学设计,形成不同水平的课堂教学。进行教学设计时,要想明确教学目标,就要知道什么不是教学目标。

(一)内容与形式不是教学目标

一是教学活动,在教师设计的教案中时常看到"自主阅读课文"和"小组讨论"等教学活动。这些活动是达成教学目标的手段,虽有助教学目标的实现,但不能替代教学目标。二是教学内容,比如在"阅读课文第一段话"这个目标中,"第一段话"是教学内容的载体,是学生达成教学目标所使用的文本素材,是阅读的对象。教学目标应是"阅读第一段话"之后在行为、心理、情感等方面的变化结果。三是评估与测验形式,教学中的任何"测验内容与测验形式"都不是教学目标,如"学生能够通过本单元的测验"这不是教学目标,它是检验教学目标是否达成的一种形式,借助"测验"学生必须学会和掌握的知识以及形成的认知过程才是教学目标。

(二)教学目标要适合教学内容

从某种程度上来说,"教什么"决定了"怎么教",并影响着"教得怎么样"。王荣生教授提出,语文课"好课"的最低标准是:教师对自己的教学内容有意识,即知道自己想教什么、在教什么,并且知道自己为什么教这些内容;一堂课的教学内容相对集中因而使学生学得相对透彻。因

此，教学目标的确定显得尤为重要和必要。[1]据研究，我国中小学语文教育的主要问题出在语文教学内容上，表现在以下几个方面：一是语文教学内容与目标不一致，甚至截然相对；二是语文教学内容不正确，且数量不少；三是语文教学内容不明确；四是许多迫切需要教的没教，充塞着不少乱七八糟的内容等。造成这种状况的原因是复杂的，包括语文课程目标不够清晰和具体、语文课程研制疏漏、语文教材编制落后、语文教师专业化程度较低。[2]其中"课程目标不够清晰和具体"居首位，足见教学目标对教学内容的影响有多么重要。

小学语文教材以选文为主的编排特点，需要教师结合语文课程标准、结合学情、单元要素等，确定一篇文章在语文教学过程中的教学价值，并选择适合的教学内容，即明确"教什么"的问题。教师制定教学目标时要有明确的指向，要适合教学内容，以促进教学目标的落地。如教学统编版四年级上册《西门豹治邺》时，制定教学目标如下：1.默读课文第10—14自然段，并思考"西门豹是如何惩治恶人的？他惩治恶人的办法好在哪里？"；2.再读全文，先简要复述"惩治恶人"的部分，再简要复述全文。

教学目标1中关于"默读课文第10—14自然段，并思考"指出了学习的内容和学习的要求，首先解决"西门豹是如何惩治恶人的？为什么说方法很妙？"的问题，然后再完成目标2中"简要复述'惩治恶人'的部分"。这样的教学目标定位于了解"惩治恶人"的过程，体会"方法很好"的同时，练习复述"惩治恶人"的过程，学习"长话短说、情节完整、突出要点"的简要复述的方法。

就语文学科而言，由于教科书编辑序列的模糊性及教学内容的不确定性，教什么永远是第一位的问题。如上所述，因为教学目标适宜，师生聚力"简要复述"这个教学要素，选择适当的教学内容，两者相得益彰。

---

[1] 陈剑峰.语文教学目标确定的三个依据[J].教育研究与评论，2015(11)：68—70.

[2] 李山林.语文教学内容辨正[J].语文建设，2006(2)：4—6.

二、表述要"清"，忌模糊不明，适合教学方法

教学目标是预期学习的结果，表述的内容应该反映学生在教学中应做什么，以及之后学到什么，即引导学生学什么和怎么学。因此，教学目标是对学生的学习活动结果的规定，也是对学习活动的内容和形式提出的具体要求，因此教学目标表述要清晰准确，适合教学方法。

（一）规范表述的四要素

一个教学目标的正确表述，应包含"谁""条件限定""行为动词"和"目标水平"四个要素，一般情况下，"谁"特指学生，可省略。"目标水平"分为结果性目标和体验性目标。同样是概括主要内容的目标制定，结果性目标可以这样表述：在教师的指导下（条件动词）能简要、完整说出课文的主要内容（行为动词和目标水平要求）。体验性目标则表述为：能按照时间顺序，抓住关键词（条件动词）概括课文主要内容（行为动词和目标水平要求）。

有的教师把教学目标定为"能概括主要内容"，这显然属于结果性目标，相当于四要素中的"目标水平"，缺了"行为动词"和"行为条件"两个因素。教师没有对学生"学什么"和"怎么学"提出要求。如果改成"运用连接段意或提炼中心句的方法概括主要内容"，则明确了学习的内容和形式，也明确了教学结果。这样表述的课堂目标，课堂教学才会有的放矢。

（二）教学目标要适合教学方法

如统编版六年级下册《那个星期天》教学目标，首先是"积累"层面：1.会写生字；2.默读课文，梳理"我"心情变化的过程，初步体会人物心情的变化。其次是"建构"层面：借助预习单，梳理母亲活动及"我"心情变化的过程，体会课文对人物的内心独白、具体事例的细致描写，感受细腻真挚的情感；运用三人小组合作探究的学习方式，掌握融情于事表达真情的写法。第三是"表现"层面：借助学生预写习作，迁移写法，修改预写习作，并与同学交流习作，表达自己的情感；合作制作"班

级毕业纪念册"，为小学留下珍贵回忆。

本课教学目标从不同层面，对应不同学力的学生，设计各自能到达的学习目标，不同目标所采取的学习方法也有差异。"积累"层面目标属于陈述性知识，班级大部分的学生可以通过课前自主学习来完成，不作为课堂教学的重点，只需重点关注学力弱的学生即可；"建构"层面目标属于程序性的知识，需要教师在课堂上采取适恰的教学方法，引导大部分学生达成目标。可以说适宜的教学目标是基于课程标准的解读、基于教材内容的选择和基于学情的判断的，而要达成教学目标，则要采取适宜的教学方法。

三、视角要"新"，忌陈陈相因，适合教学对象

《史记》中有句话："太仓之粟，陈陈相因。"它的意思是国都米仓里的米谷，一年一年堆积起来，比喻沿袭老一套，没改进。教学目标的制定亦是如此，许多教学设计中的教学目标观念陈旧，是以教师为中心设计的。

（一）改变教师陈旧的观念

一位教师制定统编版五年级下册《祖父的园子》一课的教学目标：①会认10个生字，会写13个生字，正确读写"蚂蚱、承认"等词语。②正确、流利、有感情地朗读课文，了解园子的特点，引导学生初步学习概括文章主要内容的方法。③理解课文内容，抓住关键语句，体会"我"的感受。

目标中的动作主体是"教师"，"引导"一词反映了教师不是站在学生"学什么"和"怎么学"的角度，而是基于教师"教什么"和"怎么教"的角度来设定教学目标。这显然与"学生是学习的主体"的观念冲突。

（二）突出学生的主体地位

"杜威认为，合格教师的'第一个条件需要追溯到他对教材具有理智的准备。他应当有丰富的知识。他的知识必须比教科书上的原理，或任何

固定的教学计划更为广博'"[1]。合格的教师要能看到,"同一年级不同班级的学生基础不一样,爱好特点不一样,因此,教学目标要求也不一定完全相同。这就要求教师走到学生中间去倾听、了解、观察不同班级学生的学习兴趣和对学习进程安排的需求,充分了解受教对象(学生)已有的学习水平和潜在学习能力,制定出符合学生实际的、可操作性强的教学目标,这也是语文教学'以学生为本'特点的切实体现"[2]。强调学生的实践参与,突显学习与发展活动的实践性,就是要引导学生在实践参与中学习与发展,其关键是为学生创设出高质量的实践活动。因此,实践参与不仅是推动学生成为自为主体的根本支持条件,而且是提升学生主体力量和主体特性的根本教育途径。[3]

如有位教师将统编版五年级上册《我的"长生果"》的教学目标定为:1.运用所学的梳理方法,借用不同形式自主梳理作者的读书经历,把握内容要点。2.通过对比,梳理作者从读书、作文中悟出的道理,分条、重点突出地说清作者的读书经历。3.迁移梳理的方法,说说自身的读书经历。教学目标中"自主梳理作者的读书经历""迁移梳理的方法,说说自身的读书经历"中的"自主""自身"强调了课堂的主体是学生,鼓励学生成为学习活动的主体,成为学习活动的主人。

教学追求的结果是学生的行为变化,要让学生通过一定的教学活动,促使行为表现、技能操作或情感等方面发生变化。制定教学目标前,要先确定选练点,创设适宜的"行为条件"为学生达到"目标水平"架桥铺路。教师摆正学生的位置,把学生"学什么"和"怎么学"作为教学的重点,以学生为主体,学生才能真正成为学习的主人。

---

[1] 闫苹,张秋玲.语文教学内容整合设计的专家引领[J].语文建设,2007(9):14—17.

[2] 陈剑峰.语文教学目标确定的三个依据[J].教育研究与评论(中学教育教学版),2015(11):68—70.

[3] 李松林,黄姝彦.学生主体:从"以为"到"自为"[J].教育学报,2023(8):89—96.

第三节　适性语文课堂教学流程

实施"适性教育"的关键是学生适学，教师遁导。"适性教育"是根据学习者自身的差异性来实施与之相适应的最优质的教育或学习行为。这些行为总是针对每个学生不同的个性特点，贯穿教育或学习动机（需求）的产生、内容的选择、行为的实施（目标、进度、方法、手段和工具等）等各个阶段。

在适性教育活动中，每个学生都是有着独特需求的独立个体，而不是达到统一要求的群体。每个教师应是促进每个学生顺利进行个性化学习的向导，而不是按照统一规定向学生传授知识的教书匠。

"课堂教学过程是实施适性教育的主渠道。适性教育的课堂教学过程是师生交往、积极互动、共同发展的过程，而不只是通过传授知识提高学生能力的过程。作为课堂学习的主体，每个学生处于适合自己个性特点的学习状态之中，每个学生的个性都能得到合理的张扬。而教师所采用的教学措施，都能够针对每个学生的独特个性需要，提供最适合的学习引导和指导。"[1]

《义务教育课程方案（2022年版）》指出，教学中要整体理解与把握学习目标，注重知识学习与价值教育有机融合，探索大单元教学，积极开展主题化、项目式学习等综合性教学活动，促进学生举一反三、融会贯通，加强知识间的内在关联，促进知识结构化。针对"适性语文"教学理念下的阅读教学，教师开展了单元整体教学流程设计的研究。基于深度学习、建构主义理论、差异化学习理论等，从目标适宜、内容适当、评价适切、流程适恰、反思适时等五个方面提出了一系列基于学情、适性扬才的教学路径和策略。

---

[1] 周冬祥. 教育之道在于"适性"[J]. 湖北教育（综合资讯），2013(5)：60—61.

一、目标适宜——基于大概念，制定单元整体阅读教学层级目标

（一）基于大概念，明确单元教学目标

核心素养导向下的单元整体学习目标是教学设计的起点，课堂评价的着力点，以及检验学生学习效果的落脚点。基于学生的真实学习起点和发展需求，学习能力和素养的提升是有序螺旋上升的，这与统编教材编写的逻辑相同。因此，在设计教学目标时，需要进行以终为始的逆向设计，明确学生学完本单元能获得什么知识，习得怎样的能力，再倒回来看每篇文本所应承载的教学目标，进行分层而有效的设计，对学生在单元学习全过程中的具体表现进行整体的刻画，对每节课的学习目标的达成效果心中有数。

例如统编教科书六年级下册第五单元的人文主题是"科学精神"，阅读要素为"体会文章是怎样用具体事例说明观点的"，表达要素为"展开想象，写科幻故事"。综观本单元安排的几篇课文，《文言文二则》中的《学弈》利用两个小孩在学习时因不同态度产生不同学习结果的故事阐明了学习要专心致志，不可三心二意；《两小儿辩日》借助两小儿辩日的故事，展示了从不同角度举例证明自己观点的方法。《真理诞生于一百个问号之后》利用三个例子，阐明了"真理诞生于一百个问号之后"这个观点。课后的小练笔也引导学生学习由读到写，尝试运用具体的事例来说明一个观点。《表里的生物》借用"我"证明表里有生物的证据和过程，再次巩固了通过具体观察到的事例证明自己观点的方法，以及对人物评价时找出依据印证自己观点。口语交际《辩论》提示辩论前"选择的事例要有说服力"，是对用具体事例说明观点这一方法的具体运用。教材的安排既有联系又有梯度，从阅读到表达，落实语文要素。因此，综合教材的以上特点设计了本单元的教学目标如下（见表3-1）：

表3-1　六年级下册第五单元整组学习目标

KUD单元学习目标	单元大概念	1. 培养科学精神。 2. 初步体会如何用具体的事例和引用名人名言的方式证明自己的观点，并自主尝试应用。
	K—将知道	1. 会写"援、俱"等生字，"真理、领域"等词语。 2. 何为观点，何为论据。 3. 科幻故事的基本特点。
	U—将理解	1. 每篇文章作者所阐述的主要观点。 2. 作者论证观点时引用论据的方法，如举具体事例、引用名人名言等。
	D—将能够	1. 背诵《文言文二则》、日积月累中的名言警句等。 2. 能概括文中事例，体会课文用具体事例说明观点的方法，并仿照这样的写法用具体的事例说明一个观点。 3. 能根据相关语句体会人物形象，并通过交流学习，培养勤思、勤问、勤查的良好学习习惯，感受求真务实、勇于探究的科学精神。 4. 能围绕辩题搜集资料、整理资料，清晰地表达自己的观点；善于倾听，抓住漏洞，有理有据地进行有效反驳。 5. 能展开想象，写出奇特而又令人信服的科幻故事。

（二）以目标为导引，创设主题式教学情境

语文课程标准强调，在真实的语言运用情境中进行实践活动设计，要求"根据学生思维发展的特点，在不同学段创设适宜的学习主题和学习情境"。在单元学习目标的导引下，围绕单元的人文主题和大概念，基于学生真实的学情，创设贴近学生生活且富有探究意义的主题情境，帮助学生在有意义的语文实践活动中积累个体言语经验。此单元笔者创设的主题情境为："探索吧，科学少年"。情境内容为：同学们，学校要开展一个科技文化周的活动，请同学们在本次的活动中，追寻先辈的科学精神，以科学理性的方式阐述观点，争做辨斗小达人，最后徜徉于未来高科技的科幻世界之中。学生在此情境下将经历"阅读—梳理—探究—迁移—创造"等丰富的语言实践活动，教师在指导学生对该单元的人文主题有深刻了解的

基础上，落实本单元的语文阅读和表达要素。在此过程中，每一位学生都能在自己的原有基础上读、练、写、创，有所提升。

二、内容适当——打破传统单元，统整教材内容

王荣生老师说："语文教学有两个核心，一个是合宜的教学内容，一个是有效的教学组织。这两者之中，教学内容是居于首位的。怎样确定合宜的教学内容呢？有两个依据：一是依据文本体式确定教学内容，二是依据学情选择教学内容。依据文本体式与依据学情，具有一致性。"[1]也就是说，以单元为整体设计的阅读教学内容选择，绝不是单课教材内容的简单叠加，也不是课文知识点的堆砌，而是依据单元大概念的整体目标要求、教学价值、学生学情等多方面的要求进行合理整合取舍，优化开发，这与"适性语文"的教学理念不谋而合。

（一）依据教学价值整合教学内容

以六年级下册第五单元为例，单元的课文内容以论述类文本为主，此类文本主要指以阐释、议论、辩驳为主的文本。本单元中所列举的此类型文本其教学价值主要指向能够了解作者在文中所表达的观点，且了解作者如何使用具体的例子或引用名人名言证明其观点，初步学会使用这样的方法阐述自己的观点并对其他观点进行辩驳。我们发现同册教材第四单元中的《为人民服务》这篇课文也具备此教学价值，该篇课文第2自然段论述"人总是要死的，但死的意义有不同"这个观点时，就引用了司马迁的名言及张思德同志的具体事例来进行论述；同时整篇文本的论述结构也是"立论—释论—证论—结论"，与《真理诞生于一百个问号之后》一文相同，可以纳入本单元的教学内容之中。

（二）依据学生学情精选教学内容

教学内容的优化与整合，其核心在于深入理解和把握学生的学情。在

---

[1] 王荣生.阅读教学教什么[M].上海：华东师范大学出版社，2016.

适性语文的课堂上，在语文课程标准的引领下，在教学目标的导向下，教师首先要判断学生对所学内容是否感兴趣，深度学习的发生就是建立在对学习的内容有探究欲望、有接触兴趣的基础上，如果学生缺乏兴趣，教师需要寻找方法去激发他们的兴趣。因此，本单元教学内容的选择，可以建立在学生现有的认知与课文内容中所呈现的非科学的因素相差的基础上，引导学生进行探究。比如：教学《两小儿辩日》时，可以先让学生把目光聚焦到两小儿的辩题上，通过与科学学科的跨学科学习，了解到太阳实际上与人的距离不论何时都是基本一致的这一客观天文现象，进而激发学生对文中两小儿如何证明自己的观点的兴趣探究；教学《表里的生物》时，在学生明知怀表中不会有生物的基础上，引导他们去寻找文中的"我"究竟如何去证明自己荒唐的观点，从而领会这种不断发现问题并探寻规律的科学求是精神。

其次，教师要评估学生是否能理解这些内容。如果学生无法理解，教师则需要采用适当的教学策略，帮助他们深入理解。例如，《为人民服务》第3自然段中通过四个层层递进的句子，表达了任何人提出的建议只要是为人民服务且说得对，那么共产党和共产党所代表的八路军、新四军都应接受批评并且改正。学生对于四句话之间关系的理解存在困难，这需要教师引导学生关注每句话的意思，再联通四句话的意思了解这段话表达的观点，寻找四句话之间的组合规律，知道作者通过怎样的形式阐述观点。

通过这样的优化和整合，教学内容就能更好地站在学生的立场上，紧密地联系学生的现有基础与未来发展，确保所选择和整合的教学内容能够贴近学生的"最近发展区"，从而更有效地促进学生全面发展。

三、评价适切——确定预期成果，明确评估证据

格兰特·威金斯在《追求理解的教学设计（第二版）》中提到："要像评估员一样思考。"也就是要求在教学活动设计之前，教师们就应该像评估员一样想好最终需要用什么证据表明学生已经达到了教学目标，需要呈现怎样的预期成果，从而以终为始逆向设计指导我们的教学活动。以预

期成果之一的辩论赛为例，下图（见表3-2）为学习活动"辩斗小达人"的评价标准，其中黑体加粗的部分所需要的辩论能力要求，与表3-1呈现的KUD单元学习目标中2、4、5、7、9项相符合，因此，如果想要最后能够让学生达到预期的学习效果，那么就要在日常的教学活动中针对以上几项教学目标设计相应的语文实践活动，从而将单元教学目标的落实融入单课的教学实践当中，达成"教—学—评"一体化。

表3-2 学习活动"辩斗小达人"评价表

评价标准	具体内容
辩论技巧	清晰、流畅，无明显语法错误；观点连贯，论证合理，无明显**逻辑漏洞**。能够有效应对对方观点，进行有力反驳。
内容深度	论点明确，论据充分，分析透彻；提出新颖、独特的观点或论证方法；对辩题进行深入挖掘，展现深入思考。
团队协作	与队友配合默契，共同推进辩论；倾听对方观点，及时做出回应；在团队中发挥重要作用，推动团队胜利。
应变能力	能够迅速调整思路，应对突发情况；在压力下保持冷静，稳定发挥。
礼仪风度	着装整齐，仪表大方，有风度；尊重对手、评委、观众，不使用攻击性语言；举止得体，不出现不当行为。

四、流程适恰——搭载学习支架，设计有效学习活动

《义务教育语文课程标准（2022年版）》中提出："关注不同地区学校和学生的差异，合理安排学习内容，把握学习难度，组织学习活动。根据学生需求提供学习支持，引导学生在完成任务、解决问题的过程中积累语文学习经验，发展未来学习和生活所需的基本素养。"也就是要求教师要根据学习任务群教学需要，精心设计和组织教学活动，精心选择并合理使用各种课程资源。有效的课堂学习活动是学生在课堂上进行学科实践的基础，是单元学习目标转化为学生能力发展的关键环节，是学生学习真正发生的重要载体。学习活动的安排以单元教学目标为导向，明确了教学评价证据之后进行相应的逆向设计，重点解决两个方面的问题：一是如何达

成教学目标，二是如何进行活动的组织。以统编教材六年级下册第五单元为例，设计如下教学活动（见图3-2）：

主题情境：探索吧，科学少年

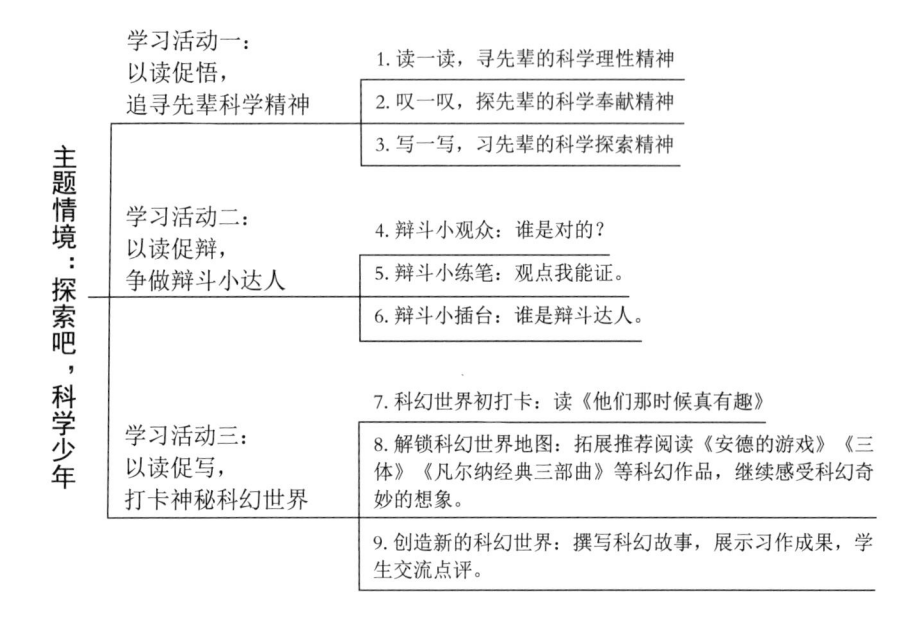

学习活动一：以读促悟，追寻先辈科学精神
1. 读一读，寻先辈的科学理性精神
2. 叹一叹，探先辈的科学奉献精神
3. 写一写，习先辈的科学探索精神

学习活动二：以读促辩，争做辩斗小达人
4. 辩斗小观众：谁是对的？
5. 辩斗小练笔：观点我能证。
6. 辩斗小擂台：谁是辩斗达人。

学习活动三：以读促写，打卡神秘科幻世界
7. 科幻世界初打卡：读《他们那时候真有趣》
8. 解锁科幻世界地图：拓展推荐阅读《安德的游戏》《三体》《凡尔纳经典三部曲》等科幻作品，继续感受科幻奇妙的想象。
9. 创造新的科幻世界：撰写科幻故事，展示习作成果，学生交流点评。

图3-2 统编教材六年级下册第五单元学习活动设计一览表

该单元的教学设计中，主要采用任务驱动的模式进行，以"探索吧，科学少年"为总的任务情境，把"将知道""将理解""将能够"掌握的目标整合到"以读促悟，追寻先辈科学精神""以读促辩，争做辩斗达人"和"以读促写，打卡神秘科幻世界"三个具体任务中，设计多个综合连贯、生动有趣的教学活动，让学生置身于真实的活动情境中，通过梳理与探究、阅读与创作、表达与交流等等语文实践活动追寻科学精神，学习理性表达，发展创新思维。

（一）在梳理与探究中，追寻科学精神

六年级下册第五单元的科学精神融于每篇课文之中，因此，可以借助思维导图支架帮助学生梳理课文的内容，发现科学的求是精神。如《表里的生物》一文当中，关于表里有小蝎子的论证过程，虽然论证基础是错的，但可

以从中感受到作者探索未知、追求真相的执着，及追求真知的科学精神。在教学时可以借助以下流程图支架（见图3-3），梳理作者的探究过程，帮助学生体会作者是个怎样的孩子，体会科学精神。

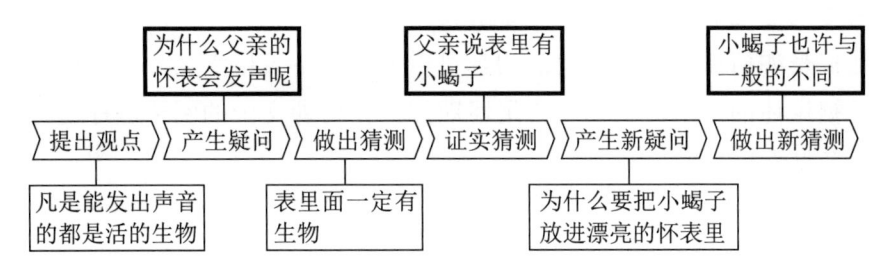

```
为什么父亲的            父亲说表里有            小蝎子也许与
怀表会发声呢            小蝎子                  一般的不同

提出观点 〉产生疑问〉做出猜测〉证实猜测〉产生新疑问〉做出新猜测〉

凡是能发出声音        表里面一定有            为什么要把小蝎子
的都是活的生物        生物                    放进漂亮的怀表里
```

图3-3　《表里的生物》论证观点流程图

再如《真理诞生于一百个问号之后》一文中，作者引用三位科学家的例子来证明自己的观点，教师可以借助以下表格支架（见图3-4），引导学生梳理三位科学家寻找真理的过程，从而感受到科学家们善于留心生活、敢于质疑、追根逐源、锲而不舍的科学精神。

提出观点		印证观点（举例说明）				总结观点
真理诞生于一百个问号之后	证明 ←	事例一：波义耳制成石蕊试纸。	事例二：魏格纳发现大陆漂移学说。	事例三：阿瑟林斯基发现脑电波与做梦有关。	证明 →	真理诞生于一百个问号之后

图3-4　《真理诞生于一百个问号之后》表格支架

（二）在模仿与辨析中，学习理性表达

语文课程标准中关于思辨性学习任务群的表述中提到，学会"负责任、有中心、有条理、重证据地表达，培养理性思维和理性精神"。也就是说，统编版六年级下册第五单元教材文本的相应教学价值主要体现在培养孩子有中心、重证据地表达，基于单元教学目标，此处的理性表达分为

口语和书面语两方面。

1.模仿教材语言，促进理性书面表达

在教学中，可以整合《两小儿辩日》《为人民服务》《真理诞生于一百个问号之后》三篇文本，了解文中人物或作者说持有的观点，接着探究他们是如何证明自己的观点的。可以借助一下表格支架，帮助孩子梳理用证据论述的方法，紧扣中心阐述观点，模仿课文中的例子进行适时的练笔。（见表3-3）

表3-3 统编教材六年级下册第五单元模仿表达支架

课文	观点	论证方法	论据梳理
《两小儿辩日》	一儿：_____ 另一儿：_____	具体事例论证	（视觉角度）：_____ （触觉角度）：_____
《为人民服务》	人总是要死的，但死的意义有不同。	1.引用名人名言 2.对比论证 3.举例论证	司马迁："人固有一死，或重于泰山，或轻于鸿毛。"
《真理诞生于一百个问号之后》			
我来模仿			

2.辨析证据内容，助力理性口语表达

通过组织"辩斗小擂台"活动，有利于学生将书面表达的技巧转化为口语表达。辩论前，引导学生围绕观点搜集和整理相关资料，教会他们如何利用表格和思维导图等工具从大量的信息中筛选出支持自己观点的关键材料和有力论据（见表3-4）。这不仅涉及对事实的准确把握，也包括对逻辑论证方法的灵活运用。学生在辩论中学习如何有条理地组织语言，如何用恰当的例证、对比分析或引用权威观点来加强自己的论证。通过模拟辩论和实际辩论的练习，学生能够在实际对话中尝试不同的表达策略，学习如何倾听、回应和反驳，这些技能对于他们形成批判性思维和提高沟通效率都至关重要。此外，教师应鼓励学生在辩论中展现开放和尊重的态度，认识到辩论不仅是观点的较量，也是学习和成长的过程。通过这样的教学活动，学生的口语表达能力将得到显著提升，他们将更加自信地在公共场合表达自己的观点，并且能够条理清晰、有理有据地与他人进行交流和讨论。

表3-4 辩论材料整理表格支架

辩题：小学生是否应该有零花钱	
正方：小学生应该有零花钱	反方：小学生不应该有零花钱
材料： 1._____ 2._____	材料： 1._____ 2._____
论据： 1._____ 2._____	论据： 1._____ 2._____

（三）在阅读与鉴赏中，创编科幻故事

在六年级下册第五单元的教学过程中，科幻故事的创作是一个关键环节，旨在激发学生的想象力和创新思维。教师可以引导学生深入阅读《海底两万里》《时间机器》等经典科幻作品，从而激发学生的创作灵感。在阅读和鉴赏的过程中，让学生掌握科幻故事的基本结构和创作技巧，学习分析作品中的科学原理和幻想元素，进一步点燃学生对科幻世界的好奇心

和探索欲望。随后，教师应鼓励学生运用所学知识和个人创意，创作自己的科幻故事，以此深化对科学精神的理解，并提升学生的语言表达能力。

五、反思适时——评估学生学习效果，调整优化教学流程

在完成单元的教学后，教师应进行深入的教学反思，这是一个至关重要的环节。它能够帮助教师评估教学效果，发现问题，并对未来的教学进行改进。以下是反思和评估的具体步骤（见表3-5）：

表3-5 教学反思和评估的具体步骤

评估项目	评估内容
学生预期学习成果	1. 通过观察、作业、测试、学生自我评价和同伴评价等多种方式，收集学生学习成果的数据。 2. 对学生的学习成果进行量化和质化分析，确定学生在知识掌握、技能应用、思维发展等方面的表现。
教学目标达成情况	3. 将学生学习成果与预设的教学目标进行对比，评估目标的达成程度。 4. 如果发现某些教学目标未能有效达成，需要分析原因，是目标设置不切实际，还是教学实施过程中存在问题。
教学内容和方法的审视	5. 回顾教学内容的选择是否符合学生的实际需求和学习兴趣，内容是否丰富、有深度，能否激发学生的探究欲。 6. 审视所采用的教学方法是否促进了学生的主动学习和深度思考，是否需要引入更多的互动和参与性活动。
评估标准的合理性分析	7. 分析所使用的评估标准是否全面，能否真实反映学生的学习情况。 8. 考虑是否需要增加多元化的评估方式，如自我反思、同伴评价、过程性评价等。
学习活动与学生学情的匹配度检查	9. 检查设计的学习活动是否与学生的认知水平和学习能力相匹配。 10. 反思活动是否给所有学生提供了平等参与的机会，是否有助于不同层次学生的发展。

(续表)

评估项目	评估内容
教学策略的调整	11. 根据反思结果，调整教学策略，如改进教学方法，优化教学内容，调整评估方式。 12. 考虑引入新的教学资源或技术，如多媒体教学工具、在线学习平台等，以提高教学效果。
与学生的沟通	13. 与学生进行沟通，了解他们对教学的看法和感受，收集他们的反馈和建议。 14. 鼓励学生表达自己的学习需求和期望，使教学更加符合学生的实际情况。

通过上述细致的反思和评估，教师可以更加深入地了解学生的学习需求和偏好，及时发现并解决教学中存在的问题，从而不断提升教学质量，促进学生的全面发展。教学反思不仅是一种教学策略，更是一种持续的专业成长和发展的过程。

总而言之，适性语文理念下的单元教学设计旨在基于学生个体的适性发展基础上，通过目标适宜、内容适当、评价适切、流程适恰、反思适时五个方面的策略，实现教学目标的有效达成，促进学生的深度学习和全面发展。

第四节 适性语文教学设计策略

"所谓'适性发展'，就是指教育要适应学生的个性特征，关注学生的个体差异，采取适合其特点的有效方法，促进个性的差异发展。内涵之一就是促成学生的个性化发展——每一个方向的发展都得到激发；内涵之二就是给学生可持续发展的动力——把成功放在更长远的时间段上去考量。"[1]其中两个"发展"，指出了教师在教学时，既要基于当下，着眼

---

[1] 何民. 让每个学生"适性发展"[J]. 华夏教师，2012(4)：91—92.

于学生的"个性"与"多方面"的发展，又要放眼未来，考虑学生的终身发展，引领学生"可持续发展"。

作为一种教学理念与追求，适性语文不应只停留于观念层面，须落实在学校实践中，我们主要运用弹性设计、多元教学和评价改革等进行课堂教学改革，积极落实适性语文的理念。

一、进行弹性化的教学设计

教学设计是教学的蓝图和规划，关涉教学的效果和质量。鉴于此，适性语文以学生的发展为中心，以丰富学生的经验为目的，不断完善和优化教学设计。

（一）实施分组教学，协调教学进度

学生的学习速度、学习能力、兴趣经验等存在差异，教师实施分组教学，选择不同的教学策略，积极协调教学进度，促进学生共同发展。例如，针对学习能力一般的学生，教师可采取不断重复、强化练习的方式，帮助学生及时巩固课堂所学内容；对于学习能力较强的学生，设计梯度问题的设计，让学生在"运用、分析、讨论"的目标层级要求中解决问题；对于学习能力强的学生，则引导学生采取"探究、评价、拓展"的高层级要求的个性化学习方法。教师根据学生的个别差异，组织分组教学，依据组别来选择适当的教学内容，分配相应的学习任务，鼓励学生用不同的方式呈现学习效果，实现全员参与、全面发展。

如统编版五年级下册《草船借箭》教学中，对诸葛亮神机妙算的品读，教师设计层级性的作业，进行分组教学（见表3-6）。关于诸葛亮的神机妙算，学生根据自己的学习力水平，可以选其中一组进行练习，三组题目中"文中直接描写诸葛亮的语句"，这是指导学习能力一般的学生阅读课文，理解人物特点；"文中描写周瑜、鲁肃、曹操的语句"这是引导学生从他人的反应，来看诸葛亮的人物特点，这是学习从他人的角度认识一个人；"《三国演义》相关章节的描写"，为学习能力强的学生构建了一个开放的空间，学生可以自由运用学习方法、自由选择学习内容，但是殊

途同归，各组学生的学习最终都能够聚焦于品读人物的特点，学习阅读名著的方法，并为后续的"读后感"学习，做好阅读的准备。

表3-6 《草船借箭》弹性分组教学设计

分组设计（选择其中之一）	适应对象	学习力训练	展示形式
诸葛亮真是神机妙算！你看！《草船借箭》文中写到（直接描写诸葛亮的相关语句）＿＿＿＿，读到这里，我想＿＿＿＿。	学习能力一般的学生	取不断重复、强化练习的方式，帮助学生及时巩固课堂所学内容	三人小组互学
诸葛亮真是神机妙算！你看！《草船借箭》文中写到（周瑜、鲁肃、曹操等他人的相关描写）＿＿＿＿，读到这里，我想＿＿＿＿。	学习能力较强的学生	"运用、分析、讨论"的目标层级要求中解决问题	自学、"小老师"展演
诸葛亮真是神机妙算！你看！《三国演义》相关章节写到＿＿＿＿，读到这里，我想＿＿＿＿。	学习能力强的学生	"探究、评价、拓展"的高层级要求的个性化学习方法	演讲、故事会等

（二）共商教学计划，开展协同教学

为了促进学生适性发展，在了解学生的实际情况以及学习需求的基础上，教师再拟定教学计划。同时，各科教师加强交流、共享教育实践经验，组建教学团队，通过项目学习等手段建构合作关系，帮助彼此选择和制定合理的教学计划，开展协同教学。

如统编版三年级下册第四单元学习中，师生共同讨论"观察事物的变化，把实验过程写清楚"这一语文要素如何落实，商定结合劳动实践活动"泥土的觉醒"开展跨学科的学习。经语文、数学、劳动、科学等教师共同设计，以学生为主体的"泥土的觉醒"项目化学习便拉开帷幕。学生以小组为单位，分组进行了"菜地竞拍""选种购苗""日常养护""收获分配""烹饪分享"等活动，每一个小组在每一个阶段定期按单元要素进行观察、记录、汇报，并呈现"竞拍演讲稿""竞拍课件""种植计划""成果分享视频展播"等成果。学生在自主设计、自主活动、自主展

示中成长。任务不同，展示形式不同，不同个性、特长的学生可以弹性选择参与的小组或活动，师生、生生协同，有效促进全体学生不同程度的发展。

二、采取多元的教学策略

根据学生的差异特质，运用多元化的教学策略调动学生的学习兴趣，提升学生学习动机，才能真正实现适性扬才。教师可依据学生的认知风格、学习性向等学习类型开展教学。

（一）适认知风格教学

不同的学生在认知风格方面存在个体所偏爱的信息加工方式，如场独立型、场依存型、冲动型和沉思型等。"教师要根据学生的兴趣、能力、学习风格等进行差异化教学设计，从教学环境、教学内容、教学过程、学习评价等方面着手，实施差异化教学。"[1]场独立型的学生自我定向能力较强，擅长独立学习与自主学习，教师可以赋予其更多自主的学习时间，促进其自我规划，完成学习任务；场依存型的学生则容易受环境的影响，在合作互动学习中效率更高，可以更多地开展同伴互助，及时给予学习反馈，强化内在动机，提升内驱力。如教学统编版五年级上册《太阳》这篇说明文，教师可以为学生提供不同的学习任务：一是目标分层，二是作业分级。（见表3-7）目标分层，即以学生的学习起点为基础，体现不同程度的精准的目标。层级一，一般指教学目标的最低要求，层级二则有所提升；作业分级，不是难度的区分，而是尽量模糊作业的难易程度，提供主题不同、角色不同的作业，让不同学习风格的学生乐于选择，乐于体验。

---

[1] 何慧玲. 因材施教：新加坡小学华文差异化教学的启发与思考[J]. 教学月刊（小学版　语文）. 2023(12)：61—65.

表3-7　五年级上册《太阳》目标分层与作业分级设计

目标分层	层级一	了解作者从几方面描写太阳，运用了哪些说明方法。
	层级二	了解作者从几方面描写太阳，结合课文说明文中所运用的说明方法的好处。
作业分级	主题不同	结合课文内容，以"小天文观测者"的身份，介绍太阳的特点和作用。
	角色不同	以"太阳"的身份进行自述。

（二）适学习性向教学

学习性向主要指学生内在的学习偏好、意识、兴趣等。教师基于学生学习性向的差异展开教学，将更有针对性和有效性，譬如，视觉型学生的指导，教师应将知识概念可视化，借助具体形象的图片、思维导图或实物来引导学生感知，增进对抽象概念的理解；听觉型学生更擅长感受一段旋律或辨认音色，因此教师可以在课堂上播放视频和音乐，营造出激发听觉学习记忆的良好氛围，以此刺激学生大脑的听觉中枢，增强教学效果。如教学统编版五年级上册课文《父爱之舟》时，教师根据单元要素，设计了"爱的记录者"的项目式学习活动，展示江南水乡图，让父爱的细节如电影镜头般一帧帧呈现，让视觉性的学生在"遇见细节，看见细节，仿写细节"教学流程中感受父爱，体会作者吴冠中作为"爱的记录者"的独特笔锋。又如统编版三年级上册《大自然的声音》教学中，教师播放风穿过森林的声音，让学生静心体会、想象画面，再让学生辨认自己听到的声音与文中相关语句的关系，为听觉型学生打通生活和文本的关联，学习事半功倍。

第五节　适性语文教学评价策略

适性教学的效果评价关注每个学生个性化的主动学习进步情况，而不是用教师预设的统一的标准去要求所有学生。对学生而言，其效果主要体现在"生有所获"，即每个学生都不同程度地增长了知识，提高了能力，养成了习惯，获得了快乐。[1]构建科学的评价体系是增强课堂教学效果的关键，也是提高学校教育质量的重要手段。适性语文倡导"教—学—评"一致的理念，注重开展基于学生发展的真实性评价。真实性评价侧重于学生个人的纵向对比，强调测评学生真实的学习成效。

一、实施精准诊断

适性语文的课堂任务的完成需要学习与评价的构成整体。评价不仅需要明确的评价指标，还要能贯穿"教学与学习"的全过程，成为"教与学"的有机组成部分。教师在单元主题任务确定后，要预设学习效果，让学生借助评价来反观学习情况。这个过程中，教师始终关注学生在完成任务过程中的表现，根据学生写字、读书、交流、研讨、展示等现场表现，以及在完成任务中生成的文字、图表等学习成果进行评价，创设出"以评促学""以评促教"的适性课堂。

如教学低年级看图写话《快乐运动》（见图3-5）时，教师在指导学生观察画面捕捉主题和背景之后，指导学生把画面的主体——人物活动，按一定的顺序说清楚，接着指导学生观察画面的背景——学生活动的校园环境，并按照观察顺序汇报，逐步完成看图写话的画面观察、事件描述等过程。往往写话指导的课堂到这里就结束了，后续的写话作业各展神通，五花八门，没有评价标准的作业，师生都很难判断优劣。

适性语文的课堂，教师坚持"评价适时"，必将出示与教学相辅相成的学习评价标准，让师生能对照标准进行精准诊断。如表3-8所示，学生参照要求进行写话作业的自评和互评，教师再从多个方面对学生的学习进行评价：能抓住画面的主体部分，把快乐运动的情况写清楚，表示学生已达到合格标准；在此基础上，能把表示背景部分的运动环境和天气情况写下

---

[1] 周冬祥.教育之道在于"适性"[J].湖北教育，2013(5)：60—61.

来，可以判断学生达到优秀的等级；若能做到"书写工整"，则可进一步从书写的状态整体评价学生的学习情况。可以说，评价的过程充分尊重学生的个性差异，准确把握学生的实际学习情况进行真实性的评价，体现了"教—学—评"一致的理念。

图3-5 看图写话《快乐运动》

表3-8 《快乐运动》评价标准

我来评	得星数
主体描写	6☆
背景描写	2☆
天气描写	1☆
书写工整	1☆

二、注重增值评价

2020年10月，中共中央、国务院印发的《深化新时代教育评价改革总体方案》提出要"探索增值评价"。增值评价是通过分析学生在整个学习期间或某个阶段的学习过程、学习结果，来描述其在学习上进步或发展的

"增量"。不同于只关注成绩高低的传统评价，增值评价是基于个体的进步进行评价，将学生当前的学习状况与过往进行比较，最大限度地促进学生的成长。

教师可实时跟踪观察学生的学习成长过程与细微变化，及时鼓励与强化学生的优秀学习品质或矫正学生不良的学习态度、行为、习惯，了解学生个性化需求，通过资源补充或课后辅导等方式因材施教，强化师生课外互动，增进师生情感交流。学生也可即时了解自己的学习变化，从而主动反思、调整与改进自己的学习行为，使评价成为助教助学的有力手段，在教师的教、学生的学之间形成良性反馈机制，充分激发教师的教学效能与学生的学习效能，促进师生双方的进步和增值，发挥评价的导向、激励、诊断、改进作用，体现增值评价、尊重差异、重视过程、强调发展的独特内涵。增值评价理解和尊重学生的个性差异，充分考虑学生的学习习惯、兴趣特征、情感价值等方面，真正做到以学生为本，体现评价的层次性和差异性。目前，探索增值评价新方式，构建"面向全体、尊重差异、关注进步、促进发展"的学业增值评价体系，已成为新时代教育评价改革的重大举措。

总之，适性语文是因材施教，是有教无类，是差异化教学，要求教师深入了解每一位学生，全面细致地评估学生的天赋条件和知识基础，以此作为选择和确定教学策略的依据。

第四章　适性语文阅读教学策略

语文课程标准注重学生的主体地位和实践能力培养，要求学生在阅读中能够理解、分析和评价文本，促进核心素养的发展。在新的教学环境中，适性语文积极探讨适于语文课程标准的小学语文阅读教学策略。

第一节　目标适宜：单元阅读教学目标设计

《义务教育语文课程标准（2022年版）》在"课程理念"部分强调："注重课程内容与生活、与其他学科的联系，注重听说读写的整合，促进知识与能力、过程与方法、情感态度与价值观的整体发展。"在这种背景下，适性语文如何制定单元教学目标，以有效开展单元整体教学实践，是语文教师共同努力的方向。

一、适于语文课程标准，指向核心素养的形成

单元教学目标是对教师所预设的、学生经过单元学习后其核心素养要处于的具体状态及要达到的程度的表述。单元教学目标的设计要对标《义务教育语文课程标准（2022年版）》，落实教材单元所对应的课程与学习任务群的要求，体现语文学科核心素养，促进学生在语言建构与运用、思维发展与提升、审美鉴赏与创造、文化传承与理解方面的全面发展。阅读教学并不仅仅是将课文呈现给学生，而是要创造出一种稳固、持久的学习经验。因此，教师设计教学目标，要考虑如何让学生在阅读的过程中成为积极的参与者，通过探究、思考和讨论，深入理解课文的意义和内涵，并对已有经验进行总结和归纳，以更好地理解和应用已掌握的阅读方法，从而提高阅读能力。

二、适于整体，呈现目标之间的关联性

钟启泉教授提出："单元设计既是课程开发的基础单位，也是课时计划的背景条件。"[1]在整个教学目标体系中，单元目标位于中间层级——它基于课程目标，是课程目标的具体化；它决定了课时目标的确立，但不像课时目标那样关注细节。在课程目标确定的前提下，单元目标是单元教学规划中的关键一步，它承担着指导与选择教学策略的职能，是学习任务、学习活动设计的定向指标，它对教学评价的实施有一定影响，是评价教学效果的重要参照。适性语文的课程目标、单元目标、课时目标之间是相互关联的逻辑关系（见图4-1）。教师根据《义务教育语文课程标准（2022年版）》的课程目标、课程内容和学业质量等要求，结合教材内容、学生情况、教学条件的分析等，制订单元目标，最后再细分为课时目标，力求从单元整体的角度，把控单元教学要素和学生素养培养。

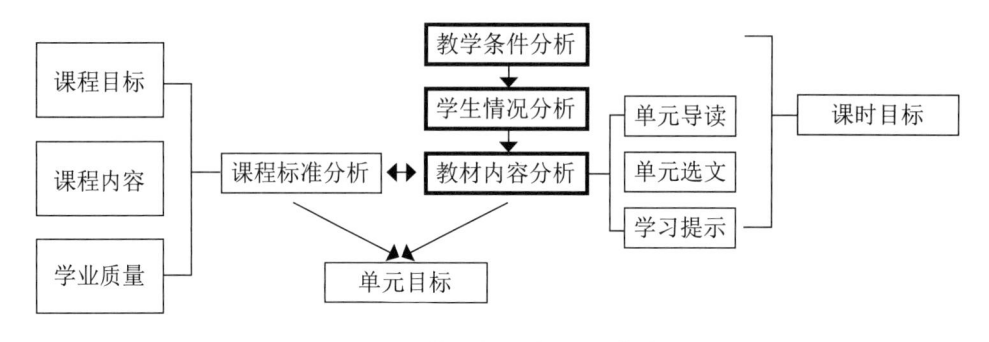

图4-1 适性语文教学目标的制定

三、适于学情，体现教学目标的适切性

伴随着近几十年来语文课程目标的嬗递，教师对语文教学目标的理解也在不断发展。"双基"目标立足于语文学科的基础知识与基本技能，关注的是教师教学后学生获得的知识和技能多少，对于学生"如何学"的过

---

[1] 钟启泉. 单元设计：撬动课堂转型的一个支点[J]. 教育发展研究，2015(24)：1—5.

程和价值观的培养方面涉及较少；"三维目标"在知识与技能的基础上，强调了学习的过程与方法，情感、态度、价值观的培养。

适性语文教学以"学生性、学科性、学习性"为教学基点，尤其重视学生"怎么学"。因而，在制订单元教学目标时，努力做到依标扣本、尊重学情，充分考虑学习条件和教学资源等情况，合理选择学习内容和学习方法，以期在教学中能充分提高学生认知水平和能力水平。教师准确把握学生的"最近发展区"，关注学生"怎么学"的学习过程，设计符合大多数学生的实际认知水平和思维发展水平的教学目标，相信在适宜的教学目标的指导下，学生的学业质量会更好。

四、适于观测，实现教学目标与评价的一致性

《义务教育语文课程标准（2022年版）》在评价建议中指出："教师应树立'教—学—评'一体化的意识，科学选择评价方式，合理使用评价工具，妥善运用评价语言，注重鼓励学生，激发学习积极性。"基于"教—学—评"一致性的教学理念，在适性语文课堂单元教学目标表述中，教师尽量选用能将学生的学习水平外显为可操作、易观察、可测量的行为动词，对学生的认知水平和能力的表征进行具体描述，让"教"与"学"双方都能清楚了解学生在语文实践活动中的表现和思维特征，并能就此调整学习进程、改进学习方法，实现目标、内容与评价的一致性。如"简要复述"的教学目标：能运用"长话短说"的方法，简要复述课文，并做到"情节完整""突出要点"。关于简要复述的要求中"长话短说""情节完整""突出要点"这三点，融合了教师"教"、学生"学"和师生"评"的过程，既是教学的内容，也是评价的标准。

第二节　内容适当：把握人物特点的教学内容选择[1]

为了达成教学目标，满足不同学生的学习需求，教师应该选择适当的教学内容进行教学，以照顾学生的差异。统编版小学语文教材中很大部分课文属于叙事性文本，这类文本常用人物的语言描写来叙述故事情节和塑造人物形象。语言是人物内心世界的反映，是人物性格和思想境界的直接表现。品评人物语言，可以揣摩出人物的心理活动和个性特征等，从而把握人物形象，感受人物魅力。

在适性语文教学中，教师注重以教材为载体，选择适当的内容组织教学，引导学生研读人物语言，在主动积极的思维和情感活动中了解文本中的人物形象。下文，笔者以叙事体文本为主，介绍如何选择适当的内容展开教学。

一、研读文本，解析人物语言的意蕴

语文的工具性和人文性是相互依存的，若只抓住工具性的一端，思想深度难以企及；如果只抓人文一隅，则如隔靴搔痒，无法落实语文要素的学习。实现工具性人文性的和谐统一，要以语言为根，善于引导学生研读文本，理解和感悟文本意蕴。

统编版四年级下册《"诺曼底号"遇难记》中，对于哈尔威船长的语言描写贯穿全文。文中是这样描述的：

哈尔威船长站在指挥台上，大声吼喝："全体安静，注意听命令！把救生艇放下去。妇女先走，其他乘客跟上，船员断后。必须把六十人救出去！"

不少教师抓住句子中的"吼喝"一词展开教学，包括理解词语的意思，想象当时的环境及其可能产生的相应音调、表情和动作等，希望通过

---

[1] 高玉梅. 品评人物语言　把握人物形象[J]. 新教师，2021（2）：45—46.

还原画面的方式，体会船长于危难之际挺身而出的精神品质。殊不知文本中关于船长的"话语"部分，更显船长的英雄本色，读懂其意，学生方能真正理解英雄的壮举。教学中，笔者让学生圈画出相关语句后，谈谈哈尔威船长的话语表达了什么意思。

学生各抒己见后，笔者做了总结：船长的语言简短有力，寥寥数语，宣布了逃生的三条要求，也宣告了自己作为船长的终极使命。下文还有这么一句话"实际上一共有六十一人，但是他把自己给忘了"，请结合上下文相关内容，想想他忘了什么，他不能忘的又是什么。

结合上文"必须把六十人救出去"一句去思考，不难发现船长显然忘记了自己，于危难之际早已做好了牺牲的准备。再结合下文中第30自然段"哪个男人胆敢抢在女人面前，你就开枪打死他"以及第36自然段"把克莱芒救出去"的语句进行思考，可以得出两处语言描写都是对第12自然段"命令内容"的补充和强调。看似暴力的"开枪"，体现的是船长构建铁一般逃生纪律的决心和勇气，"救出克莱芒"则验证了他命令开枪的人文内涵：妇女、儿童是弱者，必须保护弱小。由此可见，船长的语言描写彰显了其从容镇定、忠于职守的英雄形象，相关的语言描写也巧妙地推动了故事情节的发展。

抓住人物的语言进行品读，就是抓住了最本质、最精彩的内容。船长的坚定、果敢、担当，他的沉着冷静以及忠于职守的伟大人格就蕴含在简单的文字中。文字或直爽或含蓄，或幽默或严肃，都蕴含着丰富的人文内涵，只有研读这些文字，才能真正走进人物内心，从而逐步感受人物的形象。

二、融通深化，解读人物的言外之意

俗话说：言为心声。为了塑造人物，凸显人物形象，作者对人物语言的描写往往颇费苦心。学生除了需要关注语言表面的意思，还要探究人物语言表达的奥妙，才能感受语言描写的独特魅力，从而客观地把握人物的特点。

统编版四年级上册《西门豹治邺》的课后习题要求"找出第10—14自然段中描写西门豹言行的句子，说说西门豹惩治巫婆和官绅的办法好在哪里"。显然，编者意在引导师生抓住西门豹的言行进行两方面的讨论：一是西门豹采用什么方法惩治恶人，二是分析所用方法好在哪里。笔者在教学中，让学生聚焦关于西门豹语言描写的相关语句，要求学生先读懂其话语表面的意思，再进一步思考他的言外之意，同时学习用长话短说的方式简要复述课文。

师：找出描写西门豹言行的语句，说说西门豹说了什么，注意长话短说。

生："不行，这个姑娘不漂亮，河神不会满意的。麻烦你去跟河神说一声……"这句话的意思是这个姑娘不会令河神满意，让巫婆去告诉河神一声。

生：这句话长话短说，可以说"西门豹让巫婆去告诉河神要换新娘"。

师：句子中出现"不行、不漂亮、不会满意"三个词语，你认为西门豹想强调什么？

生：一是想救下这位姑娘，二是想借机把巫婆投进河里。

师：继续找出第12、13自然段中描写西门豹语言的句子，结合西门豹的动作描写，想想他这样说的目的是什么，注意长话短说。

生：第12自然段中，西门豹说是让官绅的头子去催巫婆，事实上是要把他扔进河去，正如文中所写："说完，又叫卫士把官绅的头子投进了漳河"。

生：第13自然段的描写，表面上是让其他官绅去催催巫婆和官绅的头子，真正的目的是吓唬他们。因为文中写道："官绅一个个吓得面如土色，跪下来磕头求饶，把头都磕破了，直淌血。"

生：长话短说，第12自然段写西门豹又把官绅的头子投进漳河；第13自然段写西门豹吓唬那些官绅，他们纷纷磕头求饶。

师：几句话的工夫，救下了姑娘，惩治了恶人，破除了迷信。回顾一下，简要复述如何做到长话短说？

在人物语言品评中，一位心系百姓疾苦、充满治国理政智慧的人物形象渐渐明晰了起来。读懂人物语言所表达的意思，把理解文本意思的步骤做得充分些，再结合人物动作描写等方面，几相融合，知其然也知其所以然，学生对人物语言的感受才能深刻一些，不但能明白语言描写本身的意思，还能在了解人物言外之意的同时，落实"简要复述"单元要素的学习。

三、比较赏析，探寻特殊描写的立意

人物语言的描写是小说塑造形象的重要手段，一个活生生的人物形象正是通过个性化的人物语言呈现在读者面前的。统编版六年级上册《桥》一课对老汉的语言描写非常有特色，鲜明地表现了老汉铁面无私的性格特点。教学中，教师选择恰当的教学内容，让学生找出描写老汉言行的语句，去感受作者刻画人物的匠心所在。

师：对比以下文段，谈谈作者主要从哪个方面描写老汉，这样写对于刻画人物特点，有什么好处？

老汉突然冲上前，从队伍里揪出一个小伙子，吼道："你还算是个党员吗？排到后面去！"老汉凶得像只豹子。

老汉吼道："少废话，快走。"他用力把小伙子推上木桥。

生：两个文段写的都是老汉的语言，老汉两次说话都是用"吼"的。第1个"吼"，吼的是"排到后面去"，听得出责备的语气，感觉老汉很气愤；第2个"吼"，吼的是"快走"，是关心的语气，感觉老汉特别焦急。（一个"吼"字，两种要求，两种心情，两种语气。我们从中既看到老汉哪怕面对的是自己的儿子也不徇私情的操守，又能感受到他对儿子的深沉的爱。）

师：两个表示动作的词写出了瞬间的细节之美。结合文本，想象老汉说话时的情景，思考他心里是怎么想的。他为什么要这样做？

对同一人物的语言描写进行对比赏析，前后截然不同的话语和动作描

写，表现了老汉坦荡无私、先人后己的情操，学生心目中的老汉形象越发高大起来。

教材中还有许多文本呈现的却是不同人物之间语言的对比描写。教师探究其中的写作特点，有助于准确把握文中人物特点，更有助于理解文章思想。

统编版四年级上册的习作例文《爬天都峰》主要以人物对话推动故事情节发展，文中有一处对话十分有趣：

忽然听到背后有人叫我："小朋友，你也来爬天都峰？"……我点点头，仰起脸，问："老爷爷，您也来爬天都峰？"

两句话中都有一个共同的"也"字，教师引导学生思考并讨论：初识于天都峰下的一老一小，为何见面的第一次对话中都说"也"字呢？

显然，孤立地读两句话是不可行的，把句子放回课文，结合上文中描写天都峰又高又陡、真叫人发颤的特点来思考，便会发现老爷爷口中的"也"字，充满了对"我"小小年纪能否爬天都峰的怀疑，而"我"口中的"也"字，同样表达了对白发苍苍的老爷爷能否爬上天都峰的质疑，两个人物可爱又直率的特点通过独特的语言描写展露无遗。不同人物之间采用相同的表达方式有趣有料，衬托了天都峰难以征服的特点，还为下文突出文章中心埋下伏笔——二人相互怀疑，相互鼓励，因此，在顽强登顶后，彼此致意从对方的勇气中汲取了力量。

抓住适当的内容进行教学，突出对人物语言方面的赏析评议，让学生体会人物语言描写的作用及其重要性。在阅读中了解人物语言描写的一般规律，学生对于人物形象的把握将更客观、更深刻。

第三节　流程适恰：单课阅读教学流程设计

教学流程是指教学环节展开的过程。适性语文的教学流程主要有"引趣—品读—操练—反馈"四个环节，这四个环节是"教—学—评"一致性理念的实操。教学环节的组织及教学流程的展开，包括三个层面，一是教师"教"的活动，如"引趣"主要是教师以情境（或问题）引入，提供核心问题，安排学习任务等；二是学生"学"的活动，如在"品读"和"操练"这两个环节中，教师鼓励学生运用各种方法品读文本，迁移训练，达成教学目标，这两个环节既突出学生的"学"也不能排除教师的"教"；三是师生"评"的活动，教师要根据教学目标反馈学生"学"的过程，也倡导学生参与"评"的过程。

适性语文课堂的四个教学环节之间起承转合，包括教学环节内部教学活动的全过程（见图4-2），体现了学生"学"为主体，教师"教"为主导的理念。下面以统编版六年级上册《只有一个地球》一课为例，谈谈适性语文单课阅读教学流程的设计策略与课堂教学实施。

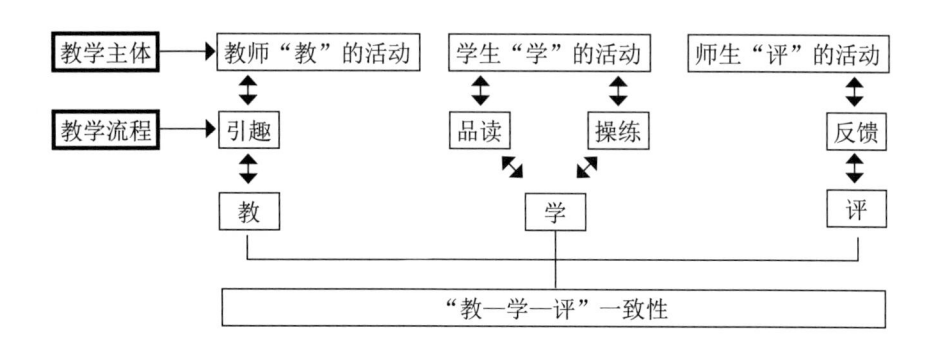

图4-2 "教—学—评"一致性的教学流程

《只有一个地球》的教学可以划分为情境引入课题，任务引导品读，经历分析与讨论问题、提炼观点的操练，迁移训练的反馈等教学环节。每个教学环节与教学流程相互交融，相辅相成，充分体现了"教—学—评"一致性理念。

一、引趣：创设情境，明确学习任务，重视教师的"教"

教学从教师播放"日本排放核污水"的视频资料开始，引导学生结合预习时查找到的资料说说自己的看法，由此让学生初步把握文章提出的主要观点。视频材料把学生带入问题情境，使得学生有感而发。教师根据该单元的语文要素，以及课后关键习题的第一、二题的要求，找到学生生活和课文的关联点，为接下来指导学生学习"把握文章的主要观点"做好铺垫。此环节，教师创设情境，让学生明确学习任务，初步明白何为观点，教学过程如下：

1. 播放视频：日本排放核污水资料。
2. 表达看法：结合预习时查找到的资料，说说自己的看法。

二、品读：学习知识，掌握方法，注重学生的"学"

品读，即任务驱动下的课文感知、理解内容等，重点落实课文中的语文要素，如语法、修辞、写作技巧等，培养学生的语文实践能力。教师根据学生的学习风格和兴趣爱好，采用多样化的教学策略，如小组合作、角色扮演、游戏等，以提高学生的学习参与度和学习效率。品读是解决学习任务的发起阶段。在"引趣"环节后，教师引导学生进入学习状态，开始"品读"课文。教师先后出示"学习任务一"和"学习任务二"，开始任务驱动下的课文感知、内容理解和能力训练等。学习任务驱动下，学生聚焦单元要素，学习如何把握文章观点，了解作者表达观点的方法。任务呈现出开放性，又具有一定的弹性空间。学生借助关键语句品读文本，把握观点，借助支架表达感受，明白作者如何一步一步得出结论。

学习任务一：圈画段落中的关键句，把握段落意思，了解作者的观点。

1. 学生自主阅读第1—2自然段，圈画段落中的关键句，说说段落的意思及两段之间的关系。

2. 三人小组学习：阅读第3—9自然段，圈画段落中的关键句，说说每个段落的意思及段落间的关系。（教师板书：美丽渺小、资源有限、无法移居、保护地球）

3. 观察筛选：再次阅读课文，思考作者表达的四个方面意思中，哪个方面是最主要的观点。

4. 把握观点：串联关键句句义，抓住主要观点，说说本文的主要内容。

5. 梳理小结：借助关键句，可以把握文章主要观点的方法。（作者的观点隐藏在两段话的主要意思之间，借助关键句，整合意思相关联的段落，才能把握作者的观点。）

"学习任务一"的学习过程体现了学生主体、教师主导的课堂样态，在任务驱动下，学生自主阅读课文第1—2自然段，学习用关键句把握段落意思的方法。随后，三人小组合作学习第3—9自然段，串联关键句所表达的意思，把握作者主要观点。通过教师指导点拨，学生梳理小结学习内容和方法。

学习任务二：了解作者如何一步步得出结论。

1. 观察图片：观察其他星球的图片，感受其他星球的美。思考：太阳系的其他行星也都很美，为什么我们看到地球就会有特别的感觉呢？请结合之前所学课文《宇宙生命之谜》和自己所了解的地球上的知识，说说地球为人类提供了什么。（地球为人类提供森林、氧气、温度、大气、资源、水源等。地球为人类无私地提供了这么多生存资源，对于人类来说，地球就像是我们的母亲一般。这是一份特别的感情，这种对母亲的爱慕、对摇篮的感激之情，让我们对地球深深地眷恋。）

2. 思辨讨论：作者在文章的第1段赞美地球美丽壮观、和蔼可亲，这样的安排和作者想要表达的主要观点之间有什么关系？（以情动人，激发起读者对地球的感情，想要让我们好好保护地球。）

3. 感悟写法：再读段落中关键句，思考以下问句的顺序可否调换。

（1）问答游戏：

①问：这篇文章发出一个倡议，作者倡议什么？

②问：地球半径约为6400千米，那么大，你担心什么呢？

③问：地球渺小但拥有很多的资源，还可以再生吗？

④问：就算地球上资源用光了，我们不能移居到别的星球上去吗？

（2）发现写法：

作者根据自己的立场，层层递进论证，这是一种严谨的研究问题的方法，这样得到的结论或答案让人信服。（普通人立场：地球很大、资源丰富，资源破坏了也可以移居其他星球；作者立场：只有一个地球，惋惜地球遭受破坏；呼吁人们不要再破坏地球。）

读懂课文内容，还要读懂课文内容为什么这么写。教师根据教学目标，选择适当的教学内容，进行学习任务的设计。学生在任务驱动下，运用各种方法在语言实践中学习语文，学习更为扎实，更为主动。

三、操练：知行转化，迁移运用，落实学生的"学"

操练，是教师提供学习资源或学习支架，鼓励学生自主选择练习、写作等方式，在完成任务中将所学知识内化为自己的能力，实现语文要素的学习和内化。品读课文后，进入适性语文课堂教学的操练环节，教师出示学习任务，让学生在语言实践中学习梳理观点并迁移应用。

学习任务三：学会梳理观点并迁移应用。

1.出示学习单，学生阅读"核污染水"的相关资料，完成任务。

（1）阅读资料，圈画关键句，把握资料的主要意思和观点。

（2）三人合作学习小组：小组中，一人先说，另外两人可补充，内容不重复。基于学生差异，小组成员可以借助表达支架，也可以用自己的话说，只要观点鲜明，有理有据即可。表达支架如下所示：

对于日本核污染水排海问题，我的观点是_____，因为_____。所以，请日本停止排放核污染水，还人类一个美丽清洁的海洋！

2.回看课后习题，学生汇报学习收获与问题等。

"操练"环节主要是让学生把品读课文中学到的知识与方法运用于生活中的实际问题，用语文的方式表达自己的语文实践活动。

四、反馈：多元主体，适时评价，"教－学－评"一致

反馈，指教师根据"教－学－评"一致性理念，实施多元评议，适时评价，不同的学生对照评价标准，得到最恰当的评价。在这个环节的教学中，教师根据教学目标的要求，根据"品读"和"操练"的内容，体现"教－学－评"一致性，且设计"☆"评价，给不同学习程度学生提供不同选择，保底不封顶（见表4-1）。

表4-1 表达评价表

表达小贴士	星级评价	学生评	教师评

（一）多元评价

1.根据所学知识，对同学的发言给予评价。

2.根据刚才同学们提出的意见和展示的范例，修改自己的表达，再次与小组同学交流，发表自己的观点。

（二）布置作业

根据本课的学习内容以及了解的海洋相关知识，学生继续查找保护海洋的相关资料，并完成相关倡议书。

教师组织适时的评价，帮助不同水平的孩子客观评价自己的学习情况，既保证了弱学力孩子的学习，又让强学力孩子在原有基础上更上一层楼。"时事热点引入—参与两个学习任务—回扣情境、迁移训练表达—指向单元习作的倡议书的撰写"，从真实的问题情境出发，不同学力的孩

子在解决生活问题的学习历程中，在自我的评价中，不断驱动自我认知发展。

可以说"适性语文"四个教学环节构成的教学流程，旨在让每个孩子在与文本的反复对话中，在与同伴的互相学习中，建构真实的语言表达运用能力，从而促进核心素养的发展。

第四节　方法适合：指向高阶思维的"问题链"设计

为落实学生核心素养，促使学生主动卷入学习、深层理解知识，教师需要设计有价值的教学问题。指向高阶思维的语文"问题链"设计，应该是紧扣教学目标并与教学内容高度契合的。这就要求教师将教材中的语文要素转换成层次鲜明、具有逻辑性的"教学问题"，让学生在问题情境中寻找正当理由和支撑证据，通过分析、综合、评价等较高认知水平层次的心智活动，落实语文要素，训练高阶思维。

一、引入性"问题链"，启发学生立体思维

"问题链"指的是教师在研究教学内容、分析学情的基础上，根据一定的教学目标而设计的一连串问题，这些问题相互关联、贯穿教学始末，将"教"与"学"置于生动的教学情境中。

引入性"问题链"，即教师在引导学生回顾旧知，了解新旧知识之间的连接点时设计两到三个问题，帮助学生进入"最近发展区"，调动学习积极性，发挥其潜在能力。以统编版六年级上册《桥》为例，题目是"桥"，文中不写"桥"，而是刻画了一位铁面无私的共产党员形象。文中的老汉与桥有什么联系？作者用"桥"命题的写作意图是什么？以解题引发思考，引导学生勾联阅读经验，主动思考文本拟题、人物形象、情节设置、小说特点等之间的联系。"问题链"设计如下：

问题1：生活中的桥有什么作用？文章的题目是桥，实际上写的是

什么？

问题2：文中写到"他用力把小伙子推上木桥。突然，那木桥轰的一声塌了。小伙子被洪水吞没了"，假设老汉知道会有这样的结局，当时还会把小伙子"揪"出来吗？

问题3：老汉的行为与"桥"有什么关系，为什么用桥来命题？

利用问题启发思维。"问题1"引导学生结合学习经验，联系"借物喻人"写作手法的旧知，比较从容地通过文本把握老汉的言行，体会人物形象特点。"问题2"所创设的情境则激发学生参与讨论挑战性问题的热情——认为"该把儿子揪出来"的学生，势必把文中关于老汉的言行作为例证，阐明"老汉是大公无私，不徇私情的村支书形象"的观点，而认为"不该揪出来"的，可能会从人性的角度谈父爱的坚忍与不舍。观点不同不代表正误，因为文末讲到"老太太祭奠两个人"的事实，终将糅合了两种思维碰撞的结果，"问题链"的设计拆掉了思维的天花板，让学生在文本构建的空间里畅想。

至于"为什么用桥来命题"的讨论，再次启发学生思维，联系文本可以发现这是老汉面对狂奔而来的洪水，以自己果决的指挥，将村民们送上跨越死亡的生命桥；也是把生的希望让给别人，把死的危险留给自己，用血肉之躯筑起的一座生命桥；还可以是以老支书为代表的共产党密切联系群众的"桥"。引入性"问题链"，让学生在比较、分析中，摆脱了简单识记的低阶思维，尝试对事物或问题进行综合和概括的思考，每一个问题的解决过程，都促使思维产生一次飞跃，把发现与思考、疑问与探究和学习目标紧紧联系在一起。

二、诊断性"问题链"，激发学生的辩证思维

围绕教学中的难点、重点或疑点，设计诊断性"问题链"，诱使学生在出错、指错、纠错中获取真知和技能，对于辩证思维的培养大有裨益。统编版六年级上册《只有一个地球》所在单元的语文要素之一是"抓住关键句，把握文章的主要观点"。落实语文要素是检验教学目标达成的

依据，因此学习这篇文章时，学生要把握"地球只有一个，如果它被破坏了，我们别无去处"的观点，这一点无可厚非。但是，教学如果停留于了解和认同作者的观点，学习停留在"记忆、理解"的低阶思维阶段，则不利于培养学生的思维品质，也容易产生片面的认知：地球是人类赖以生存的星球，我们要保护它，否则另作他想。显然这样的认知是比较狭隘的。

有教师根据该课语文要素落地课堂的要求，设计"问题链"如下：

问题1：作者要表达的观点是什么？从文中找出相关的语句，用自己的话概括。

问题2："地球只有一个，如果它被破坏了，我们别无去处"，这是作者的观点。如果人类有其他星球可以去，可以毁坏地球吗？

问题3：阅读课后"习题3"，并结合生活中的现象，写一写保护环境或节约资源的宣传语，你想写什么？

思维没有定式，鼓励学生多角度思维，教学才更富有成效。在"问题链"的引领下，学生在了解作者观点的前提下，进行思辨性的讨论："即使有第二个星球可以移居，人类也不能破坏地球，因为它是人类生命的摇篮""地球不是人类的私有财产，它与所有生物共生共存，破坏地球的行为是自私而残酷的""目前，并没有找到合适人类居住的第二个星球，地球仍是人类赖以生存的唯一场所，怎能不珍惜……"关于宣传标语的设计，因为教师设计的是开放性问题，学生的思维也是开放的，可以谈保护地球的意义，可以谈保护地球的措施、资源使用的建议，还可以谈自己对地球的感情，等等。"问题链"引导学生在语言要素的落实中，进行辩证思维的训练。

三、阶梯性"问题链"，活化学生的逻辑思维

根据学生的认知水平和学科知识间的逻辑顺序，而设计的几个环环相扣、螺旋上升的问题链，通过一层深一层问题解决的过程，将思维内容联结在一起，促使学生的知识向思维广度和深度发展，从而认识事物的本质或规律，这一类的问题设计属于阶梯性"问题链"。

教师教学统编版四年级上册《精卫填海》时设计了三个教学环节："按照'起因、经过、结果'的顺序说说故事的主要内容""思考在哪些地方展开想象，可以把'精卫填海'的故事说得更生动""讨论精卫填海的行为傻不傻"。三个教学环节各自对应"概括主要内容""用自己的话讲故事""理解故事含义"三个教学目标，语言实践的训练意图明显，教学板块层次分明，但是缺乏一条思维的主线，环节之间的衔接没有整体意识，学生的思维呈碎片化。用"问题链"的思路来设计《精卫填海》的教学则主线清晰，促使学生的思维走向深处。

问题1：按照"起因、经过、结果"的顺序概括故事的主要内容后，再读"为精卫、衔木石、堙东海"相应的句子，说说自己仿佛看到了什么？

问题2：想象精卫鸟和大海的样子，用自己的话语描述，并思考——这么弱小的鸟儿能把东海填平吗？为什么直到今天，精卫还在做这件事呢？

问题3："精卫填海"的故事代代传诵，你受到怎样的启发？

阅读不仅是认识的过程，也是情感体验的过程。教学中，阶梯性"问题链"带着学生结合课文展开想象，在想象的基础上用自己的话语讲述故事，边讲述故事边体会精卫鸟填海的意志——表达对溺亡的抗议，表现填海的不懈努力，体现追求目标的执着精神。"问题链"中的问题解决，促使学生落实了"用自己的话讲故事"这一目标，并思考"精卫填海"流传至今的意义。在语言实践中体会精卫鸟坚持不懈，执着追求的精神品质，从而感受文字蕴含的人文意蕴。

阶梯性"问题链"体现的是教学前一个环节是后一个环节学习和训练的基础和铺垫，后一个环节是前一个环节训练的提升和发展，这些问题由浅入深，像织网一样形成一条螺旋上升的"问题链"，促使学生产生思维的涟漪，激活思维的逻辑性。

四、迁移性"问题链"，拓展学生的创新思维

"问题链"中每一个问题的提出，可以旁征博引，将新知与学生的生活经验链接，构建出可迁移的具体语境，让学生在新的语境中发现和解

决问题，切身感受所学知识技能的应用性。在统编版三年级上册《搭船的鸟》的教学中，可以设计体现迁移性的"问题链"：

问题1：作者观察到的翠鸟是什么样的？圈画相关语句后，展开讨论——作者主要从哪个方面观察翠鸟的？（主要观察翠鸟的颜色。）

问题2：观察翠鸟图片，说说自己发现了什么。（翠鸟的颜色很丰富，不似文本所示的"翠绿、蓝色、红色"而已。）

问题3：文中描写翠鸟为什么不具体写其他的颜色？（因为作者是在船上远看翠鸟，写的是"远看"的结果）如果是你，看清以后会写些什么呢？

问题不仅是师生互动的媒介，更是学生思维的生发点。教师通过问题启发学生去探究——翠鸟色彩丰富，作者为什么只描写了三种颜色？如果是你，会写些什么呢？在细读文本、观察画面后，学生便会发现文本的描写正是作者基于观察之后的客观描写，即描绘了"远看翠鸟"的结果，这恰是其所在单元"仔细观察"语文要素的体现。但是"问题链"旨在发现又不止于发现，而是以此为基础，让学生主动探究发现作者描写的角度后，投入到"如果我来写，将如何观察与描写"的生动语境中。

迁移性"问题链"带着学生从语文知识的获取，自然过渡到语言实践的情境中——近看翠鸟，单从"颜色"方面，可以关注不同部位羽毛的色彩，也可以关注不同角度观察的结果。如果考虑翠鸟的体型、习性等，那么观察的要求不同，发现也不同。学生在实践当中对信息进行选择、加工和整合，并在新的语言情境下有效进行推断、创新与运用。

阅读教学中，教师进行相互独立又相互联系的"问题链"设计，指引学生思维定向活动。大多时候学生的思维是被问题激活并伴随着问题解决而得到训练和提升的，教师以环环相扣的"问题链"精进了学生的思维，促使学生的学习力和思维力互为促进，共同提升。

第五节　评价适时：基于"教—学—评"一体化的命题与评价[1]

语文素养以语文能力（识字、写字、阅读、习作、口语交际）为核心，是语文能力和语文知识、审美情趣、思想品德、行为态度、思维能力、学习方法、学习习惯的融合。适性语文教学的课堂上，笔者结合国际学生评估项目PISA关于获取信息（包括字面信息和隐含信息）、形成解释、反思与评价等项目的要求，根据阅读能力培养需要、教材特点和学生知识结构，为学生的学习设置阅读命题。通过学生完成阅读命题的情况，笔者给予及时、客观的评价，彰显了"教—学—评"一致的理念。

一、依附问题"获取信息"，捕捉初读感受

PISA项目要求学生要能够找到文本中直接陈述的时间、地点、人物等具体信息，还要把文章看成一个整体来考虑，对字面信息加以分析，得到一些隐含在文章中的信息。这与教师通常在初读课文时，指导学生整体感知课文的做法是一致的。

（一）获取具体信息，理清文本思路

写人记事的文章要能捕捉文章的六要素。初读时，教师设问："文章主要写的是谁？在什么时间、地点，做了什么事？为什么这样做？结果怎样？"让学生带着命题走进文本，快速而全面地把握住事情的前因后果；写景状物的文章则给学生这样的命题："文章写的是什么？什么样子的？有什么特点（或作用）？"命题不纠缠于字词，不拔高难度，意在引导学生寻找文本中的信息。

（二）获取整体信息，把握文本中心

有些文章隐含着丰富的阅读信息，教师要引导学生读思结合。如教

---

[1] 高玉梅.设置阅读命题　培养阅读能力[J].黑河教育，2012（4）：21.

学统编版四年级上册《蟋蟀的住宅》时，让学生带着"蟋蟀的住宅选址多么……"的命题读课文。学生很容易把握住蟋蟀选址时多么"慎重""富有智慧"。再如统编版四年级上册《西门豹治邺》的教学，让学生用"长话短说"的方式把全文读成"了解当地情况""惩治巫婆、官绅等人""破除百姓迷信""兴修水利"等几个关键信息，并按照这些关键词的顺序说说课文主要内容。阅读命题指向整体把握段落或文章的中心，学生由此基本上把握了文本的中心意思。

二、分析问题"形成解释"，把握语言意义

学生对文本中的字、词、句、段形成意义联系，理解语言文字中蕴含的思想内容，这是读书的第一层。学生还要从中心出发，研究作者是如何围绕中心选择材料、谋篇布局的。这一点与PISA项目关于"形成解释"的要求是一致的：关注文章的细节，在阅读文本的基础上，联系各个部分的相关信息，对文本进行逻辑上的理解。

（一）基于语言理解，开展真实言语活动

语文学科的本质是言语经验的习得，语文学习不是传授语言学或者文艺学的知识，而是让学习者在语言活动情境中进行语言活动，获得语言经验的过程。在语文教学里，教师是语言活动情境的设计者、组织者，学生则在语言情境中与语言材料"对话"，在完成既定任务的过程中，积累语言活动的经验。语言的理解与语文经验的获取，是阅读教学的主要内容，教师要探究教学思路，争取在有限时间内，指导学生进行语言实践活动，提升学生的语言理解能力。

教学统编版六年级下册《那个星期天》时，教师基于学情，考虑学生容易理解文中小男孩心情的变化，但是文章表达特点却未必能理解。因此，教师设计了三个步骤来突破这个教学难点。首先让学生通读全文，利用表格梳理出时间和小男孩心情的变化，并引导学生观察表格，发现小男孩的心情随时间变化而变化。在学生把握课文主要内容的基础上，教师让学生借助三人学习小组合作学习课文第4、5自然段，探究作者在表达情

感方面的秘诀："跳房子""看云彩""拨弄蚁穴""翻看画报"等一系列事例的罗列，表达作者内心的焦急；再抓住"不是……不是……不是""走吧……走呀"等语句，感受"反复独白"的表达效果。

（二）立足语言运用，获取语言的经验

写人的文章要读出作者如何通过人物的言行展示人物特点、表现人品；写事的文章要了解作者如何描述事件阐明道理；写景文章要明白作者采用何种观察顺序，如何表现景物特点。学生在语言实践活动中经历真实的学习，才能推进语感积累、语理整合与语境交流等不同层面的提升，有效达成语言建构素养要求。教学统编版四年级上册《蟋蟀的住宅》时，教师让学生细读课文，从文中找出相应的语句，用"蟋蟀的住宅选址……"来说明你的阅读收获。学生结合文本，从蟋蟀的住宅选址要排水优良、要有温和的阳光、要隐蔽干燥等方面，可以初步感受到蟋蟀选址"慎重"的特点。在此基础上，教师进一步运用命题式的学习任务让学生思考："慎重"是什么意思？为什么说蟋蟀的住宅是伟大的工程？请运用"蟋蟀的住宅选址……"这个句式，说说对"慎重"和"伟大"的理解，引导学生学习透过文本内容去理解词语的意思，深化对关键词语的理解。

语文实践是学生语言经验自主建构或重构的过程。学生解析问题要把握语言的要义，从文本中寻找相应的词句；要把自己的读书感受说明白、说具体，显然要经受一次从文本获取信息，再结合自己的读书经验处理信息的过程。久而久之，学生语文知识积累更为丰盈，理解能力也有所提升。

三、"反思评价"促进迁移运用，习得表达技巧

"准确把握学业质量标准的评价表述，根据学生语言的理解和运用建立学习观测点，形成学习共同体的交互式过程评价方式，渗透良性评价与积极评价，从而体现学生在学业质量标准的表现水平，也是具备参考价

值的语言学习策略。"[1]PISA项目中"反思与评价"要求学生能够利用自己的已有经验对文本中表达的观点进行评价,也包括对文章内容、文章结构、语言特点等方面的评价。评价是手段,但不是终极目标。中年级学生处于习作起步阶段,一要初步感受文章在结构和语言表达方面的特点,学习规范的语言表达;二要根据表达的需要,灵活运用语言,表达自己的思想或感受。

(一)评价内容或结构,规范运用语言

以教学统编版四年级上册《呼风唤雨的世纪》为例。当学生读到"那时没有电灯,没有电视,没有收音机,也没有汽车"时,教师让学生用"上百万年前,人们的生活……"来评价人们当时的生活。再引导学生参考以下句式想象人们在20世纪前的生活:"回到上百万年前,目睹人们的生活多么_____!晚上,没有_____;炎热的夏天,没有_____;寒冷的冬天,没有_____;_____时,也没有_____。"有学生这样说:"上百万年前,人们生活多么不方便呀!晚上,没有电灯,到处漆黑一片,人们不能读书也不能写字;炎热的夏天,没有风扇,人们热得汗流浃背;寒冷的冬天,没有暖气,人们冻得发抖;出远门时,也没有汽车,人们走得脚底起泡。"可以看到,学生的表达吸收和模仿了文本中语言表达的规律,既运用了文本中的语言材料,又迁移了排比句写法。

(二)评价表达特色,灵活运用语言

有些课文在言语表达方面极富特色,如统编版四年级下册《猫》一文中,老舍对猫的细致的观察及善用反语的表达方式,与单元习作要求相仿。老师设计相应的命题:"老舍笔下的猫如此可爱,是因为……"命题引导学生把关注点放在作者语言表达方面,研究作者如何通过语言的运用达到最佳的表达效果。学生体会猫可爱可以是"古怪",想到父母嗔怪自

---

[1] 高元通.从语言欣赏走向语言理解:基于高中生语言经验的语言建构策略[J].中学语文教学参考,2023(25):26—28.

己是"疯丫头""小坏蛋"的别有用心，那么写小狗便也会用上"捣蛋鬼、淘气包"的美称了。

"知识是教育的载体，教育是通过知识进行的；倘若离开了知识，教育就成了无源之水、无本之木。没有知识传授的教育不是教育，传授知识在任何时候都是教育的'底线'。"[1]让学生带着命题阅读，从中学习读书的方法：从语言文字入手，把握中心，再进一步探究作者是如何遣词造句、表情达意的，最后在迁移运用中形成自己的阅读和写作的能力。设置阅读命题，遵循阅读能力培养的要求，教师教授语文的目标会看得清晰一些，学生的阅读能力也会渐渐提升。

---

[1] 李润洲.知识与教育：兼评由应试教育向素质教育转轨所引发的论争[J].全球教育展望，2005(2)：15—17.

第五章　适性语文习作教学策略

习作对于许多学生来说是一项具有挑战性的任务。它需要学生具备一定的语言表达力、思维逻辑力和创造力，而这些能力并非一蹴而就。因此，当写作能力不足的学生在面对习作时，可能会感到无从下手，不知道从何开始和结束，这种困惑和挫败感会使学生对习作产生抵触情绪。怎样的习作教学比较适合学生的学习呢？教师要制定适宜的教学目标，让学生跳一跳能"摘到果子"。笔者尝试从随文练笔开始，紧密结合课文内容，掌握写作技巧和方法，在随文练笔中学习如何构思、如何组织语言、如何表达思想等。本章侧重从教学目标、教学内容和教学流程等方面探索随文练笔促进习作教学的策略与方法。

第一节　目标适宜：基于教学目标的随文练笔

小学语文教师开展习作教学，大多以教材中的习作内容确定习作类型，多数习作教学内容源于教材。由于教材中没有对写作要求进行明确界定，多数教师在教学中无法对习作目标进行有效落实，导致习作教学针对性不强。为提高习作教学的针对性，教师在设计随文练笔时，首先要明确教学目标，即希望通过练习达到什么样的教学效果。然后，教师根据目标选择适当的练笔内容，确保内容与教学目标相互呼应。同时，练笔的难度要适中，既不能过于简单，让学生失去挑战，也不能过于复杂，让学生无法理解。总之，随文练笔要紧扣目标适宜，既要符合教学要求，又要符合学生的学习需求，才能真正发挥练习的作用，提升教学效果。

一、两个概念内涵

教学目标是随文练笔的前提，而教学目标实现的途径是练笔。教学目标达成与否，还得看练笔的成效。随文练笔作为教学内容的一部分，同样应紧扣目标，是达成目标的一个载体。

（一）随文练笔

随文练笔是一种融合"读"与"写"的教学活动，具有"短、平、快"的特点，不仅激发学生的阅读兴趣，也能促进学生读写能力的提升。在阅读教学的过程中，这种写作训练要求理解与运用相结合，教师根据单元教学要素和文本特点，依托具体的课堂情境，实施"读写结合"。

（二）教学目标

课堂教学是由教学目标、教学内容、教学过程、教学方法、教学评价等要素构成的有机整体。教学内容是达成目标的载体，教学过程、教学方法服务于教学目标的达成，教学评价应依据教学目标进行。无论是教学设计，还是教学过程、教学评价，教学目标始终是核心所在，引领着教学与研究活动。随文练笔作为教学内容的一部分，同样应紧扣目标，是达成目标的一个载体。

二、基于教学目标的练笔设计

有的教师片面认为创设练笔氛围或改进练笔的形式等，就能提高练笔的实效性，殊不知教学目标才是随文练笔的着力点。阅读教学中的随文练笔，是课堂教学的一个环节，也是达成教学目标的具体策略。

（一）根据学段目标，选择练笔内容

"在设计练笔时应认真研读课文的教学目标，找寻并确定学生言语生长的真实原点，指引学生的言语实践活动由此出发，朝着适切的目标靠

近、聚拢，切实放大文本材料的教学价值。"[1]从文本中捕捉言语实践的结合点，是设计随文练笔的主要路径，教师一般都能紧扣教学内容确定训练点，但并非"紧扣教学内容"的设计就是合理、科学的。例如一位老师教学统编版四年级上册《麻雀》，让学生根据课后习题进行一段随文练笔——结合课文，用一段话介绍老麻雀的无畏。为此，教师组织学生学习课文中老麻雀的表现，感受它"奋不顾身"的母爱精神，然后再围绕"无畏"写一段话。这份练笔作业旨在让学生理解课文内容，练习围绕一个主题写一段话。这样的练笔符合第二学段以段落为主的训练要求。但是，再看教材所承载的教学任务，作为习作单元，目标是"写一件事，把事情写清楚"，那么教师就要思考：关于"无畏"的理解并进行练笔训练，是否是把事情写清楚的最合适的教学设计呢？（与标题有冲突？）

那么，选择"练什么"，才是合适的呢？追问随文练笔"练什么"时，教师才发现首先要思考的是"为什么练"，才能发现最合理的、最迫切的随文练笔应是为达成教学目标而设计的。全国小语会理事长崔峦老师指出：阅读教学要"吃准目标"。他说："'吃准目标'，就是要把课上成语文课，上成所教那个年段的阅读课，上成所教那种类型的阅读课。做到年段目标准确、鲜明，不缺位，不越位。"阅读教学要"吃准目标"，随文练笔也如此，若不能准确把握学段目标，只能事与愿违。明确了学段目标，才能正确选择教学内容，随文练笔才能有的放矢。

（二）紧扣单元目标，确定随文练笔

教师设计随文练笔活动时，要紧密结合单元的教学目标和要求，确保练笔内容与单元主题、知识点和技能点紧密相连，从而有效地促进学生对单元内容的理解和掌握。

随文练笔应紧密围绕单元目标展开，确保练笔内容与单元主题、知识点和技能点高度一致。通过练笔活动，学生能够有针对性地巩固和拓展单

---

[1] 张军亮. 指向言语：随文练笔的生长之道[J]. 小学教学研究，2018(20)：37—39.

元所学知识，提高相关技能。教师创设真实或接近真实的情境，让学生在具体的语境中运用所学知识进行写作。这样的练笔活动不仅能够激发学生的学习兴趣，还能帮助他们更好地理解和运用所学知识。如在统编版四年级下册《黄继光》教学中，教师引导学生回顾课文内容，捕捉黄继光英雄表现下所展现的勇敢、无私等品质，然后模仿作者从人物的外貌、行为、语言等方面刻画人物的写作方法，介绍一位英雄人物的事迹。学生完成随文练笔后，先进行自我评价，思考自己在描写过程中是否充分展现了人物的品质特点，是否有遗漏或不足。同时，鼓励学生在三人学习小组之间进行交流和讨论，互相学习、互相评价，共同提升写作水平。

通过这样的随文练笔活动，学生不仅能够深入理解和描写人物的品质特点，还能在实践中提升自己的写作能力和观察力。同时，这样的练笔活动也有助于学生完成单元目标，体会人文主题"美好品质"，以人物的美好品质激励自身的精神成长。

（三）依据课时目标，落实读写训练

课时目标有别于单元目标，它具体为教学策略的实施、学生要完成的任务及可预见的效果。例如统编版四年级下册《记金华的双龙洞》教学中，教师制定课时目标如下：一是正确读写"蜿蜒、臀部"等词语，并理解词义；二是把握双龙洞内孔隙的特点，学习并运用作者将见闻和感受结合，把事物写得具体形象的表达方式等。

课时目标分别涉及词语、段落表达方式和文本中心的学习，"把握双龙洞内孔隙的特点……把事物写得具体形象的表达方式"无疑是本课时教学的重点。作者浓墨重彩地表现所见所闻以及自己的感受，先描绘"两个人并排仰卧""是这样小的小船"，即借小船的小来渲染孔隙的窄小；再写"自以为""还能感觉""又感觉"，用自己的真实感受来表现孔隙的窄小。这是教学的重点，也是练笔的着力点。

教师引导学生体会文本的表达特点，然后进行随文练笔：作者写孔隙的窄小先写看到的，再写自己感觉到的，令人身临其境，请仿写一段话

（如介绍教学楼前的大树、公园里的小迷宫等）。学生模仿文本的表现形式，写出了大树的"高大"，也写出了迷宫的"曲折"。随文练笔引领学生从感悟积累到熟练运用，有效达成了课时目标。

教学目标是教学的出发点和归宿点，是教学内容确定、教学活动设计和教学方法选择的重要依据。也就是说，教学目标决定了教学内容，确定了教学的方向，预示了教学的结果。基于教学目标设计随文练笔，并通过练笔实现教学目标，整个教学的主线是清晰的，语言文字的训练点是具体的，它避免了随意性，提高了课堂实效性。

三、随文练笔和教学目标的关系

随文练笔与教学目标的关系互通互融，教学目标是随文练笔的前提，而教学目标实现的途径是练笔，教学目标达成与否，还得看练笔的成效。

（一）练笔设计的前提是遵循教学目标

适性语文教学把单元习作教学的要求分解到阅读教学、语文园地、口语交际等的课时教学中，化整为零，逐步突破教学的重点和难点，从而落实语言训练。制定明确、具体的教学目标是实现有效教学的关键。它能帮助教师明确教学方向，确保教学活动的针对性和实效性。同时，也能帮助学生了解学习任务，更好地参与课堂活动。

因而，在制定随文练笔的教学目标之前，教师需要深入分析教材和学情，了解所选文本的体裁、特点、语言风格等，以便确定练笔的重点和难点；同时，还要了解学生的写作水平、兴趣爱好等，以便因材施教，制定具体的、可操作性的教学目标（见图5-1）。

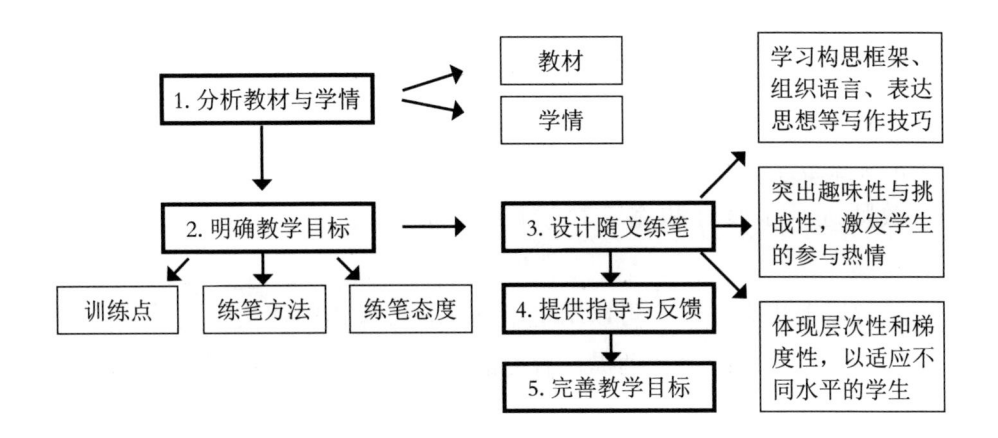

图5-1 随文练笔的教学目标设计

随文练笔的教学目标设计中五个环节，包括分析教材与学情、明确教学目标、设计随文练笔、提供指导与反馈、完善教学目标，每个环节都要做到具体明了，学生也要了解自己要"做什么"和"怎么做"。

1. 分析教材与学情

教师根据学生的年龄、认知水平、写作基础和兴趣爱好，评估学生当前的写作能力和可能遇到的难点，在学生理解文本的主题、结构、语言风格和写作技巧的基础上，确定文本中适合进行练笔的部分，如精彩段落、句式结构、修辞手法等。

2. 明确教学目标

根据学生需要掌握的文本分析技巧，如人物分析、情节梳理、主题提炼等，设定练笔过程中需要遵循的步骤和方法：先读后写、边读边写、写后反思等，并选择仿写、扩写、缩写、续写等方式。

3. 设计随文练笔

要突出练笔方式的趣味性和挑战性，以激发学生的参与热情；还要注意练笔的内容要具有层次性和梯度性，以适应不同水平的学生。

4.指导和反馈环节

以"教—学—评"一致性为理念进行指导与反馈，及时反思教学目标是否达到了预期效果。

5.完善教学目标

教师进一步修订和完善教学目标，使其更加符合学生实际和教学需求。

通过以上步骤，教师可以制定出具体、可操作的随文练笔教学目标，为学生进行有效的练笔活动提供有力的支持。同时，这些目标也能为单元习作做好课时训练的基础，为学生的写作能力提升提供有力的支撑。

（二）教学目标实现的途径是练笔

根据教学目标进行随文练笔，才能教在"点"上，练在"点"上。教学目标是否适宜，得看随文练笔的成效，因为教学目标实现的途径是练笔。随文练笔作为一种有效的教学方法，在达成巩固内化、迁移运用的教学目标方面具有显著的表现。

首先，随文练笔可以达成巩固内化的教学目标。学生可以通过模仿课文中的精彩段落或句式结构，进行针对性的写作练习。这种模仿写作能够帮助学生巩固所学的写作技巧，并将其内化为自己的写作能力。学生也可以进行文本改写，改变人称、调整叙述顺序或增加细节等。通过改写，学生可深入理解原文，锻炼自己的语言运用能力和创新思维。学生还可以撰写读后感或评论，大胆表达自己对文本的理解和看法，进而巩固对文本的理解，从而提升批判性思维和表达能力。

其次，随文练笔可以通过以下练笔方式发挥迁移运用的作用：

一是续写故事，教师引导学生根据课文的故事情节进行续写，创作新故事，帮助学生将所学的写作技巧迁移到新情境中，培养他们的创造力和想象力。

二是主题拓展，教师选取一个主题，要求学生围绕主题进行写作。这种主题拓展练习能够帮助学生将所学的写作技巧应用到不同主题上，提高他们写作的灵活性和适应性。

三是跨学科整合，教师结合其他学科知识，如历史、科学等，设计综合性的练笔活动。跨学科整合的做法能够帮助学生将所学的写作技能迁移至不同的学科领域，拓宽他们的知识视野和思维深度。

为了确保随文练笔的有效性，教师在实施过程尤其要注意，目标和要求要明确，以确保学生能够清楚地了解自己需要完成的任务；并在练笔过程中，给予学生必要的指导和帮助，确保他们能够顺利完成任务并达到预期目标。

（三）练笔成效的检测看目标达成

检测随文练笔的成效并据此评估教学目标的完成情况，是教学过程中的重要环节。通过有效的检测和反馈，教师可以了解学生的学习进度和效果，从而及时调整教学策略，确保教学目标的顺利实现。以下是从随文练笔成效的检测看教学目标完成情况，并根据完成情况进一步调整反馈的方法：

一是随文练笔成效的检测，如作品分析，教师分析学生的随文练笔作品，作品内容、结构、语言表达等，了解学生在写作技能、文本理解、创新思维等方面的表现。再如，组织学生自评与互评，通过自评和互评，学生可以更全面地了解自己的写作水平和需要改进的地方。

二是根据完成情况及时反馈、调整策略，如根据学生的具体情况，提供个性化的反馈和建议。对于表现优秀的学生，给予肯定和鼓励；对于存在问题的学生，指出问题所在并提供具体的改进方法。在此基础上，教师根据学生的整体表现和个别差异，调整教学策略和方法，如增加针对性的练习、提供更多的指导帮助、调整练笔的难度和要求等。

从随文练笔成效的检测中看出教学目标的完成情况，并根据完成情况及时调整反馈策略，才能为单元习作的质量打下坚实的基础。

第二节　内容适当：充分挖掘教材资源的习作指导[1]

叶圣陶先生指出："语文教材无非是个例子，凭这个例子要使学生能够举一而反三，练成阅读和作文的熟练技能。"的确，教材是学生学习的凭借，教学的最终目的在于通过教材的学习使学生举一反三，提高学生的读写能力。纵观统编版教材，主要采用"主题单元，读写捆绑"的编排体例，习作基本与主题统一，目的是让学生能从读中学写。教学中，教师选择素材、话题以及表达方式都要符合学生的实际情况和教学要求，能够引发学生的兴趣和思考，帮助他们深入理解和应用所学知识。内容适当意味着习作的素材要贴近学生的生活实际，能够引起他们的共鸣和关注。话题的选择也要适当，应该与课文主题紧密相关，才能够拓展和深化学生对课文的理解。表达方式的适当性也是内容适当的一个重要方面。指导学生习作应该根据不同的内容和话题，选择恰当的写作方式。比如，对于描述性的内容，可以采用生动的语言和形象的描绘；对于议论性的内容，则可以运用逻辑清晰的论证和有力的论据等。

一、从教材中寻找习作指导的落脚点

从教材中寻找习作指导的落脚点，是一个富有策略性的教学过程。如解析教材文本，在仔细研读教材中理解文本的深层含义和作者的写作意图；或者分析文本的结构、语言特点和表现手法，提炼出可以借鉴的写作元素；还可以从教材中选取与学生生活紧密相关的内容，结合教材主题，引导学生观察、体验生活，积累和丰富习作的素材。

阅读教学中，教师一般指导学生从"人物情感的体会""含义深刻词、句的理解""文中空白处的想象"等方面进行品读感悟。如统编版五年级上册第六单元，主题为"舐犊之情"，教材编排意图主要是引导学生从字里行间感受父母对子女浓浓的关心与疼爱，学习作者如何遣词造句来

---

[1] 高玉梅. 挖掘教材资源　优化习作教学［J］. 小学教学参考，2012（5）：74.

表现父母的爱。这个单元的各个板块几乎都围绕着"舐犊之情"展开，口语交际谈的是"父母之爱"，习作是"用书信的方式写下自己想对父母、朋友说的话"；交流平台则指导学生在阅读时品味：印象深刻的场景和细节，进而更好的体会作者的情感。整个单元，重在引导学生感悟文中的场景和细节所蕴含的情感，并学习把获得的写作方法运用到自己的习作中。因此，教师要从教材中找准习作指导的落脚点，把习作目标分步实施到阅读教学中，让学生在读中感悟作者的语言表现方式。

二、用教材突破单元习作的重难点

虽然学生多数在蜜罐中长大，却对亲情不敏感，因此描绘亲子互动时父母语言、动作、心理活动，包括当时的场景等，都对学生提出了较高的要求。因此，教师可以借助教材带领学生品读课文，抓住教材中某处内容或某种语言现象，在赏析、改写或创编中突破习作的重难点。

（一）理清文脉，直奔重点

初读把握课文的主要人物和中心事件是高年级阅读课的学习方法，也是单元习作指导的重要方法。如教学统编版五年级上册《父爱之舟》，教师这样设计学习任务：阅读全文，圈画出作者描绘的场景，说说哪个场景最能打动你。随后的阅读中，学生梳理出"逛庙会、吃粽子、背上学、凑学费、缝棉被"等场景时，透过文字，还原场景中的画面，必将感受到父亲深沉的爱。从抓住场景，感受细节入手，了解作者选材的角度和方法，为学生习作的选材开阔了视野，也指明了方向。

（二）品味语言，突破难点

一个看似普通的小事如何写得感人肺腑，教材在这方面提供了很好的范例。如统编版六年级上册《穷人》，作者精于人物的语言、动作和心理描写，把渔夫和桑娜刻画得充满了人性的光辉。教师引导学生品味桑娜和渔夫的语言、动作、心理，思考他们这样做的原因，想象"第二天，西蒙的孩子醒来会发生什么事，他们会怎么做、怎么说、怎么想"。迁移训练中，学生描绘自己的想象时模仿和借鉴了教材的语言表达方式，从而掌握了刻画人物的方法，降低了习作难度。

三、仿写教材达成单元的习作目标

仿写教材即让学生参考教材的内容，模仿教材的表达方式进行练笔，在单位时间内快速地把教材的表达方式或某种语文规律迁移到自己的习作中。

（一）仿写特殊句式，学习特色表达

教材中许多表达特殊的语句，很好地传达了作者的独特感受。如统编版五年级下册《祖父的园子》中的"倭瓜愿意爬上架就爬上架，愿意爬上房就爬上房。黄瓜愿意开一朵花，就开一朵花，愿意结一个瓜，就结一个瓜。若都不愿意，就是一个瓜也不结，一朵花也不开，也没有人问它"。文本中"愿意……就……"的反复的句式写出了园子里的一切事物的自由自在的特点，衬托了她快乐的心情。阅读教学中，让学生运用"_____愿意_____就_____。_____愿意_____就_____。"的句式写写生活中的事物，表达自己的情感。在借鉴、仿写特殊句式中，学生渐渐体悟到语言文字表达的规律。

（二）仿写篇章结构，学习谋篇布局

从文章的结构，即作者的写作思路、素材的取舍等方面指导学生仿写，可以帮助掌握谋篇布局的方法。如统编版四年级下册《乡下人家》是一篇优美的写景散文，课文一共7个自然段，前6个自然段写景，最后1个自然段抒怀，描绘了乡间独特、迷人的风景。前面6个自然段分别写屋前瓜架、鲜花翠竹、鸡鸭觅食、门前晚饭、秋夜虫鸣等画面，由静到动，从物到人，最后一段概括乡下人家的景致独特迷人的特点，体现了从事物到精神提炼的谋篇结构。教师让学生模仿课文的行文结构，写一份反映景色特点的习作提纲，如"我的家乡"或"校园一角"，鼓励学生把作者匠心独具的写法运用到自己的习作中。

从教材中挖掘习作资源，把习作目标化整为零，将重、难点分散到整个单元的阅读教学中。习作指导渗透于阅读教学中，从读学写，适当降低学生单元习作的难度。长期坚持，学生习作基本能达到合乎规范的要求，习作水平将日益提升。

第三节　流程适恰：单元习作教学实践

统编版语文教材阅读与表达并重，采取阅读中渗透习作训练和自成体系的习作单元两种编排方式。如何立足单元习作要求，将"读"与"写"融合为一个整体，彼此融合，一方面深化学生对课文的理解，另一方面又提升学生写人的作文素养和水平，巧妙降低单元习作的难度，最后高水平完成单元作文？尤其是在习作单元整体教学中，习作主题发挥整体作用，多数教学活动是围绕习作主题设计的。如何提高教学设计的质量并进行实践，是当前教师应当思考的问题。语文老师普遍特别关注这个问题。基于适性语文理念的习作教学，重视教材的整合，将阅读与表达并重，采取阅读中渗透习作训练的方式，寻求教学设计的优化，以适合学生的学习。下面以统编版六年级上册第五单元习作单元为例谈谈适性的习作单元教学的做法。

一、注重目标适宜，教学内容适当

学生的差异是现实存在的，在习作方面的差异主要表现为：学生理解习作目标的差异，学生表达能力的差异，学生习作态度的差异，还有评改能力的差异，等等。这当中"表达能力的差异"是教师在制定习作教学时尤其要重视的方面。为表达能力存在差异的学生实施无差异的教学是不公平的，因而教师在制定教学目标时，要根据语文课程标准要求，结合学生的差异制定教学目标，让不同的学生都能找到、运用适合自己的学习方法，达成符合自己水平的学习目标。

基于差异的适性语文教学，教师在制定教学目标时既要研读教材编排意图，更要考虑学生的学生水平，因为合适才是最好的。统编版六年级上册第五单元是习作单元，要求"从不同的方面或选取不同的事例，表达中心思想"，并将"围绕一个中心写具体"作为习作的目标。编者以"以立意为宗，不以能文为本"为主题，编排了"精读课文""交流平台""初试身手""习作例文"和"习作"五个方面。其中，精读课文有《夏天里的成长》和《盼》两篇，习作例文为《爸爸的计划》和《小站》两篇，"交流平台"和"初试身手"则提示了学习课文的方法和习作的技巧。

根据教材编排，教师深刻把握习作单元中各板块知识体系环环相扣的特点，即"导语"提示了习作要求；精读课文蕴含着丰富的情感与表达方法，并在"交流平台"梳理总结了统编版六年级上册第五单元的表达方法；"初试身手"则让学生尝试把习作方法付诸实践；习作例文进一步在"范文"感悟写法，积累写法；到"单元习作"时，指导学生独立运用所学的写法进行习作。基于单元整体的理念，教师全面分析和处理单元教材，明确各版块关系并整合内容，初步制定该单元教学目标。

1.读懂课文内容，了解作者围绕中心句写了哪些内容，表达什么意思；

2.根据各篇课文的中心意思，圈画出文中的关键语句，了解作者"围绕一个中心写具体"的写作方法。

教师设计有层次的习作支架供学生选择，进行习作联系；采取等级评价的方式评议，让80%的学生能达标，另20%左右的学生当中的优等生能超越目标，表达有困难的学生基本达标。（见表5-1）

表5-1 "围绕一个中心写具体"习作教学目标细化

评价等级	习作要求		
	围绕一个中心意思写	把中心意思表达全面	把重要部分写具体
A级指标	能表达自己的观点，把中心意思写清楚	能从不同的方面或选取不同的事例把中心意思表达全面	能围绕一个中心意思，借助细节描写补充文段内容
B级指标	能表达自己的观点，但中心意思不够清楚	能从单方面或选取一个事例把中心意思表达全面	能围绕一个中心意思，但细节描写不够具体
C级指标	不能表达自己的观点，中心意思不够清楚	不能从不同的方面或选取不同的事例把中心意思表达全面	不能围绕一个中心意思，不能借助细节描写补充文段内容

二、注重方法适合，流程适恰

确立单元整体目标后，教师以单元目标为核心，立足单元整体目标，统整模块，让学生在教材中体验写法、在实践中尝试运用，在"引趣—品读—操练—反馈"的流程中习得方法，完成习作能力从内化知识到外显成果。

（一）安排适合的单元教学流程

教师引导学生从单元整体的角度阅读教材，了解课文内容和各个知识点，指导学生用思维导图的形式把握单元主题和内容框架，为后续的阅读学习和写作活动做好准备。如教学《夏天里的成长》时，让学生借助思维导图，在阅读中梳理内容，首先了解课文写什么。（见图5-2）

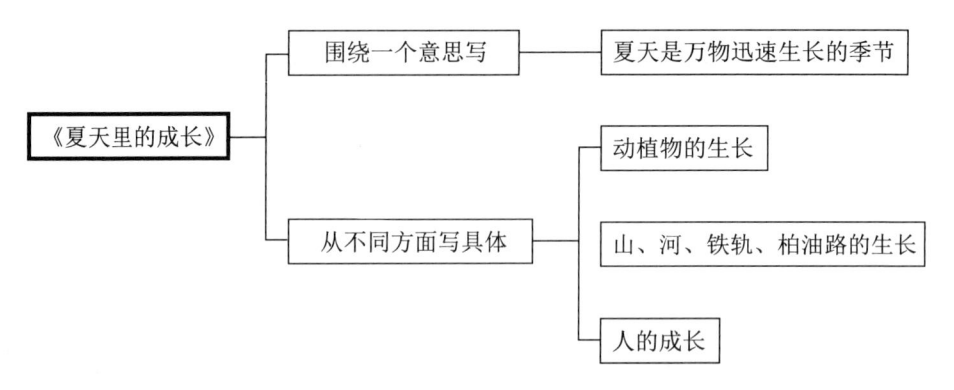

```
                    ┌─ 围绕一个意思写 ──── 夏天是万物迅速生长的季节
《夏天里的成长》────┤                    ┌─ 动植物的生长
                    └─ 从不同方面写具体 ──┼─ 山、河、铁轨、柏油路的生长
                                         └─ 人的成长
```

图5-2 《夏天里的成长》阅读思维导图

在自主阅读中，学生了解到课文从动植物、事物、人三方面来表现"夏天是万物迅速生长的季节"这一中心思想。随后学习习作例文《小站》，让学生再次了解"通过不同方面表现中心意思"的写作方法。把精读课文与习作例文整合，让学生在品析课文的语言特点及写作方法等方面达到整体把握、加深理解的目标，实现从"写清楚"到"写全面"再到"写具体"的层级转换。

接下来，教师整合"初试身手"，学习"围绕一个中心写具体"可以从不同方面表现同一中心意思外，还可以借助不同事例来表达同一中心意思。教学《盼》时，引导学生从"盼下雨、盼外出、盼雨停"三个具体事例中，体会作者"激动—失望—担心—期盼"的心理变化，学习作者借助不同事例来表达同一中心意思的写作方法。在此基础上，学习习作例文《爸爸的计划》，引导学生自主阅读，思考作者是怎么刻画"这个爱订计划的爸爸"。教师让学生通过借助例文，再次品悟借助不同事例凸显中心意思的写法，内化知识，为习作实践铺垫基础。

至此，学生从精读课文和习作例文中，既得文又得法，教师将阅读与表达并重，采取阅读中渗透习作训练的方式，有效达成习作教学目标。

（二）实施适合的习作课教学

此单元习作题目为"选择一个你感受最深的汉字写一篇习作"，对于学生来讲，习作要求比较抽象，具有一定的难度。学生一般难以找到一个汉字和习作的关系，从而感觉无从下笔。基于对教材的理解，结合学生情况，教师要指导学生从不同的方面或选取不同的事例围绕一个中心写具体，需要用两课时完成教学。限于篇幅，笔者以第一课时为例谈"围绕中心意思选择不同事例写具体"的练习，整个过程根据适性语文教学的四个流程展开，教学富有时效性。

1. 引趣，以文字游戏激发习作热情

新课伊始，教师和学生用谈话的方式分享一起上课的感受，随机梳理出板书——乐（开心）：高老师给我们上习作课很开心。教师不经意的板书，其实充满习作教学的指导意味。这是教师用链接生活的手段，让学生直观地看到一个汉字可以表达一个人的感受，而一个人的感受就蕴含在一件普通的生活事例中。

此举让学生辩证地发现，"乐"是汉字，"开心"是感受，"高老师给我们上习作课"就是一个事例。学生很自然地了解到"我们的感受可以用一个字来表达，可以用一个词来表达，也可以用一件事例表达。反过来，一件事可以表达一种感受，这种感受可以浓缩成一个词或一个字"的意思。因此，在接下来选择一个汉字，思考汉字的意思，确定习作要表达的中心意思时，学生表现得轻松而率性。

这个环节更具教学价值的是帮助学生很自然地围绕自己对汉字的理解，捕捉生活中相关的事例，比较准确地列出写作提纲。甚至有学生还能很敏锐地发现同学围绕"泪"写激动的心情的习作中的第一个事例表示难过的泪，后两个事例表示喜悦的泪，尽管都写落泪，可是"难过"和"喜悦"表达了不同的中心，建议该生把第一个事例修改成体现"喜悦感受"的事例，这样才能符合"围绕一个中心意思"的习作要求。教学设计如下：

（1）根据自己的感受，说清楚一件事。

今天能和你们一起上课，我很高兴，如果"高兴"用一个字表示，可以概括成一个字——（乐）。

你们到大教室上课，心情又是怎样的？（紧张、激动、兴奋）让你感到高兴（紧张）的是什么事？（例：高老师给我们上习作课。）

从文字游戏中，同学们一定发现了，我们的感受可以用一个字来表达，可以用一个词来表达，也可以用一件事例表达。反过来，一件事可以表达一种感受，这种感受可以浓缩成一个词或一个字。

（2）选择一个汉字，体现自己的感受。

每个汉字的内涵都很丰富，也许都藏着一个或许多的事。在这个单元的习作要求中，有12个汉字，它们个个都是有故事的汉字。看看哪一个汉字让你感受最深，请选择其中一个写在"作业单"的思维导图中的方格里。边写边思考：选择的汉字是什么？这个字的意思是什么？把自己的理解写在括号里。（见图5-3）

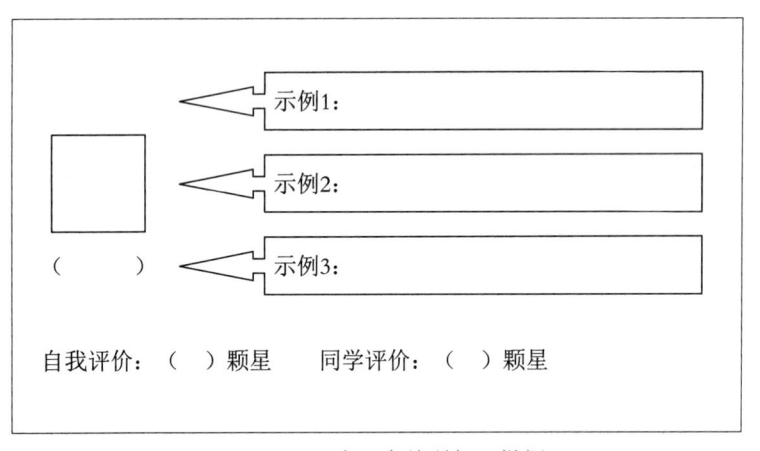

图5-3 "一个汉字的理解"提纲

2.品读，美文赏析，习得方法

通过课前布置，让学生围绕一个中心思想预先撰写提纲，列举出每段要提及的事例。在课堂上，引导学生以小组为单位进行互相评议，检查文章是否能够从不同方面或选择不同事例进行写作，并评判中心句是否能够概括文章内容，使文章达到全面的写作目标。随后，深入引导学生补充细节描写，使习作更加具体生动。最后，再次让小组成员进行相互评议，初步完成预写工作。

站在单元整体的角度分析，挖掘联系性，统观单元整体，明确单元目标，落实课时、模块目标。有了整体教学目标，单元教学时才有了主心骨，才能在完成课时目标的时候突破单元目标，使学生在每节课中均能提升习作能力。本环节教学设计如下：

（1）自读要求，明确习作目标。

怎么把笔下的汉字写成一篇习作呢？默读课本"P84"，看看习作要求和建议。（建议：列提纲，生活故事或想象故事。要求："注意围绕中心，从不同的方面或选择不同的事例来写"。）

"从不同的方面或选择不同的事例"一句话告诉我们两种不同的写作思路。这节课，我们研究如何"围绕中心意思选择不同的事例"来写，下节课再着重研究如何从不同方面来写。相信同学们会学得更愉快，也会学得更扎实。

（2）研读例文，发现选材特点。

默读习作例文，说说作者是怎么写这个爱订计划的爸爸？（讨论：文章写了哪些事例？作者是围绕什么来选择事例——给家人定计划、执行自己订的计划、帮我订暑假计划）

（3）对比事例，发现选材规则。

以下事例写《爸爸的计划》合适吗？并说明理由。（不合适，因为选择事例要考虑匹配性、适合度，不跑题。）

爸爸教我学游泳。

爸爸晚上辅导我做作业。

爸爸经常说计划赶不上变化。

（4）罗列提纲，练习习作选材。

自主选择一个汉字，思考：写成一篇习作的话，围绕中心可以写哪些事例，并写进思维导图里。

学生独立列提纲；学生上台展示自己所选的事例，并按一定的方式介绍自己的提纲：①我选的汉字是哪个；②我的感受是怎样的；③我选择的三个事例分别是什么；④其他同学用手势来评价。（评价标准：所选事例能围绕中心，最高评价3颗星，教师点名评议。）

《义务教育语文课程标准（2011年版）》中提出："教师应努力改进课堂教学，整体考虑知识与能力、过程与方法、情感态度与价值观的综合，注重听说读写之间的有机联系，加强教学内容的整合，统筹安排教学活动，促进学生语文素养的整体提高。"因此习作单元中，教师要加强教学内容的整合，统筹安排教学活动，用好教材、整合教材资源，关注板块之间横向联系，有机融合单元教学板块，助力学生习作能力培养。

3. 操练，聚焦文字表达，学习写具体

此单元习作的要求是"从不同方面或选取不同事例，表达中心意思"，一句话点明了两种不同的写作思路。聚焦这个语文要素，本节课以例文《爸爸的计划》作为学生学习选择事例和把事情写具体的范文，可以说教学目标明确，教学思路清晰。

教师在备课时有一个深刻的感受，习作要求中提出"选择不同事例"侧重在捕捉相关事例，而"从不同的方面写"倾向"形散神聚"的散文式写作范畴，写法难度较大。把两种思路同时呈现给学生的话，学生特别容易出现选择困难症，或者出现两者交叉的情况。

纵观教材，编者先呈现《爸爸的计划》，明显提示是从"选择不同事例写"，其次呈现《小站》，则是"从不同方面写"，两种写法一目了然，编者的意图是让学生"择其一"，并非两者兼得。再说，一堂习作课的容量是有限的，教师不可含多求全，应在"一点"上着力，实现"一课一得"的朴素教学愿望，因此教师以《爸爸的计划》为例指导学生"选择不同事例写"的思路，分别做了"列提纲"筛选事例，学例文写具体的动作，教师引导得扎实，学生学得厚实。这个环节教学设计如下：

（1）再读例文，了解不同表达方式。

关于选择一个汉字"围绕中心意思，选择不同的事例，并写下来"的要求，我们已经完成了一份写作提纲，让我们再读《爸爸的计划》，看看课文是怎么把事例写具体的。浏览课文，思考：三个事例在写法上有什么特点？

事例1：给家人订计划。师生讨论：这个事例主要写什么？为什么爸爸的计划罗列得最具体？师板书：一般罗列。

事例2：执行自己的计划。师生讨论：这个事例写什么？分别是什么事？写两件事的作用是什么？师板书：典型事例。

事例3：帮我订暑假计划。师生讨论：相对前两个事例，写法有什么不同？师板书：细节描写（人物刻画）。

（2）筛选材料，学生练习写具体。

①从"提纲"中选择一个"事例"写一段话，借鉴上列一种写法写具体。

②学生习作，教师巡视。

③师生评议：怎么判断写得好不好？（有没有围绕中心？有没有写具体？有没有用合适的方法写具体？）（每项相应获得1颗星，最高评价3颗星）

④同桌互评，学生自行修改该习作。

（3）结课，本课着重探讨如何围绕中心选择不同的事例，下节课练习围绕中心从不同的方面写，请学生预习习作例文《小站》。

4. 反馈，适时评价，交流展示

学生习作能力应该是在习作中形成和提高的，所以习作的课堂由学生唱主角。教师给足时间让学生动手操练，给足空间让学生初试身手。首先，教师鼓励学生自主选择感受深刻的汉字，自主表达自己的感受，自主选择相关的事例，再自主选择一个事例写具体，学生实现了创作上自主自能。其次，在习作的评议过程中，先是鼓励学生用手势判断事例的选择不能跑题；接着让学生用最高"3颗星"的评价方式来评议同学的"提纲"里，所有事例是否围绕中心，在学生完成"把一件事写具体后"，又精心设置了评议环节。评议环节包含两个子环节，一是讨论如何评价同学的习作，归纳出评价的一般标准：中心意思明确的得1颗星，事例能体现"中心"的得2颗星，能用适当的表达方法写具体的得3颗星，学生的评议聚焦教学要素，清楚明白地落实单元习作的目标。第二个环节，则是在此基础上，让学生根据同学的评议再次修改自己的习作，学生的习作目标是清晰的，习作的过程是胸有成竹的，最后习作的修改更是心中有数。

本次习作在充分解读教材的基础上，充分利用习作例文的教学资源，在有限的时间里，充分地做好"围绕中心选择不同事例写具体"的教与学，为下一节习作课上的另一种写作思路的训练，打下了坚实的基础。

第四节　方法适合：从仿写中起步　在练笔中提升

适性语文教学强调方法适合，指的是学习语文的过程中，采用的方法是有效的、科学的、符合学习规律的。这种学习方法能够帮助学生更好地掌握语文知识，提高语文能力，促进语文学习的进步。如笔者曾经在一所刚创办的学校任教四年级，发现学生中进城随迁子女多达90%以上，一半以上难以文从字顺地写一段话。这些学生习作基础十分薄弱，普遍不会习作，甚至害怕习作。根据学生情况，笔者注重仿写的指导，在阅读教学中把教材作为习作指导的载体，充分挖掘阅读教学过程丰富的习作资源，指导学生从仿写教材起步，在练笔实践中逐步掌握习作的方法。此举，有效地帮助教师转变习作指导的教学观念，也促进了学生习作能力的提升。

一、明确观念——把仿写作为习作指导的重要方式

仿写，作为习作指导的重要方式，其核心在于通过模仿优秀作品的风格、结构和语言表达，锤炼和提升个人的写作能力。明确这一观念，意味着教师应将仿写视为一种学习工具，而非简单复制。仿写能帮助学生深入理解优秀作品的内在逻辑和美学价值，培养写作风格和思路。通过不断地模仿与实践，能够逐步提升学生的写作水平，最终实现模仿到创新的跨越。

（一）重视仿写

语文课到底要教什么？王尚文在《走出"教什么"的岔路口》指出："应当启发引导学生去学习经典的（起码是优秀的）汉语作品是如何运用祖国语言文字的。说得简洁一点，就是一篇作品是如何表达的，而不是它表达了什么。"[1]换言之，语文教学就是要在阅读中能发现某种语言现象，进而学习这一种语言规律或阅读方法，通过迁移训练，最终形成学生的语文能力。

教师拿在手里的只是一篇篇课文，究竟文中哪些部分是最值得学生去学习和掌握的，如何练笔才能达到要求呢？教师必须反复钻研教材，确定仿写的训练点，为切实巩固学生的语文知识或发展学生习作能力备好每一课。而且课堂上安排仿写式练笔，逼得教师要细化授课流程，精简教师讲授环节，把课堂的大部分时间还给学生。因此，教师要转变观念，慎重地考虑"让学生做什么"才是最有必要的，而不只是"教师怎么教"的问题了。

（二）了解仿写

仿写是一种有效的写作训练方法，它引导学生通过模仿他人的文章来提升自己的写作技巧。仿写的过程中，学生需要认真阅读并分析原文，理解其深层含义和写作特点，然后尝试用自己的语言和方式来表达相同或类似的主题或观点。这样不仅可以帮助学生克服写作中的畏难情绪，还可以让他们在实践中逐渐掌握写作的技巧和方法。通过仿写，学生可以学习到优秀文章的选材立意、语言表达和行文结构等方面的技巧，从而逐渐提高自己的写作水平。在阅读教学中，让学生参考教材内容，模仿教材的表达方式进行练笔，在单位时间内快速地把教材的表达方式或某种语文规律迁移到自己的习作中，是一种简约而有效的方法。因为有了直接可观的例子参照，不再苦于无从下笔，习作基本上能达到合乎规范的要求，对于学生

---

[1] 王尚文. 走出"教什么"的岔路口[J]. 小学语文教学，2011（16）：1.

来说这是非常重要的起步。也许仿写的习作大同小异，但经常性地进行模仿和借鉴，熟能生巧，学生的习作水平自然逐步提高。

二、转化教材——把文本作为仿写练笔的重要凭借

叶圣陶先生指出："语文教材无非是个例子，凭这个例子要使学生能够举一而反三，练成阅读和作文的熟练技能。"崔峦老师称要实现阅读教学的"华丽转身"。的确，教材只是学生学习的凭借，教学的最终目的不在教材本身，而在于通过教材的学习使学生举一反三，提高学生的读写能力。

（一）把教材转化为说话的"例子"

以说促练，教师从教材中提取提纲挈领的问题，引导学生读书、讨论，不但能很好地帮助理解和梳理课文内容，还能有效地培养学生表达的能力，为有条理地写、具体地写打下坚实的基础。如教学《只有一个地球》，教师让学生围绕"地球美丽而又渺小"说一段话。学生必须细读教材，组织文本中的语句来表述，还要创造性地加上过渡句"但是，地球又是渺小的"。教师以教材为例，给学生建立起某一种语言表达的模式，帮助学生熟练运用教材的内容或某一种表达方式有理有据地说清楚一段话。我手写我口，当学生说清楚了，离写清楚就不远了。

（二）把教材转化为习作的"例子"

统编版教材采用"双线组织单元结构"，按照"内容主题"组织单元。课文大致都能体现相关的主题，同时将"语文素养"的各种基本因素，包括基本的语文知识、必需的语文能力、适当的学习策略和学习习惯，以及写作、口语训练等等知识或能力训练的"点"，分布并体现在各个单元的课文导引或习题设计之中。教师应该充分重视单元教材的价值，把教材转化为学生习作的"例子"，找准训练点，分步实施，将习作目标分解到阅读教学中。下面以统编版六年级上册《穷人》为例，谈谈单元习作目标以及在阅读教学中设计仿写练习的尝试。（见表5-2）

表5-2　设计仿写练习的尝试

读写结合点	仿写题目	仿写目标
阅读第8、9、24自然段，圈画出人物语言、动作，尤其是心理活动，想想桑娜和渔夫为什么这样做？	第二天，孩子醒来了，会发生什么事呢？请你想象桑娜或渔夫会怎么说，怎么做，怎么想？	读小说，关注情节，注意人物的语言、动作、心理活动等，体会真情实感，并加以运用。

教师利用教材寻找合适的训练落点，以每课一得为目标设计练笔，让学生在阅读理解中感受作者的语言表现方式，并以教材为"例子"使学生在迁移练习中巩固习作技巧。

三、从读学写——在仿写中提升学生习作水平

泰勒在他的著作《课程与教学的基本原理》中指出"学生的学习取决于他做了什么，而不是教师做了什么"。这句话强调了学生在学习过程中的主动性和自主性，他认为学生的学习效果主要取决于他们自己的行动和反应，而不是仅仅取决于教师的教学行为。因此，他提倡教育者应该关注学生的学习经验，通过设计有利于学生学习的教学活动，来促进学生的发展。写作也是这个道理，了解作者的表达方式，不一定就能写出类似的文章。但是如果明确地告诉学生可以像书上这样写，那么学生写作就不会挠头了。

（一）仿创结合，提升遣词造句的能力

组成文章的部件主要是词句，学生既要领略教材中作者遣词造句的精妙之处，更要学习其中的方法。如统编版三年级下册《火烧云》中描绘云彩绚丽的词语"梨黄""茄子紫"，在学生发现构词的规律并能仿照说出"天蓝、西瓜红、苹果绿"时，实现了有趣的模仿及创造性语言表达的训练。教材中许多表达特殊的语句，很好地表达了作者的独特感受。如"天上的云从西边一直烧到东边，红彤彤的，好像是天空着了火。"这句话使用了比喻和夸张的修辞手法，"着火"一词形象地描绘出云彩红彤彤、炽热壮观的景象。这种修辞手法不仅增强了语言的生动性，还激发了读者的

想象力。为了让学生在仿写中习得这种方法，教师可以设计实景观察与描述活动相结合的方式，即让学生观察天空中的云彩，注意云彩的形状、颜色和变化，并尝试用比喻和夸张的修辞手法描述它们，如"那些云彩如同被火焰点燃的棉花糖，从南至北绵延不绝，宛如天际的烈火盛宴。"教师还可以设计情境，引导学生回忆一个让他们印象深刻的自然景观，例如，"站在山顶，俯瞰那片金色的麦田，犹如一幅油画般壮观，让我心中燃起一股无尽的热爱和敬意。"鼓励运用比喻和夸张的修辞手法，将自己的情感融入仿写中。

通过练习，学生可以在仿写中逐渐掌握特殊句式的表达特点，逐渐体悟到其中的表达规律，促进词句的积累、理解与运用。

（二）段篇仿写，提升谋篇布局的水平

教材中许多文章体现了总分、因果、转折、递进等结构特点，教师要充分用好这些素材引导学生学习作者的谋篇布局。如统编版六年级上册《少年闰土》第4段闰土的外貌描写，作者抓住人物特点，寥寥几笔刻画出一位健康、活泼的海边少年形象。教学中引导学生抓住人物特点写一个人物的外貌，并让同学猜一猜写的是谁。依着教材这个范本，课堂上进行"猜一猜"的活动，相当于把评价无痕地融入学生"猜得对"或"猜不对"的游戏中，学生参与的热情比较高，练习的主体意识也比较强。

在课堂阅读教学中进行仿写练笔，给学生留下了大量语言实践的时间，学生从读学写，渐渐习得教材中的各种语言现象和规律，并在不间断地仿写中，巩固和发展习作能力。

第六章　适性语文综合实践策略

　　适性语文强调因材施教，注重个体差异，而综合实践正是实现这一目标的有效途径。教师采取理论知识与实际应用相结合的教学方式，通过实际操作和实践活动，培养学生的综合能力和实际技能，促使学生在真实的情境中运用语文知识解决实际问题，从而增强学习语文的兴趣和动力。

　　运用拓展资料时，选择符合学生兴趣和发展水平的材料，培养学生处理信息的能力，激发学生阅读和思考的热情，重在突出语文学科的"语文味"。用"适性"的课程观组织班队课，教师强调因材施教，尊重每个学生的个性和需求，通过选择合适的主题，采用学生喜闻乐见的形式开展活动，促使学生在活动中学习知识，发展能力。

第一节　拓展资料的运用要有语文味

　　《义务教育语文课程标准（2022年版）》明确指出："能提出学习和生活中的问题，有目的地搜集资料，共同讨论，尝试运用语文并结合其他学科知识解决问题。""初步了解查找资料、运用资料的基本方法。利用图书馆、网络等渠道获取资料，解决与学习和生活相关的问题。"在语文教学中，教师指导学生查找资料，引导学生"运用语文并结合其他学科知识解决问题"，让语文课上的资料拓展独具语文味。

一、借助资料，进行语言训练

　　语文教学中，借助资料加深对内容的理解，体会课文表达的思想情感是语文课程标准的要求，是统编小学语文教科书中的语文要素，也是网络时代学生适应时代的需要。课堂上补充相应的拓展资料，可以帮助学生了解作者生平、写作背景，正确把握文本主旨等。在统编版六年级下册《十六年前的回忆》的教学中，教师让学生展示自己查找的资料时，有学生展示电视剧中的相关资料，有学生展示不同阶段李大钊的奋斗历程。教师引导学生结合资料谈谈自己对于李大钊"被捕后"的表现的理解。因为有众多资料的铺垫，学生能形象地感受李大钊作为中国共产党创始人之一的形象和品质。在此基础上，让学生以"结合_____资料，我认识了_____李大钊同志。我是这么理解的：_____。"进行仿写。以资料为依托，结合教学内容，教师设计课堂练习，让学生在具体的语言实践中，既学习了相关资料，感受其中的意蕴，又训练了语言文字运用的能力。

二、创设情境，促进语言积累

借助资料阅读有两种作用，一是重在引导学生习得方法，形成收集和整理资料的能力；二是促进阅读，加深对课文内容的体会和理解。教学统编版五年级上册《鸟的天堂》一文，学生介绍了关于大榕树的地理、人文的相关资料，资料的类型有文字、图片还有视频材料。观看了一位学生展示的广西阳朔大榕树的视频材料后，学生被独木成林的壮观景象所震撼，榕树枝繁叶茂，翠色欲流；群鸟翩飞、惬意休憩的场景令学生惊喜、赞叹。教师适时让学生去文中寻找与视频匹配的文字，并讨论作者的写作方法，进而切实感受文本所描绘的"美丽的南国的树"和"的确是鸟的天堂"的别样风情。

同时，教师让学生在惊叹之余，结合视频资料，再次思考："鸟的天堂"为什么能成为鸟的天堂？

生1：因为榕树长得枝繁叶茂，可以遮风挡雨，鸟儿可以在这里筑巢安家。

生2：榕树长在河里的陆地上，鸟儿可以在树上觅食，吃些果子和小虫，还可以到河里捕捉小鱼小虾，大榕树简直是鸟儿生活的乐园。

生3：大榕树太美了！它生机勃勃。翠绿的叶子在阳光下跳跃，仿佛每一片绿叶上都有一个生命在颤动。鸟儿怎么能不喜欢这里？这里就是他们的天堂。

生4：文中提到当地的农民不许人们去捉鸟，他们爱护鸟儿，也要求别人爱护鸟儿。这里景美人也美，就像天堂一样。

生1和生2的发言显然是从视频中捕捉画面，从中提取信息，运用生动的语言加以描述。生3和生4的表达，则巧妙地引用文中的语句，适当改变词句和顺序，采取不同的说法，准确地表达自己的意见。课堂的资料使得学生入情入境，逐渐静心默读，养成边读边思考的好习惯，而且学生亲身体会到运用文本语言表达观点的妙处，拓展资料的运用架起了语文课堂上积累和运用的桥梁。

三、解决矛盾，激发表达热情

教学统编版五年级上册《桂花雨》时，师生赏析"桂花盛开的时候，不说香飘十里，至少前后左右十几家邻居，没有不浸在桂花香里的""全年，整个村子都浸在桂花的香气里"两个句子，感受桂花浓浓的香气。之后，教师让学生结合查找的资料，讨论问题："文中的'杭州有一处小山'中的'小山'指的是哪？母亲为什么说'比不上家乡院子里的桂花'呢？"

学生有的展示杭州满觉陇桂花的图文资料，展现道路两旁桂花树上开满金黄色的小花，桂花树下游人如织的景象，结合诗人赞颂的"满陇桂雨"的诗句，学生不但理解母亲的情感，还表达了自己的感受。有学生这样说：

生1："满陇桂雨"天下闻名，但母亲看到桂花就想起了家乡，想起她和孩子们摇落桂花，把桂花送给邻居做糕饼的情景。母亲对家乡的桂花太有感情了。

生2：母亲怀念故乡、思念亲人，她心中桂花是任何地方的桂花不能比的。

师："露从今夜白，月是故乡明"说的就是这个意思！远离家乡、思念家乡的人睹物思人，总认为自己家乡的人、事、物是最值得称道的。假设，有一天，你离开家乡，你会说——

生：水是故乡甜。

生：茶是故乡浓。

生：景是故乡美。

生：人是故乡亲。

……

来自画面的感性认识和文本中人物的表白产生了矛盾。恰恰是这样的冲突，碰撞学生的心灵，教师让学生运用拓展的资料进行语言实践，学生收获的不仅是感性的认识，还生成了语言、发展了语言。课堂上的拓展资料用得恰到好处，引导学生读、思、悟和言语表达相结合，既习得语言的知识与技能，还习得语文学习的方法，这正是教师要追求的富有语文味的语文课堂。

第二节　语文与班会课综合实践

好的班会课有可能是学生一生的"关键事件"，在学生生命发展历程中起到至关重要的作用。笔者曾听了几节以"纪念建党100周年"为主题的班会课，发现这些班会课或多或少存在以下问题：一是内容虚空难以落实，二是过程热闹、重表演，不少班会课上，学生是"被安排"的，连"失误"也是预设的结果。学生被动参与，整堂班会课没有考虑学生的主体需要和个性特征。作为语文教师，每周有6—8节的语文课程，加上晨会、班会、午休、课后服务等长短课时，从时间上增加了许多与学生在一起的机会，加上"语文的外延等于生活"的学科特点，因此把语文综合实践活动与班会课结合的方式帮助提升了育人效果。但要注意的是，班会的切入口要"小"，情境问题的解决要"真"，那么学生的体会将会比较"真"。

一、删繁就简，主题班会课切入口要"小"

开设班会课，归根结底是要帮助学生发现自身存在的问题，并给予恰当的方法指导。因此，在确定班会课主题时，教师要着眼于学生当下的困惑和问题，帮助他们答疑解惑。特别是针对某一学段学生遇到的共性问题，要及时加以引导。小切口，往往更深刻。教师在教学中关注学生，及时把握学生的困惑与问题，通过班会的形式，教育影响更加明显。

（一）大题小作，情感体验更深刻

老舍在《读〈套不住的手〉》中谈到："这篇作品不是小题大作，而是大题小作，篇幅不长，而意义很大。"班会课的"大题小作"也是这个道理，切入口要小，意义却不能小。当"纪念建党90周年""八荣八耻""廉洁"等恢宏的主题走进班会，小学生如何消受？因此，教师要"大题小作"，避免虚妄造作的夸大给学生造成虚无缥缈的感觉。一位老师执教"爱国主义教育"主题时，立足学生认知水平和年龄心理特点，制定了"爱自己——爱天下之始"的题目，活动如下：

①展示学生"爱自己"的有关图片（用衣物打扮自己；用美食犒劳自己；用运动强健自己……），辨析各种各样的"爱自己"的行为的正误；列举周围貌似"爱自己"，实则"害自己"的现象和行为。

②用四字词语概括如何爱自己？用"我爱自己的_____"举例说明（如：勤奋好学、见义勇为、待人和气、兴趣广泛等）。

③解读成功人士面对困难，如何爱自己？（刘翔胜不骄、败不馁、伤不退，不断超越自我，挑战自我；钱学森"不爱票子，不爱房子，不爱位子"却"爱国家，爱人民，爱事业，爱家人"。）引发学生讨论：爱自己的最高境界是什么？

④教师引领：作为学生，你打算怎样爱自己？爱自己，从今天起要做好什么事？

立德树人是教育的根本任务，强调对学生价值观念的引领。加德纳的多元智能提示教育工作者，拥有高智能的人的价值取向的差异，可能做出对人类有益的事，也可能用来做坏事。因而，价值观念是综合实践课程的核心目标。这次班会课高举"爱国主义"旗帜，环节简洁。教师选择"爱自己"为切入口，教育学生爱国从正确地认识自己和爱自己开始。教师大题小作，学生关注自己的感受、表白自己的内心，这为引导学生建立正确的价值观念发挥了积极的作用。

（二）大材小用，真情感悟更深入

简单之中见真功，平淡之中见真情。教师从"大素材"中取用"小小的部分"，引导学生关注小的细节。让活动中的小细节，散发出真情的力量，成为学生刻骨铭心的东西。如统编版一年级下册《端午粽》教学后开展有关端午节的班会课，从课文介绍粽子的原材料说起，再运用综合实践课的特点，组织学生收集、查找资料，逐步梳理出关于屈原的生平故事和当地人们端午节赛龙舟、吃粽子的习俗等，再围绕"怎样过有意义的端午节"进行探究与分享。

如一位教师组织题为"端午'粽'飘香"的班会课，教师首先让学生讲述端午节的由来、各地风俗；接着讲述屈原的生平故事，讨论端午节习俗产生的原因，感受诗人屈原的精神品质；然后进行两项活动：一是给学生佩戴"幸福五彩线"（学生神色敬重地接受教师亲手佩戴的"幸福五彩线"，祈祷获得"五方神力"而健康好运）；二是品尝家长协助、指导，大家共同制作的粽子。学生吃着粽子，怀着敬佩之情，感受生命的又一"重要事件"。

教师善于选择素材，精要选择哪怕是"小小"的一部分材料，也能达到事半功倍的效果。

二、去伪存真，班会组织过程要"真"

不能肯定具体怎样的学校德育是有效果的，但可以肯定的是，与学生的生活实际脱离的学校德育是有害的。越是和学生的真实生活相关，越是显示出它的亲和力和感召力。

（一）主题取自真实的生活情境

有怎样的生活就有怎样的班会课。教师要善于在"生活现场"捕捉和生成适合学生发展的好主题。一位老师发现学生对经常上春晚的魔术师刘谦几乎是顶礼膜拜，便把这位"酷酷的"魔术师作为课程的资源，开展一次与学生生活相关的活动，如下：

1. 讲述故事，学习刘谦自信执着的追求。

学生汇报喜欢刘谦的理由：谈吐机智幽默、衣着时尚前卫、手法变幻莫测。教师借机讲述刘谦拜师学艺的故事，让学生明白刘谦是因为虚心向同行学习，并且坚持不懈才获得成功。学习不是简单地模仿，而是要像刘谦一样自信执着地去努力。

2. 表演魔术，学习刘谦用科学的态度去探究。

师生共同探究魔术的本质是什么？刘谦的本事是什么？（讨论达成共识：刘谦用科学的方法、科学的态度、质疑的精神看待事物，展现出一种智慧、一种能力。）

3. 走出魔术，学习刘谦乐观对待生活。

像刘谦一样出色的魔术师比比皆是，为什么他如此讨人喜欢？（首先学生会发现刘谦富有表演魅力，极尽亲和力，幽默、机智，其次学生将收获了一份深刻的启发：刘谦为了实现目标坚持不懈学习和钻研的精神，用乐观积极的态度对待魔术，把快乐带给身边的每一个人，这是最值得学习和借鉴的。）

好的班会主题就在学生的生活里，捕捉和生成适合学生发展的主题班会，这样的班会便成为学生生命中的"重要事件"。

（二）活动解决学生的真实问题

学生成长历程中遇到的苦闷和需求，是迫切要解决的问题。教师要细心观察学生的行为习惯，把握学生的思想动态，从中选材，开展主题班会。如教学统编版五年级上册第八单元"读书明智"单元，学生从开篇苏轼的"旧书不厌百回读，熟读深思子自知"开始，先后阅读孔子、朱熹等古人对阅读的劝谏之言，再阅读现代作家冰心的《忆读书》、叶文玲的《我的"长生果"》等文章，落实"根据要求梳理信息，把握内容要点""根据表达的需要，分段表述，突出重点"的单元要素。编者希望学生掌握阅读的方法，体会阅读的乐趣，但阅读时囫囵吞枣、张冠李戴的学生大有人在。这时，教师在班会课开展"我最喜欢的人物形象""我最喜欢的好书"主题活动，让学生在喜闻乐见的班会课中，点燃阅读的热情，建立阅读的习惯。

再如小学高年级学生青春萌动，教师指导学生阅读有关书籍，开展"男生、女生看过来""守住花期"等相关主题班会，让学生把阅读书籍与生活体验结合起来，在思辨中认识到生理、心理变化乃天性使然，从而健康地走进"花季"。

《班主任工作艺术一百例：触及心灵的足音》一书中，李庾南老师介绍了她班主任生涯中的一次班会：因为骑车摔坏胳膊，有的学生扶她上楼梯，帮她在黑板上板画，个别学生认为这是拍马屁。她就此开了一次班会课，请大家就这件事发表意见。学生先是口头表达了尊敬教师的价值观念，分享了尊师重教的典型人物和故事，还有的把关心照顾李老师的好人好事写进了班级大事记。从此，正确的舆论又主导班级发展的方向。

有实效的班会课是教师于生活中选取真实问题，不拔高主题，不虚张声势，让学生通过讲真话、抒真情，纠正认识上的缺失，修正行为上的偏差。有实效的班会课，是教师把班会课与语文课结合，班会主题与语文学习交融。去学科边界，是学科育人的一个新路径。

第三节　跨学科语文综合实践

"'学科实践'是学科育人方式变革的新方向。'跨学科'是学习方式、教学方式变革的新方向。基于'适性'的跨学科语文实践，是从儿童立场出发的综合性学习实践探索，体现了学习是对问题的探索，要感受到学习的意义，要具有生活价值等内涵。"[1]《义务教育语文课程标准（2022年版）》也提出"注重学科知识、内容之间的链接"的要求，跨学科教学实践渐渐成为当前小学教育发展的重要方向。本节以跨学科儿童诗教学为例谈谈基于"适性"语文的跨学科综合实践。

一、跨学科儿童诗教学内涵

关于"跨学科学习"，《义务教育语文课程标准（2022年版）》指出："本学习任务群旨在引导学生在语文实践活动中，联结课堂内外、学校内外，拓宽语文学习和运用领域；围绕学科学习、社会生活中有意义的话题，开展阅读、梳理、探究、交流等活动，在综合运用多学科知识发现问题、分析问题、解决问题的过程中，提高语言文字运用能力。"这意味着小学语文跨学科学习是以问题解决为出发点，将两门或多门学科知识、技能、思想、方法等进行融合，各学科边界以尊重"真实生活、真实问题、真实需求"为底线，培养学生综合运用知识解决复杂问题的能力。在提升语文教学趣味性基础上，逐步发展学生听说读写能力，促使学生的文学素养、人格修养逐步形成，从而让学生的核心素养落地生根。

跨学科整合儿童诗教学，即创设多学科视域、多学科思维的大情境，借助多种资料和媒介深入学习儿童诗，感知、体验、理解和传承中华文化，运用多种形式、多种媒介表达自己的文化体验与感受，多学科协同提升语言文字运用能力，有助于不同个性特征的学生在学习共同体中不断提升综合素养。

二、跨学科儿童诗教学价值

儿童诗是提升小学生语言文字运用能力的载体。但在传统课堂中，其妙趣和意境被遮蔽或破坏，儿童诗的教学价值难以彰显。为提高儿童诗的教学价值，笔者围绕教材，尝试运用跨学科教学理念，创设良好课堂学

---

[1] 王晓奕. 遵循学习的意义——基于"适性"的跨学科语文实践探索[J]. 语文建设，2023（4）：33—37.

习环境，引入音乐、美术、信息技术、科学、综合实践等多门学科，探寻学科边界，多学科交融、整合，达到创设情境引发诗趣，吟诵美读涵咏诗韵，放飞想象，进入诗境等教学目标，实现"小语文"观的"小"跨度，让儿童诗教学更高效。

（一）丰富教学方法

跨学科融合丰富了儿童诗教学内容，拓宽了学生知识视野，能够帮助学生全方位、多角度地阅读和思考所学儿童诗。音乐、美术元素的整合，更加直观形象地感染学生，为学生创设良好的言语习得环境，有助于学生发挥想象力，有利于学生理解、感受儿童诗，增强了课堂活力，在丰富学生知识储备的同时，引导学生的思维向更深处漫溯，推动学生综合思维能力显著提升。跨学科提升了儿童诗学习效果。

（二）激发学生兴趣

跨学科儿童诗教学因丰富多样的教学内容在很大程度上激发了学生学习内驱力，培养了学生对知识的好奇心和探索欲望，促使学生在兴趣驱使下真正走进文本，深入感知儿童诗语言，全身心浸润于儿童诗中，从而帮助学生逐步进行言语内化。不仅如此，丰富多样的教学内容还能够让学生集中注意力，让学生对儿童诗学习保持期待，使学生学习更加专注。

跨学科融合教学是对语文学科教学设计的革新与挑战，语文教师应具有全科教师视野，"一只脚站在语文的圆心里，一双手要拉向其他学科"，多方整合教学资源，最终为学生所用，推动课堂教学成果与效率的显著提升。

三、跨学科儿童诗教学路径

（一）多学科交融，创设情境，引发诗趣

语文课程标准在"跨学科学习"的教学提示中指出："要引导学生在广阔的学习和生活情境中学语文、用语文。"苏霍姆林斯基认为儿童是用色彩、形象、声音来思维的，教学儿童诗时，应适时适度融入音乐、美

术、信息技术等元素来创设情境，以激发学生对儿童诗的学习兴趣。教学中，以下举措可以充分彰显儿童诗的诗趣，也能燃起学生读诗的热情。

1. 儿童诗与音乐交汇，诗中悟乐

诗与音乐，自古以来就是同根同源的存在。席勒语："当我们听完一段美的音乐，感觉就活跃起来；当我们读完一首美的诗，想象力就恢复了生气。"音乐具有生成性，通过音乐生成学生热爱儿童诗的情感。教学时，选择播放与儿童诗情感相应的音乐，先"声"夺"人"，课堂弥漫着浓浓的诗趣，学生便在优美动听的音乐声中，不知不觉集中注意力，产生学习儿童诗的兴趣，让学生情不自禁跟随诗人走进诗歌。

教学统编版三年级下册《童年的水墨画》组诗，教师说明采用跨学科的方式后，让学生读《溪边》时，思考用什么曲子来给这首诗配乐比较合适。从文字到乐曲的转换，蕴含学生对"溪边"画面的还原。伴随着文字的感知到画面的想象，再从画面的想象到音乐的选择，整个学习过程体现了审美判断、音乐鉴赏，最终实现了对文本文字的深度感知和理解。音乐学科的融入，渲染了课堂氛围，让学生在舒展的旋律中把文本的文字与音乐交融，在旋律中展开想象，儿童诗的情感基调也无形中在学生心中埋下种子。

2. 儿童诗与美术融通，诗中引趣

诗为有声之画，画为无声之诗。在统编版小学语文教材中，几乎每首儿童诗都有一幅或多幅精美的插图。这些插图色彩鲜明、形象直观、充满趣味、富有启迪性，能刺激学生的视觉感官，激发学生的愉悦情绪。小学生尤其喜欢形象的事物，对画面特别感兴趣，触"景"生"情"，产生亲切感、新奇感，从而激发学生学习儿童诗的兴趣。教学统编版四年级下册《白桦》时，教师利用多媒体动画技术还原诗中画面，让学生直观看到"涂上银霜"的白桦林，看到"晶亮的雪花"，看到"姗姗来迟的朝霞"。诗与画融通，让学生经历了文字到画面的审美体验。

（二）去学科边界，多样诵读，理解诗意

学读先练耳。优秀的朗读者都有一对"金耳朵"。朗读儿童诗时，利用视听新媒体里的范读，引导学生进行听辨。关于诗歌教学，语文课程标准强调要诵读，要在诵读中领悟诗意，在诵读中体验和体味诗的感情。朱光潜先生说："情感的最直接的表现是声音节奏，而文字意义反在其次。文字意义所不能表现的情调，常可以用声音节奏表现出来。"儿童诗语言优美，节奏明快，适宜在诵读中体悟情感。朗读儿童诗是学生感悟儿童诗韵味的前提与基础。教学儿童诗要引导学生读出情感，读出韵味。

1.融合信息技术，读中解意

朗读是儿童诗教学永恒的旋律。学读先练耳。优秀的朗读者都有一对"金耳朵"。朗读儿童诗时，利用信息技术手段呈现新媒体里的音频范读，引导学生进行听辨。如教学《童年的水墨画》组诗中的《林中》时，先请学生读，再让学生听范读，听前提示：自己朗读和范读有哪些不一样？边听边思考：松针上的雨珠滴落的"悄然无声"与孩子们欢叫的"响彻云霄"，在语气上有什么区别？为什么这样处理？听辨中，学生不仅知道了如何朗读，还知道了为什么这样朗读，帮助学生将学习经验迁移到自己的朗读中。必要的情况下，可以再次播放范读，便于学生取长补短。

2.音乐美术融合，读中悟意

音乐和美术融合到儿童诗教学中，可以使儿童诗教学更加生动有趣，激发孩子们的学习兴趣，让他们更加积极地参与到学习中来。同样是教学《童年的水墨画》组诗中的《林中》时，教师将朗读视频去除朗读声音，只播放背景音乐，让学生在音乐声里朗读。读到"松针上一串串雨珠明明亮亮"时，视频中"晶莹圆润的小水珠"正好呈现静止画面。直观的画面与美妙的文字交融，学生凭借画面仿佛身临其境。在诵读中，学生用想象画面，感悟诗情。在学生理解诗意的基础上，引导他们创作与儿歌主题相关的美术作品，画出自己心中的自然景象，或者画出诗中所描述的动物和植物。在完成美术创作后，再配上适当的文字。最后，教师组织学生分享自己的美术作品和感受，让他们在交流中加深对诗歌的理解和记忆。

（三）多学科整合，放飞想象，进入诗境

儿童诗可以被解释为一种想象力的表达。雪莱在《诗辩》中所持诗歌观即"想象说"。喜爱想象、擅于想象恰恰是小学生的天性。教师要充分利用好小学生的想象力优势，进行文学阅读训练。因此，在朗读的基础上，教师要引领学生张开想象的翅膀，把文字的画面读出来，使学生真正感悟到诗独特的美，感受诗歌蕴含的情感，受到美好情感的熏陶，感受诗中充满情趣的意境，获得美好的学习体验。

1. 融汇美术，领悟内涵

儿童诗中有些词语含有丰富的内涵和外延，描绘了深邃的意境。对于这些词语，教师要引导学生发散思维，大胆想象文本中的场景，深入领悟该词的内涵。如教学《童年的水墨画》组诗中的《溪边》，"人影给溪水染绿了"，人影怎么会被"染绿"呢？联系上下文，想象画面：小溪两边都是山，山是青翠的，溪水如镜，青翠的山倒映在平静的小溪里，山溪就如同"绿玉带"，于是人影被"染绿"了。而学生似乎成了钓鱼人，身临其境，既感悟了诗歌的内涵和意境，又提升了思维能力和表达能力，丰富了诗意的语言。

2. 勾连科学，领悟意境

"诗歌天然地和儿童有着一种契合关系。他们的想象方式、表达习惯和认知渠道，都有着诗的品质。所以，这样的诗句肯定可以成为儿童内心的容器，可以成为儿童认知世界的道路和拐杖。"著名儿童文学作家樊发稼如是说。儿童诗源于生活，引导学生联系生活展开想象，是儿童诗教学的又一大妙招。如教学《童年的水墨画》组诗中的《江上》这首诗时，让学生结合科学学科的知识谈谈"水葫芦"，再对比文中的"水葫芦"。学生在阅读中欣赏江上的独特风景：孩子的游泳技术高超，在水中自在戏耍。孩子们从小伙伴身边冒出来，露出两排银牙，欢乐无限蔓延。原来，"水葫芦"既不是水中的植物，也不是体形短而圆的水鸟，而是在水中游泳戏耍时将头露出水面的孩子，"两排银牙"则代指刚从水中钻出来的孩子。勾连科学学科，感受儿童诗里熟知的事物，学生调取生活体验，让诗

歌语言和生活语言匹配，从而感悟诗人的生命体验。

（四）超学科界限，拓展阅读，滋养诗心

阅读体验往往是在大量的实践活动中获得并形成的，指向文学阅读与创意表达的儿童诗教学，教师应做好范本教学，让学生明确如何阅读儿童诗，阅读哪些儿童诗，教会学生迁移学习，也能帮助学生建立课内外儿童诗阅读体系，延伸课堂学习，促使学生丰富阅读体验，提升阅读能力，从而提升学生的语文素养。

1. 以"一"带"多"

以"一"带"多"，能够促进学生对诗的理解，增进读诗的深度和广度。例如，教学《童年的水墨画》，可以聚焦"儿童生活"的主题，进行同主题儿童诗的梳理、探究与拓展；反映儿童生活乐趣的儿童诗——《今天我想慢吞吞》《就我一个人的时候》《我是一个可大可小的人》，可用来丰厚儿童的阅读，让学生在阅读中开阔视野、增长见识，还能对同一类型的诗句关联品读。如教学《童年的水墨画》时，选取张继楼的其他诗作，如《街头》《花前》《树下》等，让学生类比阅读，从而发现《童年的水墨画》充满"水墨"之美的特点，即"诗中有画""画中有诗"。以"一"带"多"，能够加深学生对儿童诗情感和意境的理解，同时丰富学生的儿童诗积累，提升学生文学阅读品鉴能力。

2. 以"篇"带"本"

教学儿童诗时，依托教材中的儿童诗，延伸同一作者的相关作品，从而由选篇课文带出整本书阅读。如在《童年的水墨画》一课的教学中，引导学生继续阅读张继楼所著诗集《童年的水墨画》，从选篇文章过渡到对全书的深度阅读，使选篇的阅读变得更有价值，让学生更愿意去接触和阅读整本书。

诗使人巧慧，读诗患不多。教学儿童诗要有意识地积极拓展阅读的深度和广度。拓展阅读能够培养学生的阅读情趣，丰富学生的阅读体验，增强学生的语感；拓展阅读能够帮助学生巩固阅读的方法和技巧，提升学生的阅读能力；拓展阅读能够丰富学生的语言积累，增强学生的思考能力，极大地提升学生的语言组织能力，从而提升学生文学阅读的能力与创意表达的能力。

（五）统筹多学科，读写融合，抒发诗情

《义务教育语文课程标准（2022年版）》指出："阅读描绘大自然、表现人类美好情感的诗歌、散文等文学作品，结合自己的生活体验，尝试用文学语言表达自己热爱自然、珍爱生命的情感。"对此，教师可以理解为倡导读写融合的学习方式。教学儿童诗，应当引导学生从优秀的儿童诗中获得灵感，进而联系生活，展开想象，以诗歌形式表达情感，从文学阅读走向创意表达。

1. 尝试模仿，读写迁移

一切的学习都始于模仿。儿童是天生的诗人，他们喜欢模仿，喜欢求新求美，是天生的创造者。儿童诗是语言积累与语言表达训练的范本。基于拓展阅读，学生往往不仅有所感悟，而且有所触动，拥有呼之欲出的情感，产生强烈的表达欲望，教师应适时引导学生模仿课文，链接生活，尝试写诗。

教学《童年的水墨画》时，回顾诗题"溪边""江上""林中"，引导学生从"河边""月下""公园"等身边熟悉的事物入手，进行仿写。教师还可进一步引导学生发现三首小诗都是以某个地点命名，藏着童年趣事，藏着优美的语句。教师组织学生以"童年"为主题，写下几行小诗，分享童年的快乐。当学生调动自己的生活经验展开想象，选择生活中最喜欢的一个场景，尝试模仿课文进行表达时，生活记忆被重新激活，写诗的兴趣被点燃，生动活泼、富有童趣的诗句将源源不断地涌现。如，"海浪把沙滩当作赛道，浪花一个追着一个""海浪是快递员，邮来了一枚枚精美的贝壳"……学生在仿写中再次感受到诗中的美好，在仿写中发展语言表达能力。

诗歌教学中的仿写，不是逐句地简单模仿，而是包含诗歌题材、语言等方面的迁移运用。不仅有助于提高学生的言语表达技巧，同时能够促进学生观察能力和思考能力同步提高，有利于学生语文素养的提升。

2. 自主创作，诗情画意

语文课程标准明确提出创意表达要求。如，第二学段提出"学习用口头或者图文结合的方式创编儿童诗和有趣的故事，发展想象力"。应借助图片、视频或者微课，勾连学生的生活，唤醒学生的生活经验，拓宽创意表达的思路，鼓励学生联系真实的生活经验，不拘于形式进行创意表达。

学习儿童诗可以激发学生的创意思维和语言才能。当他们对教科书上的儿童诗的词句结构有了深刻理解，创意就能迸发。例如《童年的水墨画》，作者捕捉有趣的场景，用朴实生动的语言，展现童年生活的无穷乐趣。"希望同学们用诗把自己的童年记录下来，分享你童年的快乐吧。"创作前，播放小视频生动形象地呈现学生丰富多彩的课内外活动片段，激发学生创编儿童诗的兴趣，拓宽创意表达的思路，从而让表达更生动、更有创意。如《找春天》："草芽儿像婴儿一样娇嫩""杜鹃花羞红了脸"……心融于趣事，情化作诗行，学生的诗句是那样生动优美，想象丰富，比拟奇妙，颇具创意。

儿童诗教学中，积极与相关学科关联，根据学生的特点和发展需要，让学生在自主阅读、创作中，感受个体时儿童诗的认知与情感。

第七章　适性语文的教学设计

核心素养导向的"适性语文"教学，坚持以"学生性、学科性、学习性"为教学基点，照顾学生差异、落实语文实践、注重学习力培养，构建了"三性六适三化"的适性课堂教学模式，建设了"保底不封顶"的语文适性课堂。学生在"引趣—品读—操练—反馈"的适性语文教学流程中学习知识，形成能力，核心素养得到全面发展。

案例一：四年级上册《王戎不取道旁李》

一、教材整体分析

《王戎不取道旁李》是四年级上册第八单元第一篇课文，本单元的人文主题是"历史传说故事"，单元语文要素是"了解故事情节，简要复述课文""写一件事，能写出自己的感受"。文中的王戎通过仔细观察和分析，推断路边李树上的李子是苦李而不取的故事。在故事中，王戎年仅七岁，就能根据环境来进行分析，这启示学生也要像他一样，细心观察，勤于思考，根据有关现象进行推理判断，避免不必要的错误。教学时，要帮助学生扫除字词读音和字义障碍，引导他们结合注释理解课文内容，并用自己的话讲一讲这个故事。

二、教学目标

（一）K—将知道

认识"戎、诸"等3个生字，会写"戎、尝"等5个生字。

（二）U—将理解

1. 运用多种方法，理解古文内容。

2. 理解"树在道边而多子，此必苦李"的原因，认识王戎仔细观察、善于思考、敢于分析的人物形象。

（三）D—将能够

分层要求，用自己的话简要复述故事。

【设计意图】目标适宜："将知道""将理解""将能够"对应着不同学力的学生能够达到的学习目标，不同目标所采取的教学方法也有差异。"将知道"的目标属于陈述性知识，班级大部分的学生可以通过课前自主学习来完成，不作为课堂教学的重点，只需重点关注学力弱的学生即可；"将理解""将能够"的目标属于程序性知识，需要靠教师在课堂上采取适恰的教学方法来实现，大部分学生能够做到。以上目标均为单元教学目标定位的延伸，在完成本课任务的同时，为接下来的能力发展打好基础，最终指向此单元的语文要素：了解故事情节，简要复述课文。

三、教学流程：引趣—品读—操练—反馈

（一）引趣：温故知新，走进故事

1. 出示《曹冲称象》和《司马光》的古文插图，借助句式说说两个智慧故事中的人物特点。

曹冲七岁，能_____也。

司马光七岁，能_____也。

2. 利用字源识字认识生字"戎"。

3. 揭示课题，思考：王戎七岁，做了什么事？

4. 朗读课文，根据句意正确断句，如：王戎/不取/道旁李。根据课题，说说课文讲了一件什么事。

【设计意图】

方法适恰：结合本单元人文主题和本课文体特点，在引趣部分以《司

马光》《曹冲称象》导入教学，链接起文章与特定情境，相似的主题和文体能快速唤醒学生的既有经验。将学生放置在情境中，贴近文本和人物，符合深度学习的特征——联想与结构。

这是一篇文言志人小说故事，以题破局，引导学生通过讲故事，了解主要人物，把握主要事件。让学生对王戎产生初步印象，并在心中引发疑问：王戎为什么不取道旁李？从而为下文的学习和探究做铺垫。

（二）品读：多种方法，理解故事

1.回顾学过的文言文理解方法：结合注释、借助插图、联系上下文等。

【设计意图】方法适合：在学习新内容之前，回顾旧识，凸显语文的学科性，关注课文的语言形式，体现课文的学习特点。

2.读文，思考王戎"尝与诸小儿游"时，他们看到什么，做了什么？

（1）诸儿竞走取之。

①学习古今异义词"竞走"。古义：争着跑过去。今义：一种体育项目。

②想象画面：诸儿去摘李子的时候，他们会有怎样的动作？会说些什么？心情是怎样的？用自己的话讲一讲想到的画面吧。（理解"竞走取之"中"之"的意思；学习文中三个"之"的意思。）

【设计意图】内容适宜：首先教学内容关注了文言文字词特点，扫除了理解内容的字词障碍。其次，重点提醒"竞走"的古今异义和"之"的意思，避免理解偏差。最后想象"诸儿竞走取之"的画面，并与下文"唯戎不动"形成对比。"想象'诸儿竞走取之'的画面"这一问题设置适当，既实现了教学的全面性原则，又体现了因材施教原则，实现差异化教学，使不同水平的学生都有所收获。

（2）唯戎不动。

①思考：为什么王戎不动呢？"道边李树多子折枝"，这是一条什么样的道路？

②"树在道边而多子，此必苦李"的理由是什么？用"如果……就……"的句式说一说。

【设计意图】内容适宜、方法适恰："不愤不启，不悱不发，举一隅不以三隅反，则不复也。"课堂提问的根本目的在于启发学生积极思维，发展学生智力。所以，问题的设计要有启发性，要真正联系事物的客观矛盾，形成问题情境，引发学生展开积极、主动的思考与学习，从而获得"举一反三"的成效。结合本课的语文要素和课后关键习题的第二、三题，先思考和猜测"树在道旁而多子，此必苦李"的原因。通过合理的想象与推测，层层推进，深入理解原因，从而理解王戎善于观察、思考的人物形象。

3.回读古文，品味形象：

①想象情境，揣摩人物形象：如果你是争着抢着去摘道旁李的小朋友，吃了李子后，你会对王戎说什么？（王戎：王戎七岁，善观察、思考，聪慧也。）

②回读古文，感受人物形象：根据课文内容读好停顿，再次感受人物形象。

（三）操练、反馈：分层要求，复述故事

情境创设：班级故事会（用"起因—经过—结果"的逻辑讲一讲《王戎不取道旁李》的故事）。

分层评价要求：

1.结合注释，完整讲述。☆☆☆☆☆

2.发挥想象，生动讲述。☆☆☆

3.加上动作，表演讲述。☆☆☆

【设计意图】评价适时：利用班级故事会评选故事大王的情景，落实"简要复述故事"的要素。设计分层评星目的在于对不同学力学生的表现进行客观评议，让不同水平的学生都乐于参与课堂实践活动，在实践中提升学力，凸显差异教育。在评价环节发挥不同评价主体的作用，适时评价，使学生在课堂上的参与度更高，激发学生对更高层次知识水平的追求，让教师在此过程中更好地掌握学生的发展动态。

（四）反馈：阅读推荐，回味故事

《世说新语》：记录东汉后期到晋宋间的名人名士的言行与趣事的文言志人小说集。

回扣单元人文主题：时光如川浪淘沙，青史留名多俊杰。

【设计意图】内容适合：在结尾提及《世说新语》，一是点明本课为写人叙事的小古文，凸显本单元的人文主题。二是再次为学生体验情感、品味王戎人物之聪慧创设情境。

教学从"温故知新，走进故事—多种方法，理解故事—分层要求，复述故事—阅读推荐，回味故事"，以旧识勾连新知进入教学内容，整个教学流程符合四年级学生的认知特点，循序渐进，逐步提升。在课堂实践活动中，教师的教学方法适合，内容适宜，通过四个教学活动实现"简要复述故事"这一语文要素，不同学力的学生在活动中得到了学习能力的提升，在自我评价、他人评价中乐学、善学，学有所得。

四、板书设计

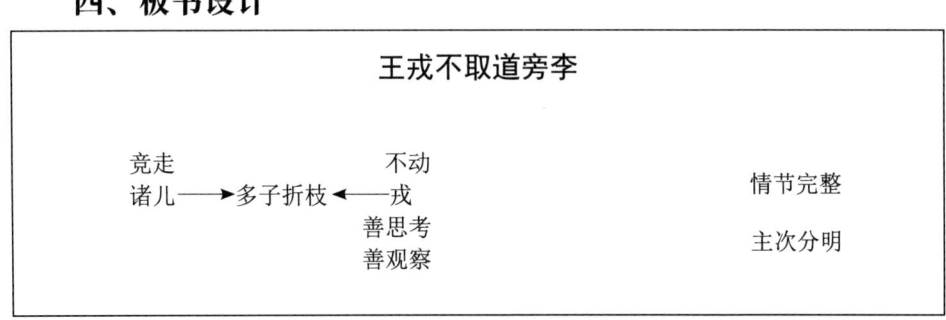

```
                王戎不取道旁李

    竞走            不动
    诸儿 ——→ 多子折枝 ←—— 戎          情节完整
                  善思考
                  善观察            主次分明
```

（案例提供者：厦门市集美区后溪中心小学　林秋菊）

案例二：五年级下册《自相矛盾》

一、教材整体解析

统编版五年级下册第六单元以"思维的火花"为主题，意在引导学生树立结合实际思考问题的意识，知道要根据具体情况选择恰当的解决问题的方法。《自相矛盾》是本单元课文之一，讲述了楚国有个卖矛和盾的人，他在夸耀自己的矛和盾时，理由前后抵牾，不能自圆其说。这一故事告诫人们说话做事要前后相应，不要自相矛盾。

本单元语文要素为"了解人物的思维过程，加深对课文内容的理解"以及"根据情境编故事，把事情发展变化的过程写具体"。为了使单元要素落地，教学时引导学生理解故事内容，把握主人公的思维过程，感悟故事蕴含的道理。

二、教学目标

（一）K—将知道

1. 认识"吾、弗"等3个生字，读准多音字"夫"，会写"矛、盾"等3个生字。
2. 正确、流利地朗读课文、背诵课文。

（二）U—将理解

1. 运用联系上下文、组词选用等方法来理解文言文的意思。
2. 能适当想象故事的内容，讲述并表演"自相矛盾"的故事。

（三）D—将能够

1. 理解楚人的思维过程，明白"其人弗能应也"的原因。
2. 结合生活实际，感悟这则寓言阐明的道理。
3. 能够将本课学习的方法迁移运用至其他寓言故事中。

【设计意图】目标适宜："将知道""将理解""将能够"对应着

不同学力的学生能够达到的学习目标，不同目标所采取的教学方法也有差异。"将知道"的目标属于陈述性知识，班级大部分的学生可以通过课前自主学习来完成，教师只需重点关注学力弱的学生；"将理解""将能够"的目标属于程序性知识，需要教师在课堂上采取适恰的教学方法来实现，大部分学生能够做到。

三、教学流程：引趣—品读—操练—反馈

（一）引趣：寓言故事导入，了解"矛""盾"，明确任务

1. 出示寓言故事：说起寓言，同学们并不陌生，它往往通过有趣的故事，告诉人们深刻的道理。（出示图片）指名说图片讲的是哪个寓言故事，并说说其中的道理。

①《揠苗助长》；②《亡羊补牢》；③《守株待兔》。

2. 揭题，齐读课题，出示本课学习任务：

一是运用恰当的方法理解文言文的意思；二是能适当想象故事的内容，讲述并表演这一故事；三是理解楚人的思维过程，明白"其人弗能应也"的原因，感悟寓言阐明的道理。

3. 介绍"矛"和"盾"：矛和盾是古代用来进攻和防御的武器。矛多用来进攻，盾则用来防御。指导学生书写"矛、盾"两个生字。

【设计意图】内容适宜：根据本单元大概念中的语文要素要求，本课的教学目标、课后习题、学生学情的具体情况，以及"语文园地"中交流平台与词句段运用的内容，教师确定了以上三个教学任务，三个任务循序渐进，有助于学生突破本课重难点，落实单元要素。

（二）品读：运用恰当的方法理解文言文意思

1. 自读课文，要求：读准字音，读通句子，难读的地方多读几遍。

2. 一人读一句，读准"鬻"和"誉"，结合理解多音字"夫"。

3. 出示第一句"楚人有鬻盾与矛者，誉之曰：'吾盾之坚，物莫能陷也。'"

（1）理解"鬻"的意思，并说说理解的方法。教师小结：文言文的注释是理解课文的好帮手。引导学生关注课文的其他注释。（板书：借助注释）

（2）理解"坚"的意思，组词，如坚强、坚硬等，再结合文本，从组词中选择最贴近"坚"字字义的词语。教师小结：当遇到古今意思相同的字，可以运用组词选用法，先组词，再联系文本，选择最合适的词语进行解释。（板书：组词选用）

（3）理解"誉"的意思，并说说理解的方法。

（4）理解句意。

4. 指导朗读：（1）读准节奏。（2）读出夸耀的语气。

5. 总结学习方法：

（1）字义，借助注释、联系上下文，组词选用等方法，理解难懂字词。

（2）句义，用自己的话说说句子的意思。

6. 迁移学法，自学第2—5句，先自己思考，再在三人小组讨论交流。

又誉其矛曰："吾矛之利，于物无不陷也。"或曰："以子之矛，陷子之盾，何如？"其人弗能应也。夫不可陷之盾与无不陷之矛，不可同世而立。

（1）学生自学；交流汇报。

（2）拓展组词选用相关题目。（结合第六单元"语文园地"词句段运用内容）

> 【词句段运用】
> 读一读，注意加点的字，说说你有什么发现。
> 吾盾之坚　坚固　　弗能应　应答
> 道旁李　道路　　溺而不返　返回
> 翼复得兔　重复　　守株待兔　守候

图7-1

（3）根据理解，完整讲述故事内容。

（三）品读、操练：能适当想象故事内容，讲述并表演故事

1. 只有把故事讲述得生动才能吸引人。如何讲述本课，才能生动有趣？（观察插图，想象人物的动作、神态等）

2. 观察插图，想象文中人物说话时的动作、表情、心理活动，以及周围人的反应。

3. 小组成员互相讲述故事。

4. 三人小组表演故事。

5. 师生根据"表演故事小锦囊"进行互评。

表7-1　"表演故事小锦囊"评价表

表演故事小锦囊	生评
1. 完整呈现寓言故事内容。	☆
2. 适当展开想象，加入动作、语言等。	☆
3. 表演生动有趣，富有感染力。	☆

【设计意图】评价适时：表演故事是本课教学重点。一是因为这一环节是在学生理解文言文内容、能完整讲述故事，并能加入合理想象展开讲述故事后，是对学生是否真正理解故事内容的检验。二是这一环节巧妙地借表演与采访，助力学生走进人物内心世界，加深对楚人思维过程的理解，落实本课目标与本单元要素。三是生动有趣的表演，令文言文课堂多了几分活泼与生机，令整堂课气氛更活跃，更精彩，且三人小组合作演绎，更能激发学生的主观能动性，培养学生协同合作的能力。因此，在这关键环节，适时的评价表格支架的运用，引导学生把握这一环节需要达到的要求，能帮助不同水平的学生借助支架发现自己表达的不足，学习同伴的优秀之处，既保证了弱学力学生的学习，又让强学力学生在原有基础上更上一层，促使每一个学生落实本节课的重要目标。

（四）操练、反馈：理解楚人思维过程，感悟寓言道理

1. 人物采访，理清思维过程：

（1）采访楚人：你一开始叫卖时，你心里在想什么呢？

（预设：我一定要想一个好办法把我的矛和盾都卖出去！）

（2）采访围观者：看到楚人叫卖矛和盾的样子，你心里在想什么？

（预设：太可笑了，他不知道自己说的话是相互抵触的吗？真是太愚蠢了。）

（3）采访楚人：听了围观人的话，你为什么回答不上来？

（预设：①哎呀，这人说得好像有点道理，我怎么没想到呢！②惨了惨了，这下该如何收场。③目瞪口呆、哑口无言、尴尬无比、脸红得像猴屁股、恨不得找个地洞钻下去。）

（4）采访其他旁观者。（预设：楚人太笨了，揭穿他的人可真厉害。）

（5）教师小结：通过表演，我们理解了楚人的思维过程，难怪他会这样夸他的矛，又会这样夸他的盾。

2. 理解"其人弗能应也"的原因。（预设：因为旁观者揭穿了楚人说话的矛盾之处，让楚人哑口无言。因为这样的矛和这样的盾，是不可能同世而立的。）

3. 说说自己明白了什么道理。（预设：说话做事要前后相应，不要像这位楚人一样自相矛盾。）

【设计意图】方法适合：理解主人公的思维过程是本节课的重难点，也是本单元的教学要素，但若要让学生自己琢磨思考楚人的思维过程，有的学生恐怕一知半解，或直接的阐述会令这一环节变得枯燥。因此，教师巧妙地运用了"采访"这一方法，在学生上台表演完毕后，即刻采访当事人的内心活动，采访的问题环环相扣，由浅入深，在学生趣味的回答中，在活泼轻松的课堂氛围中，人物的思维过程便清晰地呈现了出来，采访后学生便恍然大悟，真切感悟人物的内心世界与思维过程，突破了教学重难点。

（五）操练：作业设计

读《郑人买履》，完成练习。

郑人有欲买履①者，先自度②其足，而置③之其坐。至之市，而忘操④之。已得履，乃曰："吾忘持度！"反归取之。及反，市罢⑤，遂不得履。人曰："何不试之以足？"曰："宁信⑥度，无自信也。"

①履：鞋。②度：测量；量好的尺码。③置：放、搁在。④操：携带。⑤罢：结束。⑥自信：相信自己。

问题1. 运用组词选用法来理解这两个字的意思。

置：①组词：_____、_____、_____等。②联系文本，勾选出最恰当的词语进行解释。

信：①组词：_____、_____、_____等。②联系文本，勾选出最恰当的词语进行解释。

问题2. 郑人为何会说"吾忘持度"便"反归取之"？他心里在想些什么？

问题3. 这个故事要告诉我们什么道理？

【设计意图】流程适恰："从了解寓言故事，到学习方法迁移运用至其他寓言故事"的教学流程，符合"深度学习"的学习规律，从真实的问题情境出发，帮助学生在解决问题引发的能力冲突中，产生学习的欲望，从而深入与文本的对话，发展思辨能力和表达能力。通过三人小组合作学习与评价支架，落实差异教育的理念，培养学生自主、合作、探究能力，并将本课所学习的方法与技能进行迁移运用，落实本单元要素的同时，培养学生的高阶思维能力，提升学生的语文素养。

四、板书设计

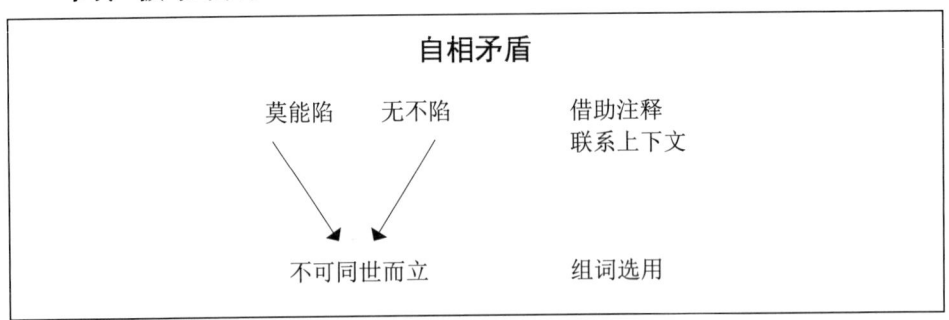

```
                  自相矛盾

     莫能陷    无不陷      借助注释
                          联系上下文


         不可同世而立    组词选用
```

（案例提供者：厦门市集美区曾营小学　刘晨）

案例三：五年级下册《草船借箭》教学设计

一、教材整体解析

本单元以"观三国烽烟，识梁山好汉，叹取经艰难，惜红楼梦断"为导语，开宗明义地呈现了"走进中国古典名著"这一人文主题。语文要素是"初步学习阅读古典名著的方法"和"学习写读后感"。《草船借箭》是根据我国著名古典历史小说《三国演义》中有关"草船借箭"的情节改写的。课文结构严谨，教学重点首先是引导学生发现故事的起因、经过、结果，从整体感知故事内容。其次是引导学生通过人物言行来探究人物特点，如诸葛亮的神机妙算、顾全大局，周瑜的妒贤嫉能，鲁肃的忠厚和曹操的多疑等。最后，学习读后感的写作方法。

二、教学目标

（一）K—将知道

1.学习本课的生字，能正确读写下列词语：诸葛亮、妒忌、都督、惩罚、擂鼓、军令状、丞相、神机妙算等。

2.默读课文，能按照起因、经过、结果的顺序理清故事的主要内容。

（二）U—将理解

1.学生能通过关键语句（人物言行），初步了解故事中人物的性格特点并做出评价。

2.通过对比阅读链接，引导学生阅读名著和目录，增强学生的文化认同和民族自豪感。初步学习并积累阅读古典名著的方法。

（三）D—将能够

1.引导学生自主阅读、合作探究，激发学生阅读名著的兴趣，进行拓展阅读，积累表达。

2.提供写读后感的支架，指导学生学写读后感。

【设计意图】目标适宜：教学目标的设定，应该确保目标既符合学生的实际学习水平和认知能力，又具有可操作性和可评价性，同时应该注重学生的全面发展，包括知识、技能、情感态度和价值观等方面。在《草船借箭》的教学中，除了要求学生掌握基本的语文知识和技能外，还可以让学生复述故事情节、分析人物性格、撰写读后感等，检验学生对课文的理解和掌握程度。通过分析人物性格和故事情节，感受诸葛亮的智慧和谋略，培养学生的批判性思维和分析能力。本课教学目标具有适宜性、可操作性及有效性，有助于激发学生的学习兴趣，增强学生对古典名著的阅读兴趣。

三、教学流程：引趣—品读—操练—反馈

（一）引趣、操练：情景导入，明确任务

1.通过单元导语"观三国烽烟，识梁山好汉，叹取经艰难，惜红楼梦断"引出四大名著，并浅谈四大名著阅读感受。

2.了解单元学习任务、阅读古典名著的方法及学习写作读后感。

3.交流"学习单"，对《草船借箭》的故事背景有初步的认识。

【设计意图】内容适宜：结合本单元语文要素，让学生"走进中国古

典名著"，去感受古典名著魅力，初步学习阅读古典名著的方法，产生阅读古典名著的兴趣。交流文章的历史背景资料，使学生明确在阅读名著时历史背景资料对于理解故事内容的重要作用。引导学生谈阅读感受，明白阅读感受可以从整本书入手，可以从事件入手，也可以从人物入手。

（二）品读、操练：初读课文，整体感知故事主要内容

1.默读课文，按照起因、经过、结果的顺序，说一说故事的主要内容。

出示语言表达支架：主要人物是_____，他主要做的事情是_____。

2.学生交流主要内容。

起因：周瑜妒忌诸葛亮，要他十天内造出十万支箭，诸葛亮立下军令状，答应三天内造好十万支箭。

经过：诸葛亮请鲁肃帮忙，第三天夜里，诸葛亮带着鲁肃，在大雾漫天之时，向曹操借了十万支箭。

结果：诸葛亮按期交付十万支箭，周瑜自叹不如。

3.梳理小结：通过抓住主要人物和主要事件，把起因、经过、结果概括出来，串联起来，就是文章的主要内容。概括的主要内容也是读后感的一部分，可写在学习单上。

【设计意图】方法适合：借助已有的学习阅读名著的方法读懂课文内容，进行简单的概括。抓住具体情节，梳理情节链和事件脉络，通过起因、经过、结果串联故事主要内容。此环节的设计有助于学生找到梳理文章结构的方法，从整体上把握课文内容。

（三）品读、操练：研读课文，认识诸葛亮

1.学习要求：默读第2自然段，画出描写诸葛亮言行的句子，圈出关键词句体会他的神机妙算。

2. 品读句子：
预设1：

诸葛亮说："怎么敢跟都督开玩笑？我愿意立下军令状，三天造不好，甘受惩罚。"

诸葛亮说："今天来不及了。从明天起，到第三天，请派五百个军士到江边来搬箭。"

①研读"只要三天"。用联系上下文的方法，从"第一天，不见诸葛亮有什么动静；第二天，仍然不见诸葛亮有什么动静；直到第三天四更时候，诸葛亮秘密地把鲁肃请到船里"感受诸葛亮的沉着淡定。三天后江上大雾弥漫，是诸葛亮推算出来的，从而感受他的神机妙算。

朗读句子，感受他的沉着镇静、淡定坚毅。

②研读"军令状"，从诸葛亮敢立下军令状，体会到他胸有成竹，计划周密。

理解什么是军令状。

引发质疑：诸葛亮为什么要立下军令状呢？

再现历史情境，穿越时空，通过影视作品感受当时的情景。

梳理小结：通过品读诸葛亮的语言，联系上下文的阅读方法，感受他的神机妙算，用以下句式，把阅读文本时的所说所感梳理一下。即通过抓关键情节，谈自己的阅读感受。

出示语言表达支架：文中写道：＿＿＿＿＿＿＿＿＿＿＿＿；读到这里，＿＿＿＿＿＿＿＿＿＿＿＿（想法、收获或疑问等）。

预设2：

诸葛亮说："你借给我二十条船，每条船上要三十名军士。船用青布幔子遮起来……不过不能让都督知道。他要是知道了，我的计划就完了。"

| 适 | 性 | 语 | 文 |

①抓住关键词"二十条船""青布幔子""不能让都督知道"等,引导学生画思维导图,理清江上借箭的步骤;学生谈阅读感受,借助课前收集的背景资料——孙刘势力比较弱,只有联盟才能抵抗曹操,鲁肃忠厚守信,为大局考虑,他愿意秘密地帮助诸葛亮。诸葛亮不仅算准了天气,也算准了鲁肃的为人,他上知天文下知地理,还通晓人心,从中体会诸葛亮的神机妙算。

预设3:

诸葛亮下令把船头朝西,船尾朝东,一字摆开,又叫船上的军士一边擂鼓,一边大声呐喊。

诸葛亮又下令把船掉过来,船头朝东,船尾朝西,仍旧擂鼓呐喊,逼近曹军水寨受箭。

①从"一字摆开、一边擂鼓、一边呐喊、逼近曹军水寨受箭"等,感受诸葛亮巧妙安排。
②借助"示意图",体会诸葛亮的神机妙算,感悟借箭的精妙。

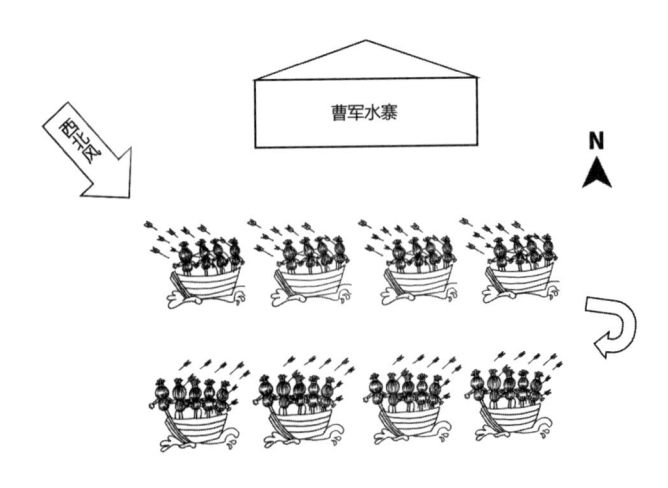

图7-2

预设4：

诸葛亮笑着说："雾这么大，曹操一定不敢派兵出来。我们只管饮酒取乐，天亮了就回去。"

①抓关键词"笑"，谈体会，模仿诸葛亮当时的神态语气读一读这句话。

②分析诸葛亮从容不迫的原因。

【设计意图】内容适宜：在名著故事梳理、内容初步感知后，引导学生结合故事人物典型事例进行评述，展开名著人物的品鉴，设计阅读支架：文中写道：_____；读到这里，_____（想法、收获或疑问等）。这一驱动任务，使学生在评述中形成对人物的立体化丰富的认识，实现对文本的深度阅读。通过分析人物关键语句，联系上下文，深入了解人物形象。引导学生找出鲁肃与周瑜、鲁肃和诸葛亮的对话，从中明白"三天造十万支箭"是不可能的事，进而感受诸葛亮的神机妙算、鲁肃的忠厚善良、曹操的生性多疑。引导学生画思维导图，理清江上借箭的步骤；结合关键字词理解感悟借箭的精妙设计；通过欣赏影视片段，加深学生对课文的理解，并在研读课文时，圈画表现诸葛亮神机妙算的关键语句，写批注。学生在剖析、质疑借箭成功的原因的过程中，体会诸葛亮计谋的"神奇"之处，增强信息提取和思辨的能力，也为下节课写读后感积累素材。

（四）操练、反馈：借助支架，写阅读感受，初步完成读后感写作

1.通过联系上下文，知天文、懂地理、识人心、安排巧妙的诸葛亮形象跃然纸上。

2.读后感方法小结：在读后感叙述中，除了故事情节的概括，品评人物也是写作的重要内容。在文本中寻找感点，有感而发，还可以联系上下文印证自己的观点，联系历史背景，让人物的特点更加丰满。

3.出示学习单，初步完成读后感的写作。

【设计意图】评价适时：这部分的设计借助表达支架和评价支架。首先是把握习作方向，通过叙述故事主要内容，找感点品评人物，确定读后感写作的内容。提供范例支架，帮助学生梳理读后感结构，同时指导学生联系生活实例、历史背景和阅读积累进行观点表达。教师出示评价标准，让不同层级的学生，在基本写作框架下进行合理表达。写出自己的感想对学生来说有一定难度，写的时候感想一定要真实、具体，评价标准帮助学生明白，可以联系已有的阅读积累和生活经验，也可以引用原文中的个别语句进行表达。

（五）操练：作业设计

1. 聊聊吧：聊聊三国中的人物，品味其人物形象，谈谈他们对你学习和生活的启示，写到习作本上。

2. 故事会：你喜欢《三国演义》中的哪个故事情节，可以按照故事的起因、经过、结果给同学们讲述一下。

【设计意图】内容适宜：分层进行作业设计。这两个作业的设置按照由易到难、由品评人物到概括故事内容进行，学生可以根据自己的兴趣和知识水平选择其中的一个作业，以满足不同学生的需求。通过阅读《三国演义》，梳理名著中人物与故事情节，聚焦人物印象，梳理与记录在读课文前后对名著人物的不同了解，有利于推动学生进一步阅读名著的内在驱动力。

（六）板书设计

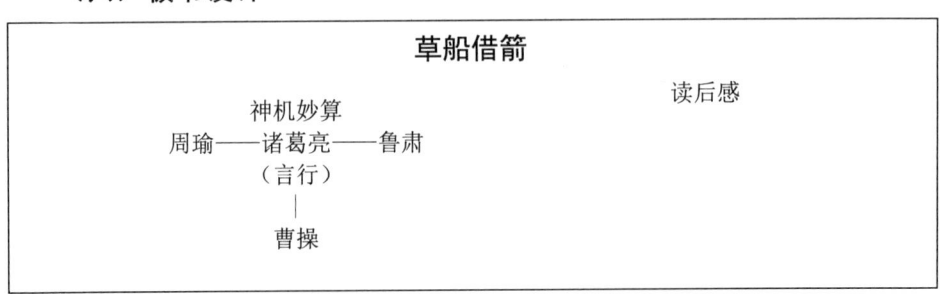

```
           草船借箭
                              读后感
       神机妙算
    周瑜——诸葛亮——鲁肃
        （言行）
           |
          曹操
```

（案例提供者：厦门市集美区曾营小学 范昊）

案例四：六年级上册《只有一个地球》

一、教材整体解析

本单元的人文主题是"我们是大地的一部分，大地也是我们的一部分"；语文要素是"抓住关键句，把握文章的主要观点"；习作训练要素是"学写倡议书"。《只有一个地球》说明了人类的生存"只有一个地球"的事实，呼吁人类珍惜资源，保护地球。教学时应引导学生找出文中的关键句，把握主要观点，并体会课文是怎样一步一步得出最后的结论的。

二、教学目标

（一）K—将知道

1. 会写"莹、裹、篮"等生字。
2. 结合关键句，了解课文讲了哪几个方面的内容。

（二）U—将理解

1. "我们要精心地保护地球，保护地球的生态环境"，这一结论是怎样一步步得出的。
2. 文章运用了哪些恰当的说明方法说明观点。

（三）D—将能够

1. 结合关键句，把握文章的主要观点。
2. 阅读文章描述的内容，结合自己生活中的现象，设计保护环境或节约资源的宣传标语。
3. 结合生活中的现象，学写倡议书。
4. 增强保护地球生态环境的意识。

【设计意图】目标适宜："将知道""将理解""将能够"对应着

不同学力的学生能够到达的学习目标，不同目标所采取的教学方法也有差异。"将知道"的目标属于陈述性知识，班级大部分的学生可以通过课前自主学习来完成，不作为课堂教学的重点，只需重点关注学力弱的学生即可；"将理解""将能够"的目标属于程序性的知识，需要靠教师在课堂上采取适恰的教学方法来实现，大部分学生能够做到。以上目标均为单元教学目标定位的延伸，在完成课程任务的同时，为接下来的能力发展打好基础，最终指向本单元的大概念：学会明确清晰、有理有据地表达观点，增强环境保护的意识。

三、教学流程：引趣—品读—操练—反馈

（一）引趣：创设情境，明确任务，初步明白何为"观点"

1. 播放视频：日本排放核污水资料。

2. 表达看法：结合预习时查找到的资料，说说自己的看法。

3. 出示本课学习任务：第一，学习如何抓住关键句把握文章主要观点；第二，了解作者是怎样一步步得出自己的结论的。

【设计意图】内容适宜：结合本单元大概念中的语文要素要求，课后关键习题的第一、二题，本课的教学目标、学生学情的具体情况，以及日本排放核污染水的热点环保事件，教师确定了以上两个学习任务。

（二）品读、操练：任务一，把握文章主要的观点

1. 教学概括：范教第1—2自然段，引导学生在已圈画关键语句的基础上展开交流，通过关键句了解的语意。

表达支架：文中的关键句是_____，这段话的意思是_____。

（1）找出第1—2自然段的关键句，交流第1—2自然段的意思。

（2）引导学生发现第1、2自然段间的意思有关联，可以整合并概括。

（3）梳理小结：作者的观点隐藏在两段话的主要意思之间，只要我们借助关键句，整合意思相关联的段落，就能把握作者的观点。

2. 练习梳理概括：对照学习单，运用整合概括的方法，阅读剩下的文

段，然后以小组为单位进行讨论，尝试把握作者文中表达的其他观点。

（1）生交流第3—4自然段，圈画关键语句，说说相关语句整合的理由。

（2）交流第5—7自然段，说关键句，说整合理由，并且出示改造后的关键句。

（3）交流第8—9自然段，说关键句，说整合理由，并且出示改造后的关键句。

3. 整体把握文章的主要观点：引导学生在作者表达的四个方面意思中筛选判断作者最主要的观点。

4. 概括文章主要内容，把握文章主要观点。

（1）（出示全部关键句和主要观点）请学生串联全部关键句句义和主要观点，说说本文的主要内容。

（2）任务一小结：借助关键句，把握文章主要观点的方法。

（三）品读：任务二，了解作者是怎样一步步得出结论的

1. 感受地球的美丽，了解作者对地球的喜爱。

（1）感受地球的美丽。

①请一位学生读第1自然段，其余学生边听边圈画出形容地球美丽的句子，说说自己的感受。

②全班齐读第1自然段，通过圈画的词句感受地球的美丽。

（2）感受人类对于地球特别的感情。

①图片支架：出示其他星球的图片，感受其他星球的美，引导思考：太阳系的其他行星也都很美，为什么我们看到地球会有特别的情感呢？请结合统编版六年级上册《宇宙生命之谜》和你所了解的地球上的知识，说说地球为我们人类提供了什么。

②学生交流。（预设：森林、氧气、温度、大气、资源、水源等。）

（3）教师小结：地球为人类无私地提供了这么多供我们生存的资源，对于人类来说，地球就像是我们的母亲一般。这是一份特别的感情，这种对母亲的爱慕，对摇篮的感激之情，让我们对地球深深地眷恋。

（4）再次朗读这一段，将你对地球的感情读出来。

（5）引发思辨：对照文章的结论，现在谁知道作者为什么在文章的第一段就写地球"美丽壮观，和蔼可亲"？这样的安排和作者想要表达的主要观点之间有什么关系呢？（预设：因为想要激发起读者对地球的感情，想要让我们好好保护地球。）

2. 了解地球的现状，感受作者对地球的心痛。

（1）引发思考：再次读读四个关键句，思考他们之间的顺序可不可以互相调换呢？为什么？

（2）问答游戏（学生自主提问）：

①问：作者写这篇文章，发出了一个倡议，他倡议了什么呢？

②问：地球的半径约为6400千米，那么大，有什么好担心的？

③问：地球虽然很渺小，但是拥有很多的资源，很多资源还可以再生呢，资源会枯竭吗？

④问：就算地球上的资源都用光了，我们不能移居到别的星球上去吗？

（3）熟悉课文：自读课文，三人小组讨论、解答。

（4）发现提问者的立场和观点：同学们，回到我们刚才的问答游戏，仔细观察问题的部分，你们发现问问题的人对地球抱着一种怎样的态度？（预设：地球很大、资源很多、就算被破坏了也可以移居，可以随意破坏地球上的资源。）

（5）发现作者的立场和观点：

①再次回读刚才回答的答案，请学生关注其中一个在文中反复出现的关联词——"但是"。

②对比读"但是"前后的文本：大家把这些词语圈起来，联系上下文读一读，这些内容还仅仅是对刚才那些问题的回答吗？你还读出了作者对那些破坏地球环境的人有什么不一样的态度？（预设：是对那些观点的驳斥；是一种强调，强调只有一个地球；是一种警告，警告那些人不要再破坏地球了；是一种惋惜，惋惜地球遭受了这样的破坏！）

③朗读品味：带着这样的感情，师生配合读一读这些带有"但是"的

句子，感受作者对地球被破坏的心痛以及对地球环境现状不自知的人类的警醒。

再次感受作者行文的思路：现在回到最初那个问题，这些内容能不能互相调换位置呢？（不能，发现：每一个问题的产生都源于前一个问题的答案。）

教师小结：同学们，从这组对话中，我们发现，每一个问题的产生，实际上都源于上一个问题的答案。这样层层递进的论证是一种非常严谨的研究问题的方法，像这样得到的结论或答案往往是最让人信服的。（板书：以理服人，层层递进）

（6）整体梳理：作者是如何一步一步地得出自己的结论的？

【设计意图】方法适合：本课作者的行文思路清晰、逻辑严密，主要结论一步一步得出的过程是情感的拾级而上，是论证上的层层递进。但是六年级的学生，尤其是学习力比较弱的学生，并无法很好地感受到其中的秘妙之处，因此，教师设计了三个步骤来突破这个教学难点。首先对第1自然段进行单独的品读，这一自然段的表达方法相对于其他段落来说较为生动，引导学生品读运用打比方手法的句子，感受作者对地球母亲的喜爱和感激之情，奠定了情感基调。接下来引导学生借助关键语句品读剩下的部分，通过学生自主提问，梳理关键意思的顺序关系，明白作者如何一步一步得出结论的，突破这一教学难点。

（四）操练、反馈：任务三，迁移运用，学会梳理观点，并借助资料有理有据地表达自己的观点

1. 展示有关核污染的相关资料。

（1）资料支架：提供阅读资料，学生阅读把握资料主要内容。

（2）结合资料，有依据地表达自己的观点。

2. 借助表达支架，引导学生有依据地表达自己的观点。

对于日本核污染水排海问题，我的观点是_____，因为，_____。所以，请日本停止排放核污染水，还人类一个美丽清洁的海洋！

借助评价支架，引导学生根据本课所学知识，对同学的发言给予评价。

表7-2

表达小贴士	星级评价
1.能够抓住关键句，准确把握资料文段的观点。	☆
2.能够结合资料与课文内容，有理有据地把观点表达清楚。	☆
3.能够用上分点列举的表达方法，从不同的角度说明理由。	☆

4.根据刚才同学们提出的意见和展示的范例，修改自己的表达，再次与小组同学交流，发表自己的观点。

【设计意图】评价适时：这部分的设计借助了资源支架、表达支架和评价支架。一是为了结合当下时事热点与本单元主题，巩固和迁移训练本单元语文要素与教学训练目标。二是发展学生把握他人观点并持有对新闻事件发表观点的立场和能力，发展真实情境中的语言表达能力。支架的大规模介入帮助不同学力的学生更深入了解新闻事件，在学生原有的表达基础上更加有理有据地进行观点理由的阐释。运用适时的评价表格支架，帮助不同水平的学生借助支架发现自己表达的不足，学习同伴的优秀之处，既保证了弱学力孩子的学习，又让强学生孩子在原有基础上更上一层。

（五）操练：作业设计

1.根据本课的学习内容以及了解到的海洋相关知识，继续查找保护海洋的相关资料。

2.学习习作的内容，完成倡议书。

【设计意图】流程适恰：从"时事热点情境引入——完成两个学习任务——回扣情境，迁移能力表达——指向单元习作倡议书的撰写"，整个流程符合"深度学习"的学习规律，从真实的问题情境出发，帮助学生在解决问题时引发的能力冲突中，产生学习的欲望。在教师的教学支架介入下，发展学生的思辨和表达能力，通过三个任务的完成，不同学力的学生完成了从学习能力到迁移能力再到解决生活中真实问题的学习历程，在自我的评价中不断驱动自我认知发展，保证每个学生都能在与文本的反复对话中，在与同伴的互相学习中，建构真实的语言表达运用能力，发展更高阶的思维能力。

四、板书设计

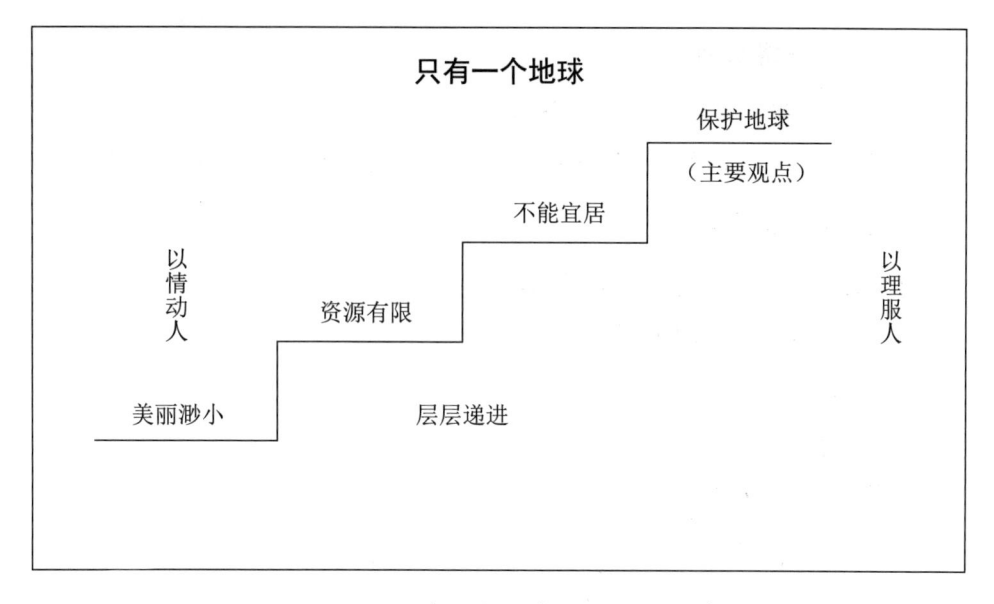

```
                    只有一个地球

                                        保护地球
                                       （主要观点）
                              不能宜居
    以
    情              资源有限                           以
    动                                                理
    人                                                服
                                                      人
    美丽渺小         层层递进
```

（案例提供者：厦门市集美区内林小学　陈荧）

案例五：六年级下册《那个星期天》

一、教材整体解析

本单元的人文主题是"让真情在笔尖流露"；本单元的语文要素是"体会文章是怎样表达情感的"，引导学生学习表达真情实感的方法；习作要求是"选择合适的内容写出真情实感"，这是习作最基本的要求。《那个星期天》写了"我"第一次殷切地盼望母亲带"我"出去玩的经历，表现了"我"从盼望到失望的心理变化过程，展示了"我"细腻、敏感、丰富的情感世界。教学时重在感受人物具体的所见、所做与情感的变化，注重对人物动作、语言和心理描写的体会，抓住语言表达的特点，体会作者心情的变化，进而学习作者表达情感的方法。

二、教学目标

（一）K—将知道

1. 会写"莹、裹、篮"等16个字。
2. 默读课文，梳理"我"心情变化的过程，初步体会人物心情的变化。

（二）U—将理解

1. 借助预习单，梳理母亲活动及"我"心情变化的过程，体会课文对人物内心独白、具体事例的细致描写，感受细腻真挚的情感。
2. 运用三人小组合作探究的学习方式，掌握融情于事，表达真情的写法。

（三）D—将能够

1. 借助学生预写习作，迁移写法，修改预写习作。
2. 与同学交流习作，表达自己的情感。
3. 合作制作"班级毕业纪念册"，为小学留下珍贵回忆。

【设计意图】目标适宜："将知道""将理解""将能够"对应着不同学力的孩子能够到达的学习目标，不同目标所采取的教学方法也有差异。"将知道"的目标属于陈述性知识，大部分学生可以通过课前自主学习来完成，不作为课堂教学的重点，只需重点关注学力弱的学生即可；"将理解""将能够"的目标属于程序性的知识，需要靠教师在课堂上采取适恰的教学方法来实现，大部分学生能够做到。以上目标均为单元教学目标定位的延伸，在完成本课任务的同时，为接下来的能力发展打好基础，最终指向本单元的大概念：学会明确清晰、有理有据地表达观点，提高表达情感的写作方法。

三、教学流程：引趣—品读—操练—反馈

（一）引趣：创设情境，回忆小学生活，明确制作"班级毕业纪念册"任务

1. 播放视频：回忆小学六年生活。

师：同学们，小学六年，时光匆匆，我们在校园里留下了许多珍贵的回忆。还记得这些场景吗？

2. 了解任务：出示单元学习任务图，明确本单元的学习任务。

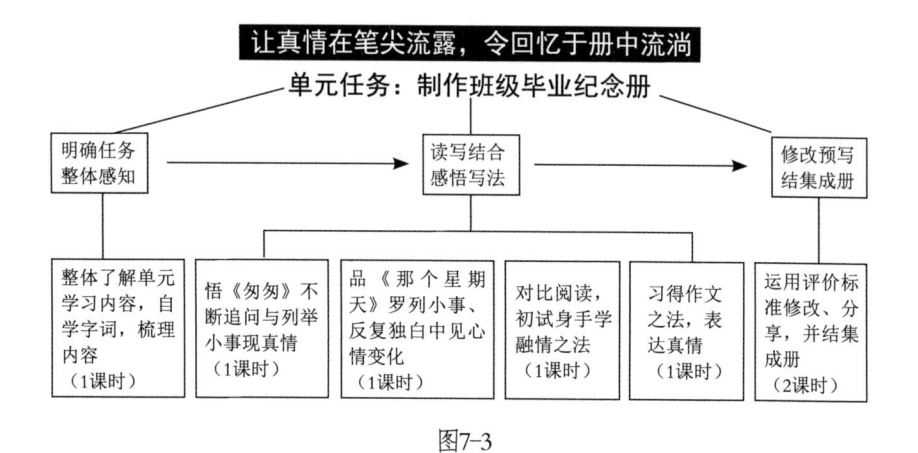

图7-3

3. 出示预写习作：出示两篇预写习作片段，引导学生发现写作的不足之处。

师：这两位同学一个写期盼，一个写喜悦，可表达却不那么生动。要怎么表达，才能以情动人呢？今天，就让我们走入那个星期天，去学习大作家史铁生在表达情感方面的秘诀，让毕业纪念册的文集更精彩。

【设计意图】目标适宜：结合本单元大概念中的语文要素要求和学生学情，明确本课的地位，即引导学生回忆小学生活，学习作者表达情感的写作方法，并运用到自己的预写习作之中，进而制作班级毕业纪念册，为小学时光留下珍贵回忆。本课的教学目标、学生学情的具体情况以及上课

时正值小学六年级下学期，学生毕业在即，学生对六年的小学生活有一定情感，因此笔者确定了以上教学任务。

（二）品读：梳理文脉，把握内容（任务一）

1. 完成学习单任务，把握主要内容。

表达支架：根据表格提示，完成课文梳理。（表达支架：时间，母亲的活动，我的心情。）

2. 根据板书，了解作者心情变化特点：对照板书表示心情的词语和表格中母亲的活动，学生说说自己的发现。（预设1：母亲忙碌——星期天本该是休息的日子，母亲却从早忙到晚，没有一刻停歇。预设2：我的心情随着时间的流逝而不断变化，一步步跌落谷底，心情越来越低落。）

3. 教师小结过渡：同学们，小男孩的这些心情，你们经历过吗？那么，史铁生的描写又是怎么让我们感同身受，和小男孩一起喜、一起悲呢？让我们细细品读课文。

（三）操练：品悟心情，探究写法（任务二）

1. 组织三人小组讨论：小组合作学习第4—5自然段，思考：作者是怎样真实自然地表达自己的内心感受呢？

小组学习，三人合作，完成下列表格。

表7-3

心情	段落	写作方法
焦急难耐	第4自然段	
	第5自然段	

2. 学生汇报：抓住关键词"不好挨"，感悟"罗列事例"的写法。（预设：三人小组成员上台汇报学习第3自然段，抓住"跳房子""看云彩""拨弄蚁穴""翻看画报"四件事表达小男孩的焦急。）

（1）思考并回答：这四件多好玩啊，作者怎么不把他跳房子的动作、云彩的变化写得详细、生动一些呢？（预设：因为这些不是小男孩想做的，他只是在打发时间。）

（2）教师小结：四件事是一件一件递进的，从刚开始跳房子、看云彩时有点兴奋，到后面心里空空落落，百无聊赖的，这是一个融情于事的巧妙的写法（罗列事例，板书）。通过四件简单的事例，作者真实地写出了男孩焦急难耐的心情。难怪作者说——这段时光不好挨。

（3）师生合作朗读第3自然段。

3. 学生汇报：抓住"念念叨叨"等关键词，感悟反复写法。

（1）三人小组成员上台汇报学习第4自然段，抓住反复性词语体会语言反复的效果。（预设：抓住文中"不是……不是……不是""走吧……走呀"等反复性的词语，看出小男孩的着急。）

（2）学生体会"反复"的表达效果。既像心理描写，又像自言自语的语言描写，这种描写有什么价值？将文中语句进行如下修改，表达效果一样吗？

原文：真奇怪，该是我有理的事啊？不是吗，我不是一直在等着，母亲不是答应过了吗？整个上午我就跟在母亲腿底下：去吗？去吧，走吧，怎么还不走呀？走吧……

修改：真奇怪，该是我有理的事啊？母亲不是答应过了吗？整个上午我就跟在母亲腿底下：去吗？怎么还不走呀？

（3）教师小结：反复性词语更让我们感受到小男孩急不可耐的样子，更突出他心里的着急。（明确"反复内心独白"的表达效果。）

（4）迁移学法，感悟写作特点：读课文第1—4自然段，寻找"反复独白"的句子。

【设计意图】流程适恰：本课作者史铁生以细腻的笔触，刻画了一个焦急等待母亲带他出去玩的小男孩形象。而随着母亲不停忙碌，直到黄昏，小男孩也没能出去，他的心情随着时间的推移而不断低落。文中对于小男孩心情变化的描写让读者感同身受，但是六年级的孩子，尤其是学习力比较弱的孩子，无法很好地感受到其中的秘妙之处，因此，笔者设计了三个步骤来突破这个教学难点。首先让学生通读全文，利用表格梳理出时间和小男孩心情的变化，并引导学生观察表格，发现小男孩的心情随时间变化而变化。接下来引导学生借助三人小组合作学习第3—4自然段，发现作者在表达情感方面的写作秘诀。学生在第3自然段不难找出，作者为了表达内心的焦急，罗列了一系列简单事例，让读者脑海里如走马灯一样播放小男孩做的事，进而学习了"罗列事例"表达情感的方法。然后，学习第4自然段时，学生抓住反复性词语，体会小男孩内心的焦急，再利用删词对比，发现"反复独白"的表达效果。

（四）反馈：运用方法，修改预写（任务三）

1. 出示习作修改要求，学生修改：运用本节课学到的表达真情的写法，修改自己的预写习作。

2. 对照评价表，学生互评。

表7-4

评星标准	自评	组员评
能运用罗列实例的方法表达真情实感	☆	☆
能运用省略提示语的方法表达情感	☆	☆
能运用"反复"表达真情实感	☆	☆
语言表达细致，用词准确	☆	☆

3. 教师小结：通过修改，大家的习作在表达情感方面都有所进步，这样集结成毕业纪念册，肯定会成为我们美好的回忆。

【设计意图】评价适时：这部分的设计借助了三人小组互评的形式，以评价量表为支架。一是为了凸显学生主体作用，让学生成为课堂的主人，组员进行互评，巩固和迁移训练本单元的语文要素与教学训练目标。二是发展学生评价他人习作的能力，并提高表达真情的能力，发展真实情境中的语言表达能力。评价量表的介入帮助不同学力的孩子对掌握表达情感的方法有了评价的支撑，在学生原有的表达基础上有更进一步提升。适时的评价量表支架的运用，帮助不同水平的孩子借助支架发现自己表达的不足，学习组员的优秀之处，既保证了弱学力孩子的学习，又让强学力孩子在原有基础上更上一层。

（五）作业设计

1. 运用今天所学到的方法继续修改预写习作。
2. 阅读史铁生的小说《务虚笔记》。

【设计意图】流程适恰：从"回忆小学六年生活"视频导入，到三人小组形式完成两个学习任务，再到运用方法，修改预写习作，迁移能力表达，最后在互评中指向单元习作的落实。整个流程符合"深度学习"的学习规律，从真实的生活情境出发，帮助学生在解决问题引发的能力冲突中，产生学习的欲望，在教师的教学支架介入下，发展思辨和表达能力。通过三个学习任务的完成，完成了从学习能力到迁移能力再到解决生活中真实问题的学习历程，在自我的评价中不断驱动自我认知发展，保证每个学生都能在与文本的反复对话中，在与同学的互相学习中，建构真实的语言表达运用能力，发展更高阶的思维能力。

四、板书设计

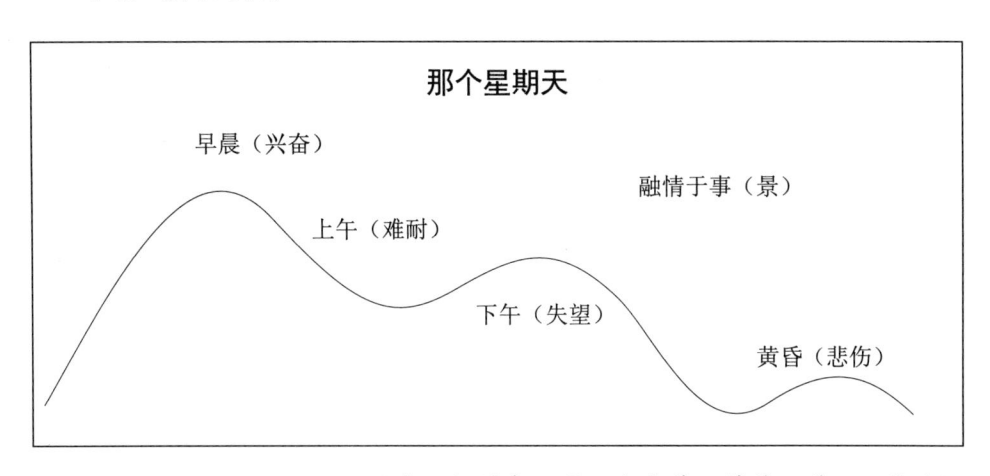

那个星期天

早晨（兴奋）
上午（难耐）
下午（失望）
融情于事（景）
黄昏（悲伤）

（案例提供者：厦门市集美区曾营小学　杜鹭昀）

第八章　适性语文的作业设计

以"教—评—学"一体化理论为例，该理论给作业教研带来的一条重要启示是整体研究学生"完整的学习过程"。浙江省教育厅教研室张丰老师倡导将课前预学、课堂学习讨论、课后巩固延伸的设计以及单元学习的整体设计串联起来，在此基础上，编制与运用不同功能的作业来支撑学生不同环节的学习活动需要。"如浙江温州地区就以'作业与课堂一体，学前、学中、学后作业整合'的思路来改进作业设计与实施。"[1]笔者所在学校于2012年开始校本作业的研究，坚持用差异教育的理念，为不同的孩子设计不同的作业，侧重随文练笔，突出"教—学—评"一体化，将校本作业分为预习作业、课堂作业、拓展作业等三大部分，其中课堂作业的设计几乎与教学设计的各环节对应，充分体现了适性语文学习的实践性特点。

第一节　课堂作业设计的要则[2]

课堂练习是语文课堂教学的组成部分，它的质量关系到"学习语言文字运用"的核心任务是否落实。讲之功有限，习之功无已。课堂练习设计利在课堂，功在课前。基于课堂作业巩固知识、提升语言表达能力的作用，语文老师对课堂作业的设计和运用越来越感兴趣，纷纷进行相关的研究。我们在实践中发现，了解学生的学习起点，明确学生的学习终点，对

---

[1] 张坤华. 基于学习导向的作业教研：定位、内容和策略[J]. 福建教育，2023(6)：19.

[2] 高玉梅. 小学语文课堂作业设计的要则[J]. 教学与管理，2017（5）：30—31.

于教学目标的落实、提升学生的语言表达能力等方面起到重要的作用。

一、了解学生的学习起点，知道学生在"在哪里"

有人笑谈，语文教师上课时是知道要"去哪里"的，只是他们不知道他们的学生现在"在哪里"。一句话说出了语文课堂"学情"的缺失。幼小衔接推行知识"零起点"，那是避免"抢跑"学生成为"仲永"的无奈之举。在阅读教学中，学生不是"零起点"，而是起点各异。了解学生的学习起点，犹如处于阅读之旅的始发站，教师很有必要对出行的人员及装备做到心中有数，教学才能有的放矢。

（一）学生的知识起点

谁也不能否认学生是带着一定的知识储备进课堂的，虽然每个学生的知识结构存在差异，但是大部分学生在相应年级的知识储备是基本一致的。一位教师在教学统编版三年级下册《赵州桥》中"赵州桥体现了劳动人民的智慧和才干，是我国宝贵的历史遗产"时，抓住关键词"智慧"开展教学后，布置课堂作业：联系文本，说说"智慧"的体现，用"智慧"一词造句。另一位教师在教学统编版五年级下册《杨氏之子》中"梁国杨氏子九岁，甚聪惠"中的"惠"字时，笔者看到了类似的作业设计："惠"同"慧"，请正确书写"智慧"，结合文本写出杨氏子智慧表现的一两个方面。两个年级的教学目标不同，学生学习起点也是不同的，但老师设计的作业却很相似。显然五年级教师在作业设计时把学生置于知识的"零起点"是不科学的。

（二）学生的思维起点

思维起点一般是指学习和认知新知识时已具备的相关知识与能力，它的基本形式就是判断，主要分为自然起点与逻辑起点两种。关于自然起点，通俗地说便是感性思维，是关于主体的感知觉记忆与情绪的心象手段。思维的逻辑起点也是一种心象手段，是运用表象和想象对事物进行分析和把握，也就是我们常说的抽象思维。小学生的思维方式主要以感性思维为主，即通过具体的形象，运用语言的描述进行思维。比如教学统编版五年级下册中的《威尼斯的小艇》，让学生完成"作者笔下的小艇是什么样的"与"威尼斯小艇有什么特点"两份作业，便是两种思维方式指导下的体现。前者让学生借助具体的语言，通过感知觉的参与，产生富有情绪的表达：小艇又窄又长，两头翘起，还很灵活，你看……后者基本上只能得出理性的判断：小艇具有三个特点，分别是……两种思维方式无所谓对错，只是作为教师很有必要考虑：小学生更喜欢哪一种表达方式呢？教师对学生的学习特征有所认识，才能选取对应的教学方式激发学生的热情。

（三）学生的经验起点

我们经常在各年级课堂中看到这样的命题：这篇课文写了几方面的内容？完成这份作业，需要对文本的主要信息进行提取，梳理要点并进行表述，具有一定的难度，并非适合所有年级的阅读教学。

比如说教学统编版三年级下册《荷花》，教师在上课伊始便出示课堂作业：课文围绕荷花写了_____、_____、_____三方面的内容。当个别学生呈现出"闻花香——看花美——联想花"这样"漂亮"的答案时，教师要清醒地知道"个别"不代表"全部"，否则将导致课堂上出现少数学生应答而多数学生当"看官"的现象。根据学情进行教学，教师先让学生说说各自然段主要描写作者在做什么，那么学生很容易读懂第1段描写作者闻到荷花的清香，第2—3段描写作者看到美丽的荷花，第4段写的是作者把自己想象成荷花。在此基础上，借助课堂作业"课文先写_____，接着写_____，最后写_____"让学生梳理课文的脉络。经由读懂一段话，再把段意联结起来，整体把握课文的学习过程，是中年段学生语言训练和经验积累的重要经历。鉴于个别学生学有余力，则让他们当"小老师"去指导学习有困难的学生。遵循学生的学习心理特点，重视学生的经验起点来展开教学进程，层次分明，教学效率明显提高。

二、定位学生的学习终点，明确学生"去哪里"

教学目标是教学的起点和终点，目标明确与否直接影响着学生的学习态度和学习效果，制约和规定学习的进程。[1]其实，相对"在哪里"的茫然，关于"去哪里"——学习终点的问题，教师还是比较清楚的。毕竟教学目标作为教学设计的一部分，教师总会从字词学习、文本把握、词句理解、表达赏析等方面列出几条要求，并付诸实践。

不过教师从各类参考书、教案集中信手拈来的"教学目标"大众化、脸谱化，缺乏对学段目标的准确定位和基于学情的具体要求，而且不具操作性，课堂作业设计也失去准星。明确教学的终点，要求教师制定的教学目标要能关注学情，体现学习策略，给出检测标准，教师依标扣本设计课堂作业，方能让不同起点的学生共同走向终点，并允许个别学生拥有一定范围的弹性要求存在。

（一）明确学段的阅读目标

关于阅读目标，在《义务教育语文课程标准（2022年版）》中关于"阅读与鉴赏"指出第二学段"能初步把握文章的主要内容，体会文章表达的思想感情""能对课文中不理解的地方提出疑问，乐于与他人讨论交流"。第三学段则指出"在阅读中了解文章的表达顺序，体会作者的思想感情，初步领悟文章的基本表达方法。在交流和讨论中，敢于提出看法，作出自己的判断"。两个学段都提出"把握文章的主要内容"的教学目标，但是第三学段进一步提出"了解文章的表达顺序"和"领悟文章的基本表达方法"的要求。

不同的学段，不同的要求，决定了课堂作业设计着力点的异同。如同写人叙事文章内容概括的教学，四年段属于第二学段，能"初步把握文章的主要内容"即可。第三学段要"了解文章的表达顺序"和"领悟文章的基本表达方法"，因此统编版六年级上册《桥》的课堂作业则要这样设

---

[1] 张秋玲. 语文教学设计：优化与重构[M]. 北京：教育科学出版社，2012.

计：题1，课文记叙了发生在老汉身上的什么事？抓住具体的语句说说老汉是个怎样的人；题2，思考作者从哪些方面刻画人物的特点，说说环境描写在烘托气氛方面的作用，并仿写一段话。

教师熟识学段目标，才不至于提出低于或高于学段目标的教学要求，具体明确的教学目标规定和提示了课堂作业的内容和评价标准，教师教学和学生学习均有的放矢。

（二）明确课时训练目标

学段目标是基于学段的基本要求，相对宏观一些，课时目标是课堂教学的具体要求，是引领教学和检测学生是否到达终点的评判标准。如统编版四年级下册《猫》一课教学，教师在教学目标中提出：了解作者笔下猫的性格，并用关联词说说它的特点，从而体会作者的情感。课堂作业相应设计如下：课文第2自然段从_____、_____两方面写出了猫的性格_____。主要体现在它既_____又_____，既_____又_____。虽然_____但是_____；虽然_____但是_____，表达作者_____的情感。

学生当堂答题。教师通过学生完成作业的情况反观自己的教学，及时调整教学进程，帮助所有学生最终到达终点。如果没有课堂作业这个抓手，就极有可能听到课堂上师生毫无营养的问答："明白了吗？""明白了！"可问题是，学生都"明白了"吗？

（三）保证必要的弹性教学目标

教学目标是否科学，还应体现在能否促使不同的学生在原有的基础上有所发展。比如新课中的生字，有的学生课前已熟识，有的学生连字音都不能正确拼读。基于学生起点的教学，教师应把听写排进课堂作业，用时2—3分钟进行6—8个生字的听写，随后同桌用1—2分钟迅速批阅。根据学生完成情况，教师重点展开易错难懂字词的教学，然后让听写有误的学生订正誊抄；达到正确书写和理解的学生，自由选择用其中的词语口头编故事或写句子。学生的差异是现实存在的，教师要考虑不同学生的需要，教学目标允许弹性存在，以期下要保底，上不封顶。那么所有的学生都能到达终点，教师还可能欣喜地发现有不少学生超水平发挥。

如教学统编版四年级下册《清平乐·村居》，教师在课堂结束前出示课堂作业"题1"，抓住字眼"醉"，说说文中谁醉了，为什么醉了？要求每个小组选择一个人物，从不同角度进行分析。在出示作业"题2"，让学生思考谁没醉？为什么？通过查阅资料说说对作者的了解。

选择"题1"的学生通过回看全文，抓住字眼"醉"感受作者的情感，去体会词的表达之妙："小儿醉"是因为周围景美，因为卧着剥莲蓬，自由惬意而醉；"翁媪醉"是因为满足于孩子们自然成长已能分忧，老夫妻自在逗乐喝酒而醉；而"大儿子醉"是因为暗喜自己能种田，想象明年好收成，欣喜劳动能换来美食而醉。教师从学生的反馈中判断学生是否达到学习的终点。选择"题2"的学生则要在把握文本的基础上跳出文本，了解作者的生平与抱负，感怀作者的豪情与无奈。学至于此，学生显然超越了学习的终点，奔向了另一个起点。

第二节　语文校本作业设计

校本作业是教师从学校实际出发，根据教学目标，将教材内容的理解、语文知识的感知、学习方法的探索等，通过作业的形式体现出来的教学方式，它包括课堂作业、课外作业两大部分。通过课堂作业的设计和实施，让学生在课堂作业实践中及时消化、扎实课内基本功训练，培养良好的语文学习习惯，掌握科学的学习方法；课外作业的设计和实施，目的是沟通课堂内外，拓宽语文学习和运用的领域，为学生创造语文实践的机会。它是教师为学生量身定做的，富有针对性和指导性。

语文课程是实践性课程，应着重培养学生的语言实践能力，而这种能力培养的主要途径也是语文实践。作业是语文实践的重要载体，是学生实现语言理解和语言运用同步的"操练场"。在实践中，教师关注学生的语言实践，优化校本作业设计，才能有效地促进学生语文实践能力的发展。

一、优选校本作业形式

（一）口头作业

口头作业是教师在课堂上使用较多的作业形式之一，以师生问答为主。课堂上的问答主要在3—5个学生之间展开，参与面有限，加上教师的提问和学生的回答没有具体的要求，因此基本上不会意识到问答也是作业，从而导致课堂很多时间淹没在教师和为数不多的几个学生之间所谓的理解交流和讨论中。事实上，要将课堂上的问答提升到作业的意识形态，教师提问明确，要求具体，学生的交流汇报安排妥当，每一次提问都能成为学生口头表达训练的操练场。如教学统编版四年级上册《麻雀》一课，让学生结合校本作业中的"预学作业"，说说老麻雀做了什么，给自己留下怎样的印象？然后让学生借助板书的提示，按照事情的发展顺序说说课文的主要内容。口头作业项目比较丰富，可以是读书、背诵、讲故事、辩论等，课外口头作业的项目更加丰富，如讲故事、背课文给父母听，到社区当义务讲解员等。

（二）书面作业

课堂上设计并实施一定量的作业，让学生在课堂上能切实进行语言文字的实践，能有效减少课外作业，减轻课外学习负担。课堂作业的类型主要是听写、生字书写、句型练习、课堂练笔等，时间10—12分钟，可以实现当堂完成，及时评议，限时修正。如教学统编版四年级下册《猫》的第1—2自然段，师生讨论猫的古怪时，抓住"老实、贪玩、尽职"等词，让学生用关联词连起来说一两句并写下来。学生当堂书写："猫的性格实在有些古怪，既老实又贪玩，既贪玩又尽职。""虽说猫挺老实，但是又很贪玩。可是说贪玩吧，它又那么尽职，真是古怪。"片刻之间，简洁的作业设计让学生的表达训练得到落实，帮助学生实现知识点的理性梳理，同时有效地进行了简单复句的练习。

二、把握校本作业设计功能

校本作业设计，无疑是学生学习过程中的关键环节，其在识记、巩固和提升三方面的功能尤为突出。首先，通过精心设计的校本作业，学生能够有效地识记课堂所学知识，将知识点内化于心，外化于行。其次，作业中的练习与反思，帮助学生巩固所学，查漏补缺，形成完整的知识体系。最后，校本作业更扮演着提升学生能力的角色，通过挑战性的题目和拓展性的内容，激发学生潜能，促使他们向更高层次迈进。因此，校本作业设计在学生的识记、巩固和提升过程中，发挥着不可替代的作用，是学生成长道路上的重要助力。

（一）识记功能

学习从识记开始，作业帮助识记。校本作业的识记功能主要体现在帮助学生记忆和巩固知识点。首先，校本作业的设计需要紧密围绕教材内容，包含课堂上讲解的关键知识点。学生在完成作业的过程中，必须反复回顾和使用这些知识点，从而加深对知识的记忆和理解。如教学生字时，对某一个笔画进行着重提示后，让学生立刻书写，印象就会深刻得多，避免出现错别字。通过不断的练习和应用，学生能够将知识内化为自己的认知结构，形成长期记忆。

其次，校本作业采用多样化的题型和练习方式，有助于激发学生的学习兴趣和积极性。例如，通过填空题、选择题、判断题等不同的题型，帮助学生从不同的角度和层面去记忆和理解知识。同时，一些具有趣味性和实践性的题目，如案例分析、实验操作等，能够让学生在实践中学习和记忆知识，提高识记效果。再如诗词赏析教学，学生分明能熟练诵读，却不能正确书写。如果教师设计相应的作业练习，让学生经历审题、答题的过程，学生识记的效果则会明显好很多。一位教师教学统编版六年级下册《游园不值》时，描绘了某处的春色，用"放大镜头"的方式强调一面墙上红色小花盛放的情景，请学生说说哪句诗体现这样的景象，学生口头交流后，再把诗句写下来。教学到这里，学生明白了诗句的含义，也记住这个千古名句:"春色满园关不住,一枝红杏出墙来。"

此外,校本作业还注重知识的系统性和连贯性。在设计作业时,教师会考虑到知识点之间的关联和衔接,将知识点进行有机的组合和串联。这样,学生在完成作业的过程中,不仅能够巩固单个知识点,还能够建立起知识点之间的联系,形成完整的知识体系。

校本作业的识记功能还体现在其及时反馈和纠正机制上。教师在批改作业时,针对学生的错误和不足进行及时的反馈和指导,帮助学生纠正错误,巩固知识。这种反馈和纠正的过程,能够让学生及时了解自己的学习状况,找出问题所在,并采取相应的措施改进,从而提高识记效果。

校本作业的识记功能是通过紧密围绕教材内容、采用多样化的题型和练习方式、注重知识的系统性和连贯性以及及时的反馈和纠正机制等多种方式实现的。这些方式共同作用于学生的学习过程,有助于提高学生的识记效果和学习能力。

(二)巩固功能

遗忘规律的理论,指导教师要适当运用作业来达到巩固学生知识与能力的作用。首先,校本作业通过紧密结合课堂教学内容,帮助学生巩固课堂所学知识。每一份校本作业都是根据教材章节和课堂讲解内容精心设计的,旨在覆盖课堂所学的关键知识点。学生在完成作业时,需要对所学内容进行回顾和整理,从而加深对知识的理解和记忆。如教学统编版四年级上册《呼风唤雨的世纪》时,学生结合生活对"发现"和"发明"有了一定的理解后,教师出示练习题:"爱迪生在反复实验中_____了钨丝发光的优越性,最终_____了电灯,为人类造福。"学生调用已有经验和语言为新的表达目的服务,在作业中得到巩固。这种有针对性的练习有助于学生在脑海中形成知识网络,使知识点之间的联系更加紧密。

校本作业通过多样化的题型和难度层次,满足不同学生的巩固需求。在设计校本作业时,教师会考虑到学生的个体差异和学习水平,设置不同难度梯度的题目。这样,每个学生都能在自己的基础上得到有针对性的练习，从而提高学习效果。同时，多样化的题型也有助于激发学生的学习兴趣和积极性，使他们在完成作业的过程中不断挑战自己，提高能力。

校本作业的巩固功能也体现在及时反馈和纠正错误两方面。教师在批改作业时，会对学生的答案进行认真分析和评价，指出其中存在的问题和不足之处。学生根据教师的反馈，可以及时了解自己在知识掌握和解题技巧方面的不足，并进行针对性的改进。这种及时的反馈和纠正过程，有助于学生巩固所学知识，提高学习效果。

作业巩固功能的实现，有助于提高学生的学习效果和能力水平。

（三）提升功能

校本作业在提升学生能力方面还有着特殊的作用，主要表现在：校本作业有助于提升学生的基础知识和技能。通过设计紧贴教材内容和教学目标的校本作业，学生可以巩固和复习课堂上学到的知识点，加深对基本概念和原理的理解。同时，校本作业中的练习题可以帮助学生掌握各种解题技巧和方法，提升他们的解题能力。

校本作业还有助于培养学生的思维能力。在完成校本作业的过程中，学生需要运用所学知识进行分析、推理、归纳和演绎等思维活动。这些思维活动可以帮助学生锻炼逻辑思维、批判性思维和创造性思维，并提升他们解决问题的能力。

校本作业还有助于提升学生的自主学习能力。通过独立完成校本作业，学生可以逐渐养成自主学习的习惯，学会制订学习计划、合理安排时间、寻找学习资源等。这种自主学习能力的提升，不仅有助于学生在当前阶段取得更好的学业成绩，还有助于他们的终身学习和个人发展。

在一些需要小组合作完成的校本作业中，学生可以学会与他人分工合作、进行有效的沟通和交流。这种合作与沟通能力的培养，对于学生在未来的学习和工作中与他人协作、共同完成任务具有重要意义。

综上，校本作业显现了多方面的积极作用，包括提升基础知识和技能、培养思维能力、提升自主学习能力以及发展合作与沟通能力等。因此，学校和教师应该重视校本作业的设计和实施，确保其能够充分发挥教育价值。

三、坚守校本作业设计的原则

校本作业设计的目的是提升学生的综合素养，激发学生的学习兴趣和热情，为学生的全面发展奠定坚实基础。因此，校本作业的设计，既要体现教材的精髓，紧扣每一单元的核心主题，确保学生在完成作业的过程中深化对课堂知识的理解与应用；又要立足于学生的个性化需求，因材施教，让每个学生都能在适合自己的学习节奏中取得进步。教师要通过设计富有生活气息的校本作业，有效地沟通课堂内外，打破学习的界限，让学生将所学知识灵活运用到实际生活中。

（一）紧扣单元主题，拒绝设计泛化

在校本作业设计中，体现"紧扣单元主题，拒绝设计泛化"的原则至关重要。以下是一些具体策略，以确保校本作业紧密围绕单元主题，避免泛化设计。

1. 明确单元主题与目标

教师应深入解析教材，明确每个单元的主题和教学目标。如统编版三年级下册第一单元的作业设计，教师围绕"可爱的生灵"这个主题，紧扣单元教材《燕子》《荷花》《昆虫备忘录》等，将文本勾连学生生活，带领学生一边阅读一边想象画面，体会文中优美的语句，再通过作业达到巩固与强化的作用。紧扣单元主题，有助于教师精准把握单元的核心内容，把握作业设计的方向。

2. 作业内容紧扣主题

在选择题型时，应确保题目内容紧密围绕单元主题。如在统编版三年级下册第七单元主题为"奇妙的世界"的教学中，教师指引学生发现宏大而神奇的自然世界，强化学生对大自然的好奇心和探究欲。教师设计作业时，要紧扣教学内容，设计填空题、选择题、思维导图、简答题等，要求学生运用

单元知识来回答与主题相关的问题。如《我们奇妙的世界》，可以设计这样的作业："说说课文从哪几个方面写了天空和大地，为什么说'一切看上去都是有生命的'，请学习小组结合思维导图的绘制过程进行讨论。"学生在作业中使用的素材与单元主题密切相关，在解决问题的过程中又加深对主题的理解。设计作业时，题目具体明确，使学生能够清晰地理解题目要求，并运用所学知识进行解答，确保作业的质量和学习的效果。

（二）立足学生需要，分层作业设计

同一个学校不同的班级，同一个班级不同的学生，对作业需求也是不同的。教师难以做到满足每一个学生，但是在对学生的学习水平、兴趣爱好和个性特点进行分析的基础上，可以根据学生在学习上的优势和不足，进行分层、弹性作业设计。

1. 学生分组

按照学习能力及自我意愿把小组学生分为1号、2号、3号三个"层级"。每组1号语文学习能力较弱；2号基础扎实，语文能力较强；3号基础扎实，但学习能力不强，教师为学生设计相应的三个层级的作业。每位同学必须完成相应层级的作业，再挑战更高层级的题目。2号同学还可选择当3号同学的"小老师"，根据陶行知"小先生制"的理论，做"即知即传人的小先生"，将教会同学视为完成更高层级作业。学生一周累计五次完成更高层级的题目（包括当"小老师"），则可晋级一个层级，若累计五次未能完成本组题目，则降一级。

2. 作业分层

作业分层和弹性主要表现在：难度分层、数量增减、自主选择、分层动态。如统编版四年级上册第三单元"观察日记"的分层作业设计，教师设计1—3题，让1—3号学生根据自己的需要弹性选择。第1题，阅读资料袋中"图文结合式"和"表格式"的观察日记，说说两份资料的内容是什么，并模仿其中一种续写日记；第2题，最具挑战性，学生在第1题的基础上，要比较两种形式的观察日记内容和形式的差异，并迁移绘制一份观察日记的表格；3号学习能力较弱，可以采用填空式的方式去补齐内容，在了

解内容的基础上认识两种图表的特点。这样的分层作业设计能使大部分学生更有做作业的积极性,学生愿意挑战难题,获得成就感。

(三)链接课外生活,沟通课堂内外

语文校本作业在链接课外生活、沟通课堂内外方面发挥着至关重要的作用。在语文校本作业中,教师可以积极引入生活素材,让学生结合自己的生活经验来理解和应用课堂知识。例如,可以设计观察日记作业,让学生观察身边的事物,记录自己的所见所闻所感,或者设计社会调查作业,让学生调查当地的传统文化、风俗习惯等,深入了解社会的多元性。

1. 从读学写

阅读是语文学习的重要内容,而写作是表达思想、沟通情感的重要手段。教师可以设计一些阅读与写作相结合的校本作业,让学生在阅读课外文章后,进行仿写、续写或写读后感,从而提高学生的阅读能力和写作水平。同时,鼓励学生分享自己的作品,促进课堂内外的交流。

2. 跨学科实践

语文与其他学科有着密切的联系。教师可以设计一些跨学科的综合实践作业,让学生在完成作业的过程中,运用多学科的知识和方法。例如,设计以环保为主题的综合性作业,让学生结合语文、科学、劳动等学科的知识完成作业。沟通课堂内外,使学生在实际生活中提升语文能力,同时增强对语文学习的兴趣和热情。

四、"学练合一"的小学语文校本作业设计案例[1]

语文是一门实践性很强的学科,但语文课上仍存在"教得多练得少""教学与练习脱节"等现象。怎样把教学与语言训练相结合,切实提高学生的语文实践能力,是众多语文教师共同努力的方向。教师要借助语文校本作业这个载体,实现语文教学的"学练合一",有效落实学生的语

---

[1] 高玉梅."学练合一"的小学语文校本作业设计[J].新教师,2017(6):53—54.

文实践活动。

（一）紧扣课堂教学主线，凸显"学练"的对应性

语文校本作业不是备课组教师"真分工假合作"的"习题集"制作，而是教师为自己的学生量身定做的作业。它紧扣课堂教学主线，与教学内容对应，创设言语训练的具体语境，规定了学习内容和学习方式等。

1. 配套环节

语文校本作业一般由"课前预习""课堂练习"和"课后拓展"三大部分构成，每一部分与课堂教学环节大致匹配。课堂上，教师导入新课配套使用"课前预习"，为新课拉开序幕。随后，在对关键语句的品析中实施"课堂练习"，题目有口头练习，也有书面练习，有语句赏析，也有读写迁移，教师"教什么"就让学生跟进"练什么"，教学结束时布置"课外拓展"，把学习延伸到课外。

阅读教学能在校本作业中体现，也就是说，一堂课的教学环节能通过校本作业大致看到，或者说，透过校本作业能回放课堂经历了哪些环节。

2. 关联目标

相对"教学环节"而言，校本作业不需面面俱到，但有一定的对应性是必须的。例如，统编版四年级上册《盘古开天地》要求学生在阅读中了解盘古开天地的故事内容，感受鲜明的人物形象，之后能用自己的话讲述这个故事。教学目标中的每一项要求，几乎都能在校本作业中找到对应的内容。教学中，教师首先出示校本作业题，让学生结合文本提炼出四个词语对应作业上的4幅插图，当学生依次填写"混沌沉睡""开天辟地""顶天立地""身化万物"后，再让学生用自己的话，连起来说说故事的主要内容。这个环节中的校本作业作为实现教学目标的载体，体现了教学与校本作业的关联，学生训练内容都是具体的，避免了"学练"的盲目性。

3. 聚焦重点

阅读中的教学重难点，是一篇文章的"关键部位"，从本质看，相当

于一个读写能力或一个训练项目。[1]校本作业的编制关联教学目标，教学重难点内容便成为设计作业题目的重点考量部分。

如统编版五年级上册《桂花雨》中第4自然段"浸"字的赏析，是教学的重难点，自然也成为校本作业设计的焦点。教学中，引导学生找出带有"浸"字的语句，联系实际说说人们一般把东西浸泡在哪里，并用"_____沉浸在桂花的香气里"的句式描绘桂花的香气，让学生借助插图、联系生活等方法描述村子里无处不在的桂花香。随后呈现校本作业题："_____浸透了桂花的香气。"以"关键部位"为突破口，着眼于某一内容或某一能力的训练而编制作业，不但能让学生感受到"浸"字的妙用，并在具体的语言环境中悟出桂花香里浓浓的乡情。

（二）重视学生主体，兼顾"学练"的多样性

学生的语文实践能力包括听、说、读、写等诸多方面。校本作业要实现各方面能力的发展，不但要结合文本的重难点部分精心编制题目，而且要考虑学生主体的需要，设计形式丰富、内容有趣的题目。

1. 形式丰富

语文校本作业从作业类型看，可分为口头作业和书面作业；从答题方式来看，分为填空题、选择判断、问答等；从内容看就更丰富了，有拼音读写、字词填空、读写练笔、拓展阅读、链接生活等。学段不同，文体不同，主题不同，题目的编制也不同。

同样是生字词训练，低年级学生采用"田字格"拼写，是低年级工整规范的书写要求决定的。高年级学生学习生词，要"会读会认会写会用"，因此进一步提出"选用两三个词语说几句跟课文内容相关的话"的要求。形式多样的题目才能调动多种感官的参与，提高学生语文实践活动的兴趣。

2. 内容趣味

语文学习应该是快乐的，语文作业同样需要趣味，一些充满趣味的题目

---

[1] 刘仁增. 语用：开启语文教学新门[M]. 福州：福建教育出版社，2015.

会激发学生答题的兴趣。[1]如教学统编版三年级下册《蜜蜂》，在学生了解法布尔所做的关于"蜜蜂辨别方向能力"实验步骤后，让学生分组扮演"法布尔"和记者，以新闻发布会上接受记者问询的形式，进行思辨性的阅读与思考。

记者（角色扮演，下同）：为什么要在蜜蜂身上做白色记号？

法布尔（角色扮演，下同）：区分实验和非实验的蜜蜂。

记者：为什么要让小女儿守在蜂窝旁？

法布尔：要知道飞回来的蜜蜂的时间和数量。

记者：在"四公里"的距离放飞蜜蜂，这是什么原因？

法布尔：如果是四公里以内，距离较短，蜜蜂可能会靠记忆力飞回；如果超过四公里，距离较远，可能在飞回来的途中发生什么意外，影响实验的效果。

小学生喜欢形式多变、内容有趣的作业。角色扮演中的过程，学生在提取文本内容的基础上，联系生活实践，深入思考实验的合理性和科学性，深度学习才能发生。再者，类似角色扮演的学习方式，是学生喜闻乐见的，题目有趣，答题的过程更有趣，学生必将乐在其中。

3. 对象分层

设计语文校本作业时，教师可编制面向全班的普适性作业，也可设计针对小部分学生的个性作业，让不同层次的学生都能拥有适合自己的练习材料。

如统编版五年级下册《草船借箭》校本作业，如下所示：

☆题：

《草船借箭》中写到（引用文中描写诸葛亮举动的语句），读到这里，_____

---

[1] 马之先. 小学语文命题探索[M]. 合肥：安徽大学出版社，2015.

☆☆题：

《草船借箭》中写到（引用文中描写诸葛亮以外的人举动的语句），读到这里，_____

☆☆☆题：

《草船借箭》中写到（《三国演义》其他章节中能体现诸葛亮人物特点的相关内容），读到这里，_____

对大部分学生来说，学生完成☆题"引用文中描写诸葛亮举动的语句"谈谈人物的特点，就达到了"能抓住描写人物的相关语句，体会人物特点"的教学目标。但是，教师考虑学生的差异，提供☆☆题、☆☆☆题让学有余力的学生能从其他人的角度或引用其他篇章、相关资料等方面来谈自己对诸葛亮的认识。不同层次的作业设计让不同层次的学习对象都能得到相应的训练。

（三）注重感悟和运用，彰显"学练"的实效性

语文课程标准指出，语文教学要注重语言的积累、感悟和运用，注重基本技能的训练，给学生打下扎实基础。语言文字训练是阅读教学永恒的主题，其中最重要的是语感的训练。而校本作业是学生语言训练的载体，就是要让学生通过作业在语言的感悟和运用中提高语感。

1. 支架辅助

统编版四年级上册《麻雀》的教学中，让学生先找出文中描写对象，填写在相应的位置，理清人物关系（如图8-1），再说说课文主要内容。以校本作业为支架，学生按一定的逻辑填写出"老麻雀、小麻雀、猎狗、猎人"等描写对象后，再说说他们之间发生了什么事，就很容易说清楚课文的主要内容，并理解这是按照事情发展顺序的写作方法。

学习活动

课文写到了谁，填写在下面的括号里，并说说他们之间发生了什么事？

```
                    （老麻雀）
    （作者）
              （猎狗）——————（小麻雀）
```

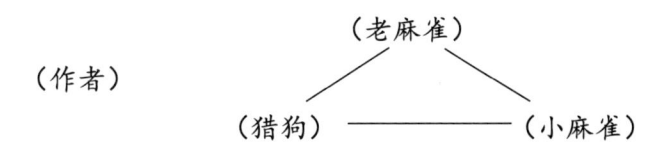

课文是按照<u>事情发展顺序</u>的描写把事情写清楚的。

图8-1　《麻雀》人物关系图

2. 语境实战

校本作业编制的多样性和趣味性，为学生感悟和运用语言创设了具体的语境，提供了言语操练的平台。如教学统编版四年级下册《记金华的双龙洞》，有老师设计题目如下。

从"轻、响、高、低、欢快、舒缓"中选择合适的词语填入句子：溪流声时时变换调子，时而_____，时而_____，时而_____，时而_____。

选择词语填空，看似不难。但是朗读句子时，学生发现了填词是有所讲究的。如果都选单音词，程度上要先"轻"后"响"，先"高"后"低"，或反之，才有层次感；如果单音词和双音词兼有，须先"单"后"双"，还得考虑"高与欢快""低与舒缓"或"轻与舒缓""响与欢快"的对应，如此才有节奏感。校本作业彰显了语言文字训练的实效性，学生完成作业的过程，已然历经一场语感的实战训练。

3. 学练合一

陶行知先生在《教育的真谛》中阐述了"教学做合一"的理念，提出"要在做上教，在做上学"的主张，这对于语文教学同样具有重要的指导意义。如同游泳必须在水中进行，语言实践能力的培养也需在言语实践中习得。语文校本作业既可以当作"教学前测"，亦可作为"当堂检测"，教师可以"边教边练",学生可以"边学边练"。

以语文校本作业作为载体的语言训练,是一种教学手段,更是"学练合一"教学理念的体现。把语文教学和言语训练紧密地结合起来,既便于教师的教学实施,也利于学生在言语训练中提升语文素养。

第三节　单元整体视域的情境性作业[1]

根据语文课程标准,语文课程的教学主要以学习任务群形态来呈现,而单元整体教学设计非常适合学习任务群课堂教学形态。单元整体教学以"单元"为结构单位,有助于教师以整体的视角审视一个单元教学内容的学科育人价值和意义。

基于单元整体情境作业设计,以教材、课程标准为依据,把握单元各课内容的逻辑关系,构建提升语言文字运用的任务群,以具体情境为载体,以核心任务为主要内容设计作业,通过具体的语文实践活动培育学生的学科核心素养。教师可以充分认识到学生应该在积极的语言实践活动中,通过真实的语言应用情境获得语文知识和语文能力,思维方法以及情感、态度、价值观等。

一、情境性作业的提出

单元,不仅仅是教材中的"单元",更是教师基于学生核心素养的培养,从"单元主题、教学内容、教学目标"三个方面对单元做整体的解构,再集合单元的资源和针对学生实际情况而设计的语言文字实践的情境,既帮助学生提升对单元整体的理解与研究,又使得单元教学更具有系统性。在此基础上,主题、情境、任务构成了情境性作业设计的三个核心要素(图8-2)。

---

[1] 高玉梅. 单元整体视域下的语文情境性作业 [J]. 教学与管理,2023(2):60—62.

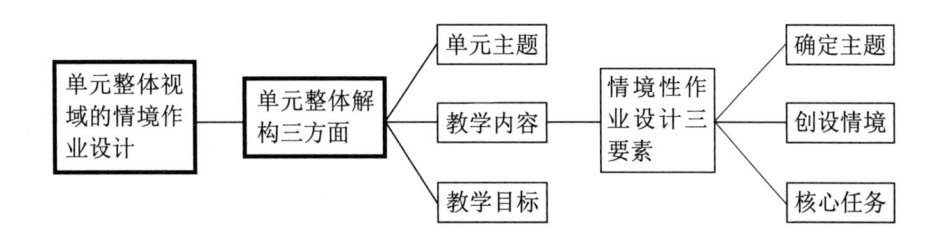

图8-2　情境作业设计的三个核心要素

情境认知理论认为，知识和技能是根植于真实情境中的，没有脱离情境的知识和能力。或者说，只有在具体、真实的情境中习得的知识和掌握的技能，才有可能是"学得会""带得走"的知识和能力。在信息技术高度发展的新时代，要求核心素养的培养应摒弃机械的知识学习与技能练习，转化为真实而复杂的任务情境下具体的学习实践活动。因而，教师要根据单元的人文主题和语文要素整合教学内容，创设真实的学习情境，让学生在语文实践活动中完成具体的学习任务，并以可视化成果的形式呈现学业成就。[1]

统编版五年级下册第二单元是"读古典名著，品百味人生"人文主题，包含"初步学习阅读古典名著的方法"和"学习写读后感"等学习任务。教师通过对单元任务进行解构，明确教学主线是阅读古典名著的方法，核心任务是"读后感"的练习。通过作业设计把"读后感"的写作和阅读理解整合，最终学生以读后感"呈现学业成就"。那么学生在"你要学习的东西将实际应用在什么情境中，那么你就应该在什么样的情境中学习这些东西"的情境认知倡导理念下，从"阅读+感受——再阅读+再感受"中掌握和运用阅读名著的方法，并落实读后感的写作能力训练（如表8-1）。

---

[1] 荣维东，刘健勇．语文学习情境的学理阐释与创设策略[J]．语文建设，2022（5）：14—18．

表8-1 单元整体视域的情境作业设计——统编版五年级下册第二单元

单元内容解构		情境作业设计		核心素养培养
主题	读古典名著，品百味人生。	主题情境	读名著，写"读后感"。	1. 能运用各种阅读方法阅读名著，愿意畅谈读书体会； 2. 在分享读书体会的过程中，借助作业设计架构起读后感写作的支架，并能完成"读后感"。
内容	《草船借箭》《景阳冈》《猴王出世》《红楼春趣》四篇课文阅读链接、口语交际、习作、语文园地，快乐读书吧等。	情境作业	阅读名著相关章回，分享读书体会； 读人物，谈感受； 读相关章回，谈感受； 读历史背景，谈感受。	
任务	1. 初步学习阅读古典名著的方法； 2. 学习写"读后感"。	任务清单	1. 运用联系上下文、猜测语句、借助资料、联系生活经验等方法阅读名著相关章节； 2. 借助语言的表达支架，畅谈读书体会：读到（相关语句），我认识了_____，我体会（联想起）_____。	

二、情境性作业的特征

单元整体视域的情境作业指向单元目标的达成，它根据单元语文要素和相关的语文学习任务、活动或问题场景，营造出学生在具体情境中进行真实有效的语言学习实践。因而情境作业一般蕴含以下特点。

（一）真实性

真实性是情境作业设计的重要特征。"真实"指学习情境最好来自真实的生活，学生所面对的学校、家庭和社会生活，尽可能与学生的生活、经验、情感发生关联。如统编版四年级下册第五单元是写景类习作单元。根据单元的核心任务"按照游览顺序把印象深刻的景物写具体"设计作业："作者按照一定顺序、抓住特点描绘出了祖国的壮丽河山。让我们学习按照顺序介绍家乡的一处景物的方法，做美丽家乡的代言人吧！"做"家乡代言人"情境作业把教材内容和学生的生活联结成有意义的整体，学生得以在做代言人的真实情境中习得"按顺序""写清楚"的写作步骤与方法，树立起习作的信心，也感受表达的乐趣。当然，情境的真实性也可以是学生未来可能遇到的某种生活情境。情境的真假，并非要求它真正出现在生活中，而在于它反映了生活，激发了学生在语文实践中解决问题的热情。

（二）驱动性

在一个以目标为导向的情境作业中，必然伴随着挑战性任务。具有一定挑战性的作业创设的情境，能引发学生内在的"认知冲突"，往往会引导学生成为参与者，积极去寻求合适的方法解决问题。如统编版六年级下册第四单元关于小说的人物形象感知的学习中，对于《在柏林》一课中战时预备役老兵一段话的学习讨论，教师通过作业把学生的生活经验与阅读材料的冲突呈现出来（表8-2）。

表8-2　《在柏林》情境作业

老兵对老妇的评价	想象老兵当时说话的语气，选择合适的打"√"	用足够的理据说明自己的观点	文中老兵语言描写的相关语句，使用句号而不是感叹号
可怜	愤怒（　）　悲伤（　） 无奈（　）　其他＿＿		预设讨论的结果：一个国家卷入战争，谁也不能幸免，愤怒无济于事。人类是命运共同体，呼吁和平反对战争。

面对问题情境和挑战性任务，学生的讨论从战争中一位老兵的家庭遭遇，体会他对妻子的担忧与牵挂，对战争灾难的悲伤与无奈，再引发学生联想到世界地球村，人类命运共同体。"在此过程中，学生既调动了认知，又调动了情感，培养的是高阶思维和创造能力。"[1]挑战性的作业融入了核心知识与关键能力的培养，有效激发了学生的思辨思维，很好地释

---

[1]　汪潮.关于实施"语文学习任务群"的前提性思考[J].语文教学通讯，2022(15)：13—16.

放出学生学习的激情。

（三）有效性

情境认知理论强调以学习者为主体，倡导通过实践的方式组织教学。喜欢新奇、有趣的事物是学生的天性，富有情趣的情境，更能满足学生的需要、激发学习的兴趣。教学统编版五年级下册第八单元"言语智慧"时，把体会人物言语智慧与讲述智慧人物故事的单元要素整合起来设计，作业有主题、有目标、有情境，也有任务。

——当天晚上，杨父回家了。杨氏之子眉飞色舞地把白天自己接待孔君平，并就俩人都在姓氏上做文章的事告诉父亲。他说——

——有一天，孔君平遇到杨氏之子的父亲。想起杨氏子"甚聪慧"的表现，便意犹未尽地讲起那天的事——

——如果杨氏之子是我们班的同学，你愿意和他交朋友吗？请说说具体的理由。

寻找儿童感兴趣的话题来设计作业并不难，关键是教师必须有一颗与儿童一样的共情心和同理心。[1]这样的作业一改过去"汇报课文主要内容""说说杨氏之子是个怎样的孩子"的刻板表达，变为"讲故事""交朋友"的有趣话题。学生经历阅读文本资料，加工整理信息，表达自己观点的过程，实现知识的情境转化和语文能力的现场生成，构成富有情趣的学习活动过程。

三、情境性作业设计的策略

单元整体视域的情境作业设计视"单元"为"整体"，因而作业设计要围绕单元目标，整合单元内容，聚焦单元的训练点，确保设计出富有实效性的作业。

---

[1] 周一贯."尝试性"：作业设计减量提质的要策[J].语文教学通讯，2022(15)：10—12.

（一）明确目标策略

教学目标是设计情境作业的灵魂。设计情境作业时要牢记学生核心素养目标，使作业始终为实现特定的教学目标服务，注重充分发挥教学目标的导向、调控和聚焦功能。如教学统编版四年级上册第五单元"把事情写清楚"，单元内容涉及2篇例文及习作等方面的内容和要求，面临单元内容复杂性、丰富性与目的性、功能性、指向性之间的矛盾，只有教学目标明确的作业设计才能靶向核心。某教师把本单元的教学目标定位为"把一件事情写清楚"，并设计与之相适应的词语整理课、阅读整理课和习作整理课等，让学生置身"小故事，大作家"情境中，朝着既定的目标，争做一名能把事情写清楚的"大作家"（如表8-3）。

表8-3　"把事情写清楚"情境作业

单元目标	课型	学习任务	情境作业设计
把一件事情写清楚	字词整理课	运用连动词，按一定顺序写清楚"谁""做什么"。	1.观察"包饺子"画面，至少使用三个连动词写出画面人物包饺子的过程；2.用同样的方法写自己做过的一件事，注意把动作写具体。
	阅读整理课	学习按照起因、经过、结果，把事情写清楚的方法。	选择一件印象深刻的事情，按照"起因、经过、结果"或"结果、经过、原因"的顺序，写一个习作提纲。
	习作整理课	修改自己的习作，能把一件事情写清楚。	"大作家"按照要求，写自己的"小故事"，并当众讲述自己的小故事，师生互评。

课型不同，课时内容不同，但"大作家"们努力要完成的任务是一脉相承的。这需要教师在设计作业时将教学目标分解，如果目标定位不准或内容太多，设计过多的学习要素和学习活动，学生会感到负担太重，从而影响教学效果。

（二）内容整合策略

诚如语文课程标准所指出的，语文学习情境源于生活中语言文字运用的真实需求，服务于解决现实生活的真实问题。创设情境，应建立语文学习、社会生活和学生经验之间的关联，符合学生认知水平；应整合关键的语文知识和语文能力，体现运用语文解决典型问题的过程和方法。因此，处理教材、组织课堂，设计作业都必须注重"整合"。

以统编版五年级下册第六单元"了解人物思维过程"的教学为例，常规的教学一般会逐课认识孙膑、船长等人在赛马和救孩子过程中的想法和做法，然后进行单元习作。虽然可以让学生完成学习任务，但学习环节设计生硬，缺乏整体性。注重"整合"的情境作业设计则可以很好地规避以上问题，在（创设）"我是神奇探险家"活动中，教师以课文为例，重整单元内的各篇课文，用"任务清单"把学生引向神奇的探险之旅（如表8-4）。

表8-4 "我是神奇探险家"情境作业

单元目标	单元任务	任务清单	情境作业设计
了解人物思维过程	字词整理课	阅读单元各篇课文的相关段落，认识各篇课文的主要人物（鬻矛和盾者、孙膑、船长等）、把握主要事件，了解不同人物的具体做法。	《　　》的主要人物是＿＿，主要事件是＿＿，主要做法是＿＿。
了解人物思维过程	阅读整理课	用图式、文字或其他方式呈现不同人物的思维过程，分析产生思维的先兆、过程和结果，讨论当时的环境对他们的影响。	《　　》的人物想法（做法）是＿＿，他（她）这样想，是因为（看到、想到）＿＿。 我觉得这个做法好在＿＿。
了解人物思维过程	习作整理课	编创一个惊险刺激的探险故事。	从探险故事的"场景—装备—探险伙伴—险情①险情②（详细说明险情发生的先兆，发展的过程，脱险的方法、步骤、结果等）"多方面进行讲述，并完成习作。

字词整理课的"任务清单"运用了"整合策略"，让学生选读目标

单元的课文，学习从同质的阅读材料中获取相应的信息，阅读整理课和习作整理课的"任务清单"则在整合各篇课文、不同人物的思维过程中，提升对单元整体的了解：单元内容——了解人物的做法与思维过程；单元目标——通过人物描写的相关语句分析人物思维的角度、方法和思维品质；单元任务——学习作者描写人物思维过程的方法，并创作"探险故事"，重点把排除险情的思维过程描绘出来。由此可见，学习的过程都指向人物思维过程的分析和表达，学生的语言文字训练有了聚焦点。

（三）任务聚焦策略

一个单元的内容往往表现为主题广、文本多且内容泛，教师采取聚焦策略，整合学习内容，凝练学习任务和目标，在设计"主情境""主任务""主问题"中，把其他学习元素有序分解在主线的各项学习活动中，学习将事半功倍。如统编版四年级上册第八单元的教学中，教师把教学聚焦于主任务——简要复述课文，围绕主问题"如何简要复述"展开，再根据评价标准进行"长话短说、突出要点、情节完整"的学与练。以本单元课文《西门豹治邺》教学为例。

——在课后习题的括号内填上合适的词语，了解故事的主要情节：（询问老者）—（惩治恶人）—（兴修水利）。

——选择其中一个情节，用自己的话说说西门豹的做法，注意长话短说；在小组中，练习用同样的方法说说描写西门豹的其他语句。

——结合"长话短说—突出要点—情节完整"的评价标准，对自己或同学简要复述《西门豹治邺》，并进行评议。

伴随"简要复述"的学习进程，识字写字巩固、体会人物形象随机进行，不喧宾夺主。高度聚焦任务的作业设计把学生的学习靶向一个目标，他们充分地接触简要复述，从内容到方法学得扎实，练得到位。

综上所述，学生核心素养既是情境作业设计的出发点也是归宿。单元整体视域的情境作业设计体现了语文课程标准的精神，让学生在富有"情境性、实践性、综合性"的语文实践中涵咏文字、锤炼能力，从而促使学生核心素养的发展。当然，与作业设计相关的问题，如主题情境是否恰切、难易是否得当、批改讲评有无标准等亦是情境作业设计的重要考量方面，限于篇幅，另做他述。

第四节 运用校本作业培养学生的审美创造力[1]

2021年4月，教育部办公厅发布的《关于加强义务教育学校作业管理的通知》提出要创新作业类型方式，合理布置书面作业、科学探究、体育锻炼、艺术欣赏、社会与劳动实践等不同类型作业；提高作业设计质量，将作业设计作为校本教研重点，系统化选编、改编、创编符合学习规律、体现素质教育导向的基础性作业。其中"创新作业类型方式""体现素质教育导向"等，旨在呼唤教师重视作业设计的质量，发挥作业的育人功能。基于学生核心素养培养的需求，根据语文课程标准中"以具体情境为载体，以典型任务为主要内容设计作业，通过多样的语文实践活动，激发学生的学习兴趣"的要求，笔者积极推进校本作业研究，让学生在具体的情境中进行语言实践，从而培养学生具有初步的感受美、发现美和运用语言文字表现美、创造美的能力。

一、校本作业的审美教育功能

语文是一门兼具工具性和审美性的综合性基础学科，其工具性重在提高学生的语言文字能力，审美性则以陶冶学生的情感生命为主要目标。随着语文课程标准的出台，教师更重视审美性教育的研究，并把它融进日常的教学研讨中。根据学生的审美需求，从培养审美理解力、审美联想力、审美创造力等方面着手，通过校本作业创设的语言情境落实学生在语境中"感受、理解、欣赏、评价语言文字及作品审美，获得较为丰富的审美经验"的培养

---

[1] 高玉梅. 运用校本作业培养学生的审美创造力[J]. 新教师，2023（3）：46—47.

目标。

（一）培养审美理解力

审美理解力就是审美主体对审美对象的总体把握与认识的能力。[1]它不是抽象的概念认识，而是对审美对象的直接感知并自然产生的个性体验。对于教材中的文本，不同的学生有不同的审美理解，理解不同，意义就不同。有人说"一个读者就有一千个哈姆雷特"，但是教学倡导对文本的意义进行"合理性"理解，即应有的"社会价值"的理解。如有的学生读《铁杵成针》可能会说："怎么可能把铁杵磨成针！就算是根铁丝也难以磨成针啊。"教师应该意识到要想培养学生的审美理解力，首先要指导学生理性阅读文本，学习如何捕捉文本内容、认识人物和把握故事情节等；其次要培养学生理解文本的象征意义及其蕴含的时代精神、民族意识和哲学思想等，比如《铁杵成针》的教学应是让学生"读小故事悟大道理"，在故事里体会中国人骨子里"有志者事竟成"的坚韧信念。还有对文本的表现形式的把握，如季羡林的《月是故乡明》中写了童年趣事，强调了家乡的月亮是"小月亮"时，不惜笔墨地赞美"他乡月""他国月"的美妙绝伦。因此，教师设计作业让学生从"文章表现形式"的角度，去感受季老先生运用"对比"写法烘托出自己对"小月亮"、对家乡的热爱以及童年月光下对往事的追思。作业的设计注重包括对语句的理解、文章意蕴的整体把握，才能促使学生在作业实践中感受"文本表现形式"的审美价值。

1. 发展审美联想力

审美联想可以把教材的语言文字转化为具体的形象，不仅可以填补文本的空白，还可以帮助学生勾画出相关的情节，在联想中享受自我实现的愉悦。都说阅读是作者与读者"对话"的过程，作者为了让读者参与文本的创作过程，总要给读者留下联想的空间。教师要利用教材让学生体会

---

[1] 何秀莲.结合语文教学培养审美理解力[J].吉林工程师范学院学报（社会科学版），2006(4)：48—49.

作者的联想方式。如《咏柳》中"不知细叶谁裁出，二月春风似剪刀"中"细叶"和"春风"两者的关系，就要依靠读者从眼前的细叶，推想出春风是如何温暖地催发新芽绽放。再如《走月亮》一文中"细细的溪水，流着山草和野花的香味，流着月光"的语句，作者用听觉沟通味觉，让细细的流水声中氤氲"山草和野花的香味"，再用味觉沟通视觉，于山村独有的"香味"中看流淌的月光。教师要引导学生把所有感官都沉浸在文本所描绘的画面中，通过联想领略文本带来的视觉美、味觉美、听觉美。

之后，按照规律进行联想力的训练。联想有非审美联想和审美联想之分。非审美联想相当于心理学上的自由联想，这是一种偶然的、随意的、杂乱的、不定向的联想。[1]而审美联想是按一定主题、定向的、浸润式的整体情境的联想。仍以《走月亮》的语句为例，学生不能单独地看"细细"一词，否则可能会理解为"天旱水涸"或"水流极小"。当学生把它放在整个句子的情境中去联想，便会想象到山村静谧的夜晚，溪流泛着月光，飘着花香，一路向前，一路浅吟低唱。基于一定主题的定向联想，对文本进行体味和补充，学生必将感受到强烈的审美愉悦。

2. 提高审美创造力

创造美是审美教育的实践化。教师要启迪学生创造美的智慧，训练学生创作美的能力，贯穿于审美教育的整个过程。校本作业提供了语言实践的具体情境，让学生在作业中展现理解与思考的过程，表达自己的观点与情感。因此，作业的设计要重视学生审美创造意识的培养，鼓励学生走进生活，乐于思考，积极实践。当学生回答问题后或作业填答过程中，教师不要满足于正确答案，而是鼓励学生往前一步"说说你是什么想的""换一个角度去看这个问题，会是怎样的"。

引导学生用正确的观点去发现美、创作美。如《昆虫备忘录》的校本作业设计，教师让学生填写文中的拟声词"嚓""嗡——扑"等字词，

---

[1] 樊海清.语文教学与审美联想力的培养[J].赣南师范学院学报，2003(2)：126—128.

并思考："'噌'的一声令人感受到复眼昆虫的机警，'呜——扑'则会让你想象出独角仙怎样的出场画面？有人说独角仙又丑又笨，你有什么看法？"校本作业的设计主题鲜明，着力引导学生发现不同动物在外形、习性等方面的差异。基于正确审美价值观的引导，学生的审美智慧得到启迪，有的学生写到："看一个人的文明程度，要看他对待动物的态度。不同的动物没有可比性。像人类一样，每个人特点都不一样，高矮肥瘦，饮食习惯，兴趣爱好等都不一样！"有的学生写到："独角仙没有蝴蝶那样斑斓的翅膀，也没有蜻蜓那样窈窕的身姿，不也会像蜜蜂一样酿出蜜来。但它就是独角仙，大家不同，大家都好。"学生在作业实践中，将迸发出创作美的激情，展现出启迪创作美的智慧。

二、在校本作业中培养审美创造力的基本原则

语文课是一座辉煌的殿堂，校本作业是学生徜徉美丽殿堂的指引，用校本作业营造的主题情境、提供的路径和方法，学生可从整体到局部、布局到细节，从形式到内容去挖掘语言文字的审美因素，不断提高自己的审美感受和审美创造力。

（一）明确单元学习任务，不因"美"失"本"

教材是语文教学和审美创造的重要载体。学生赏析教材中的文本，分析文本中的语句，在头脑中形成意象，对培养学生的审美情趣具有极大的帮助。明确单元学习任务，教师引导学生在创设语言情境中根据形成的意象调动生活经验和审美经验，对文本进行创造性填补。如统编版四年级上册《西门豹治邺》的作业设计：

1. 根据课文内容填空：（　　　　）—（　　　　）—（兴修水利）

2. 根据提示，简要地复述课文。

学生作业中，教师启发：用三个提示语"询问老者、惩治恶人、兴修水利"来复述故事有何感受？学生很容易就明白只有情节而没有要点地讲述故事，显得过于单调。毕竟"简要复述"不是"概括内容"，因而主动探究，得出简要复述故事的方法是既要"讲情节"也要"讲要点"。

校本作业的设计要落实学生的单元学习任务。校本作业要遵循和把握语文学科的特点，重视对学生进行美的熏陶，也要重视对文本的学习，要让学生通过语言文字来认识美、鉴赏美和创造美，从而提高学生的审美素养。正如上文谈到的"简要复述故事"，它是该单元的教学任务，是教学的重难点所在，也是培养学生思考与表达能力的重要内容。但是师生往往在研读"西门豹的办法妙在哪里"花费了大量的时间与精力，教学重点产生了偏移。教师可以利用作业来促使学生完成学习任务。

任务1：默读第11—15自然段，圈画西门豹言行的语句，用自己的话说说他说了什么、做了什么，注意长话短说。

任务2：围绕"西门豹治邺的方法妙在哪里"，判断课文哪个部分是重点部分。

根据"询问老者（次要内容）—惩治恶人（重点内容）—兴修水利（次要内容）"的理解，在简要复述时做到主次分明，突出重点。

任务3：根据"情节完整、抓住要点、长话短说"的要求，简要复述全文。

"任务清单"引导学生在学习简要复述时始终紧扣教材，一是读课文，把西门豹的做法用长话短说的方法表达出来；二是再读课文，判断课文的重要和次要内容，学习抓住要点；三是"情节完整、抓住要点、长话短说"地讲故事。作业设置的情境鲜明，任务明确，学生更愿意积极地去思考和表达。

（二）注重作业设计的美感，不因"美"忘"知"

作业必须让人觉得赏心悦目和具有令人感到开心的美感。[1]作业设计的美感对学生的兴趣和态度的影响各不相同，但作业形式生动与否，作业

---

[1] 王月芬. 重构作业：课程视域下的单元作业 [M]. 北京：教育科学出版社，2021：99.

字体间距大小，作业的数量多寡及相关图表、配图、颜色选择和搭配是否有趣有料，与学生审美创造力有着密切的关系。因此，教师要创造性地进行作业形式的美化。如《麻雀》一课在布置概括主要内容的作业时，让学生绘制人物关系图，再根据事情发展顺序说说主要内容。学生不但创作了图文并茂的课文结构图，还能就三者之间的逻辑关系进行富有审美意趣的表达（如表8-5）。

表8-5 《麻雀》学生表达范例

校本作业设计	学生绘制的关系图	学生的汇报
1.用关系图表示文中老麻雀、小麻雀和猎狗的关系； 2.根据关系图，讲述课文主要内容。	（图：老麻雀、小麻雀与猎狗关系图，标注"逼退""经过""结果""拯救""起因""攻击"）	学生1：猎狗发现小麻雀从树上掉下来，走过去想攻击它。老麻雀从树上落下来，勇敢地保护小麻雀，它的勇气逼退了猎狗。 学生2：小麻雀从树上掉下来，猎狗上前想吃掉它，老麻雀勇敢地从树上落下来，把猎狗给吓退了。 学生3：老麻雀看到猎狗走近小麻雀，不顾一切地从树上落下来。它的勇气逼退了猎狗，救了小麻雀。

再如《杨氏之子》的作业设计，在初读课文了解人物特点时，教师出示了"杨氏之子信息采集卡"（表8-6），形式新颖的设计把学生吸引到特定的情境中去获取新知。而这恰是教师要清醒认识到的——作业设计的目的指向审美创造力培养，也要指向语文知识获取和能力训练。

表8-6 《杨氏之子》作业设计

校本作业设计	学生作答范例
杨氏之子是个怎样的孩子？请阅读课文，并填答。	杨氏之子信息采集卡 姓名：＿＿＿＿＿＿ 籍贯：＿＿＿＿＿＿ 年龄：＿＿＿＿＿＿ 特点：＿＿＿＿＿＿

（三）尊重学生审美差异，不因"异"废"同"

学生的审美差异是现实存在的。学生的个体差异必然导致他们产生不同的审美体验，获得不同的审美情趣。面对同一个审美主体，语言能力不同、审美意识不同、审美策略不同，都会产生不同的审美体验。因此，校本作业可以在设计上体现出内容有难易区分、时长多少不一、形式有文字和画面的区别、载体有线上和线下的"作业超市"，供学生进行个性化选择，引导他们主动参与语文的审美活动。如《松鼠》一课的"作业超市"提供学生个性化选择的机会，为学生的个性化表达搭建了平台，最大限度地让学生发挥自己的优势，使学生获得的知识更加深入，创造性表达的热情更加高涨（如表8-7）。

表8-7 《松鼠》作业清单

1.根据课文的描写，用思维导图的形式展现自己从文中提取的信息。
2.创作一幅或多幅松鼠图，建议配上适当的文字说明。
3.搜集作家布封的信息，并与法布尔、沈石溪等中外作家做比较。
4.罗列课文运用的说明方法，举例说说这样写的好处。
5.完成关于"松鼠"的一份探究报告。
6.用音频、视频或其他方式介绍松鼠或其他动物，在线上分享。

审美教育中尊重学生的差异，却也不能因"异"废"同"。一方面从尊重学生审美个体差异的角度出发，允许学生对文本进行多角度解读和赏析；另一方面，教师要认识到对学生的审美教育是有一定的标准的。如语文课程标准"思辨性阅读与表达"中对第三学段的指导意见为"阅读哲人故事、寓言故事、成语故事等，感受其中的智慧，学习其中的思维方法"。像《草船借箭》中诸葛亮这一形象，每个学生以及文中周瑜、鲁肃、曹操等人物对他均是看法不一。教师要理解审美因人而异，但也要确保每个学生的认知能力与语文课程标准第三学段中"感受其中的智慧，学习其中的思维方法"的要求一致。因而，允许学生对于诸葛亮的出身、政

治立场等保留意见，但在校本作业设置的主题情境中，教师应该制定相对统一评价的标准，即学生是否结识了"神机妙算"的诸葛亮，此人"知天文、晓地理、识人心"（如表8-8）。

表8-8 《草船借箭》作业设计

校本作业设计——畅谈诸葛亮其人其事		
读到了	文中关于诸葛亮的＿＿＿＿（表现）＿＿＿＿	我认识到诸葛亮＿＿＿。
	文中关于鲁肃的＿＿＿＿（表现）＿＿＿＿	
	文中关于曹操的＿＿＿＿（表现）＿＿＿＿	
	文中（天气、地理、场景）的描写	
	《三国演义》中关于诸葛亮章回	
观看了（收听了）	影视剧、相声等（对诸葛亮的演绎）	

在语文课程标准的指导下，通过小学语文作业实施审美教育，在具体的语言文字的情境中培养学生的审美理解力、审美联想力、审美创造力。努力在作业的设计中紧扣教材，美化形式，尊重差异，对树立学生正确的审美观和价值观，发展学生的审美创造力将起到积极的作用。

第九章　适性语文与教师教研

主题教研模式不仅促进了教师之间的交流与合作，更为教师提供了专业成长的平台。通过集中探讨和深入研究某一教学主题，教师能够更全面地掌握教学技巧和方法，进而提升教学质量。这种模式鼓励教师间的分享与合作，形成了积极向上的教学氛围。笔者将教研任务按照水平、指责、岗位进行分配，让适合的人做适合的事，促使每位教师都能在自己的领域内得到成长。它不仅促进了教师间的交流与合作，还提高了整体教学质量，为培养更多优秀的教育人才奠定了坚实基础。

第一节　主题教研模式的主要内容[1]

2019年《教育部关于加强和改进新时代基础教育教研工作的意见》的出台，对新时代的教研工作理念、教研工作机制和教研工作方式等提出了新的要求，促使学校把教师专业发展与教研工作的探索列为教育管理的重要任务。

教师的成长离不开有品质的教研。"特别是在新时代，落实立德树人的根本任务，发展学生核心素养，培养能够担当民族伟大复兴重任的建设者和接班人，需要更多"四有"好老师，迫切呼唤教研方式的转型和教研生态的重建。"[2]近年来推行主题教研模式，正是基于学校实际的教研机制而创新的举措，旨在探索适性语文课堂教学结构化、规范化的教研流程，考虑不同层次教师的发展需求，构建出不同教师、不同学科或校际均

---

[1] 高玉梅. 基于教师专业发展的主题教研模式探究[J]. 甘肃教育，2023(4)：37—41.

[2] 崔云宏. 基于"云"背景下的"0"尺度精准教研模式探索实践[J]. 教育理论与实践，2022(5)：32.

可迁移、可操作的教研范式。

一、传统教研模式的问题与不足

传统的教研模式在推进教学改革、促进教师专业发展等方面发挥了积极的作用，但是随着新时代对高质量教育、公平教育的要求日益提高，传统教研模式已经不能满足当下的需要，其主要问题和不足表现在以下几个方面。

（一）教研主题性不突出

是否有价值、适切的教研主题，是影响教研组主题教研成效的首要因素。传统教研的主题常常由学校教研组少数教师或学校领导以自己的意愿或自身经验制定，有的缺乏理论与资源支持，有的限于眼见与格局，有的内容与表述不合理，有的没有观照个性与共性的关系。教研内容缺乏系统化、课程化的整合，具体到某个主题的教研时间或长或短，缺乏深入研究，更缺乏对研究后的行为改进的指导。没有主题或主题不突出的教研活动成为常态，不清楚教研内容，不了解研究任务，教师在教研中找不到自己的位置，教师专业发展的自觉性和主动性难以有效激发。

（二）教研层次性不明显

教研活动的主体是教师，为不同专业发展阶段的教师设计教研活动是学校研修活动的本质追求。传统的教研在不同程度上存在组织松散、形式单一的问题，教师各自为政，或只关注自己感兴趣的方面，或限于能力水平问题而退为旁观者。教师难以真正参与问题解决的过程。如语文课程标准出台后的大单元教学研究，成熟期（10年以上教龄）、熟练期（3—10年教龄）教师热衷从注重"教"转为注重"学"的教学观念转型的相关研讨，而适应期（0—3年教龄）的教师更迫切需要的是"单元整体教学"的设计与具体实施策略的指导。不同发展阶段、不同成长需求、不同个性特征的教师在教研内容的选择和教研方式的体验上都有所区别。因此，如何基于教师的差异提供专业的支撑，注意教研活动普适性和特殊性的统一，既要照顾教师的共性需求，又要考虑个体发展特点，显得十分迫切。

（三）教研专业性不够强

近30年来，世界各国在教育变革中都比较注重教研活动在促进教师专业成长方面的作用。如日本倡导课例研究，美国推行同伴指导，英国兴起教师伙伴学习学校。我国也积极探索以课例研究为载体的主题教研活动并将其作为校本教研的主要方式，一般采用备课、听课、评课等常规动作。但"如何听课、评课""要解决的问题是什么""评价的标准是什么"等缺乏一定的规格，教研的流程有哪些、每个环节的设置意义和操作方式缺乏规定性的要求。因而有些学校的教研活动成了例行公事，是教师不得不参加的活动。但是教师作为专业人员，专业理念、专业知识、专业能力等方面需要不断发展和完善，这样碎片化、无序化的教研显然专业引领不足。

二、主题教研模式的内涵阐释

深化教育改革创新，加强教师队伍建设，要求学校创造条件促进教师提升素养，而主题教研模式不失为一种有效的教师研修方式，其内涵和模式建构如下。

（一）主题教研模式

顾名思义，主题教研模式是指教研活动围绕主题进行的教学研讨的操作模式，"主题"和"模式"是构成教研活动的两个关键因素。一是"主题"，即研讨活动中聚焦的内容或研讨目的。一般情况下，主题是学校将教师的疑难或困惑提炼为当下教师共同面对的研究任务，它来自教师又服务于教师。除此以外，学校办学理念、学生培养目标和教师队伍建设也可以成为教研的主题。二是"教研模式"，指的是教研过程中围绕某个主题的研讨过程，搭建起"解析问题—甄选主题—课例研讨—反思改进—解析问题"的问题解决框架。这当中每一个环节都有明确的行动指南和评价指标，其中课例研讨环节是主题研究得以深化的核心部分。由此可见，主题教研模式是一种教学研究的范式，它坚持问题导向，以课例为载体，是教师群体围绕主题逐步在教研中形成共同探讨、研究解决问题的机制或模式。

（二）教师专业成长

《小学教师专业标准（试行）》从三个维度提出教师专业发展的要求，分别为"专业理念与师德""专业知识"与"专业能力"。围绕这三个维度，各级学者对于教师专业发展问题的探讨主要从教师观念和教学行为两个层面展开。观念层面指向教师的认知和思维中内隐的专业素养，行为层面指向教学能力、教学行为等外显的表现。观念层面不易察觉，一般要通过教学行为去洞察教师行为背后的心理机制，因而教师行为成了判断教师专业发展的重要依据。关于教师专业发展的研究，现阶段渐渐从"建构主义"转向"专业发展范式"，树立起"当下进行的专业发展观"，使教师在日常中实现专业发展；专业发展目标指向实践中发生的教育教学活动。教师作为专业人员，专业发展伴随整个职业生涯，其专业意识、专业能力的提升，需要一个系统化、科学化的组织形式。因此，基于教师专业发展的主题教研模式，是以一定的形式，让教师通过亲身参与的实践、思考、展示和讨论等获得专业的提升的活动。

三、主题教研模式的主要特征

教研主题的甄选坚持问题导向，它源于教师的需要，以问题为驱动，教师共同聚焦一个问题，寻找问题解决的策略与方法的研究活动，是运用教研的方式促进教师专业发展的活动机制，具有以下特征。

（一）导向性

主题来源于问题，但不等同于问题。需要具备敏锐的洞察力发现教育教学问题，还要有教育理论底蕴和提炼概括能力，对问题加以筛选，归纳出典型问题。[1]语文课程标准指导学校基于学生发展核心素养的培养目

---

[1] 上海市教育委员会教学研究室.主题导航教研[M].上海：上海教育出版社，2020.

标，对教研活动进行顶层规划，综合考虑。在教师提出教学的问题或困惑后，学校对问题进行分类、排序，从中筛选出与主题关联紧密的课题作为各教研组研究的主题。筛选的过程坚持问题导向，充分考虑教师个体的研修需求，把教师个性问题进行抽丝剥茧，寻找藏在其中的共通点，选择共性的问题作为研究的主题。

（二）持续性

在主题教研过程中，教师在一段时间聚焦一个主题，通过集体的力量持续在一个问题或一个项目上实践、反思与改进。教师从中发现问题、解决问题，不断提升实践的教学经验和教学智慧。每位教师全程参与每一场的教研。

"每一次活动都应该与全学期乃至全学年的教研活动相关联——是前一次活动的补充与完善，也是下一次活动的起点。"[1]这样的教研方式一定程度上提高了教师的自我观察能力、问题解析能力、组织能力和科研能力。

（三）结构性

主题教研模式运行的最大特点是教研过程的结构性，它具有相对稳定性，一般包含教研前的准备、课例展示的教研活动、研讨后的梳理总结三个阶段。主持人必须是主题教研团队的成员，要熟悉活动的内容、流程和环节。教研活动开始前，主持人提前布置好教师的资源准备，安排备课和试教等；在课例展示阶段，主持人一方面关注执教教师的课堂展示，一方面要落实其他教师观课、评课的情况，以便教师能在课例结束后与其他教师进行有效的互动。在此基础上根据自己的经验进行判断，合理纠偏，把握重点，并布置下一次教研的内容。教师以主题聚焦教学现状、合力解决教学问题，群力优化教学策略，用科研的方式进行教研，教研活动的组织

---

[1] 余夕凯. 突破传统教研活动困局的探索：以"新三学"主题式教研活动为例[J]. 小学数学教育，2020(18)：15.

更加规范。

（四）层次性

一个学校的新手教师、熟练教师、骨干教师等专业水平不同，不同水平层次的教师应分水平、分角色、分岗位开展教研活动。

分水平教研，即新手教师适合参加入门培训课程，学习基本的教学技能和知识；熟练教师可以参加提升研讨会，探讨教学策略和创新方法；骨干教师则可以参加高级研修班，深入研究教育教学理论和实践。

分角色教研，则根据教师在学校或团队中的身份，开展符合角色身份的教研。例如，班主任可以参加班级管理研讨会，探讨如何更有效地管理班级和促进学生发展；年段长、学科教研组长则参加学科教学研讨会，研究如何提高教学质量。让每个教师都能在自己的职责范围内得到专业成长和提升。

分岗位教研，根据教师在学校或团队中的岗位类型，将教研活动分为不同的主题和方向。例如，语文教师可以参加语文教学法研讨会，探讨如何更好地教授语文知识和技能；数学教师则可以参加数学教学策略研讨会，研究如何提高学生的数学素养和思维能力。通过这种方式，每个教师都能在自己的岗位领域内得到专业成长和提升。

分水平、分角色、分岗位的教研模式，让适合的人做适合的事，以更好地满足教师的不同需求，促进教师的专业成长和提升。

三、主题教研模式的实践操作

主题教研模式规定了教研的操作过程，在更新教研理念、创新教研机制、涵养教研文化等方面，具有较高实效和推广价值。

（一）实施适合的教研操作流程

主题教研模式提升了教师发现问题的能力，并创设了一个教师之间合作交流、共探互享的活动模式。"三段四环"主题教研模式的运行，包括研前、研中和研后三个阶段。研中"课例展示与研课议课"是主题教研模式的核心阶段，由四个环节依序展开：一是教研活动的主持人要指出本次活动的主题，说明教研目标、强调研讨重点、分发观察量表、提供学习资源、安排活动任务；二是在课例展示时，教师应聚焦研讨重点，根据研修任务，运用学习资源进行观课、研课，梳理问题，记录材料；三是课例结束后的议课环节应进行"四式"互动。最后由主持人做5—10分钟的微讲座，突出教研的重点，并布置下一次教研任务。实操流程见图9-1。

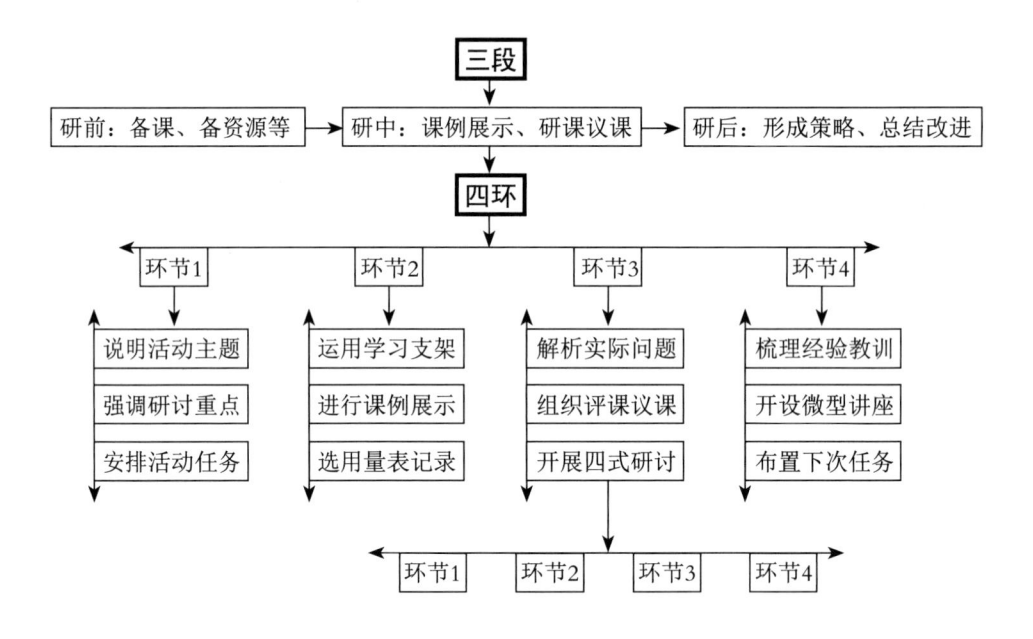

图9-1 "三段四环"主题教研模式

主题教研模式强调教研要遵循一定的程序，要求主持人按照一定的流程组织活动，但它不是固化的程序，根据教研进程的需要可以适当微调，寻求固化与灵活的切合点。比如在议课环节，可选择"链式"互动，即一人主讲，他人继续顺接话题，补充完善。当出现话题分歧时，随机启动"轮式"互动模式，即有经验教师或与会专家进行把脉，鼓励各抒己见，勇敢碰撞，允许保留争议，或者直接运用"Y式"互动方式，让教师现场分组讨论，持续话题互动。一定范式的教研活动，让教师在相对稳定的研究活动中进行循环式的学习，辅以一定的变式又让教师感觉教研的组织灵活机动，避免形式固化而产生厌烦心理。

（二）适时促进主题群落生成

主题确定之后，教师围绕主题展开分析：问题是什么，通过教研要解决什么问题……围绕教研主题，教研组对每一场教研活动进行整体设计，在一次次教研中践行一个个教学行为，提出一个个改进的策略。做深、做细、做实教研，研究的内涵不断丰实，研究的外延不断拓展，教师研究的激情得以迸发，将孵化出一个个新的问题，从而出现系列主题的景象。如语文组教师在围绕"校本作业"研究的主题教研中，生发了关于校本作业的类型、实施、评价等方面的系列主题，涌现了长作业、项目学习单的研究等新课题。这些课题从属于学校大主题，又精准对接当下教学的问题。不同学科教师的教学研究逐渐丰富了学校的主题教研内涵，学校呈现出"主题群落"的研究格局（见图9-2）。

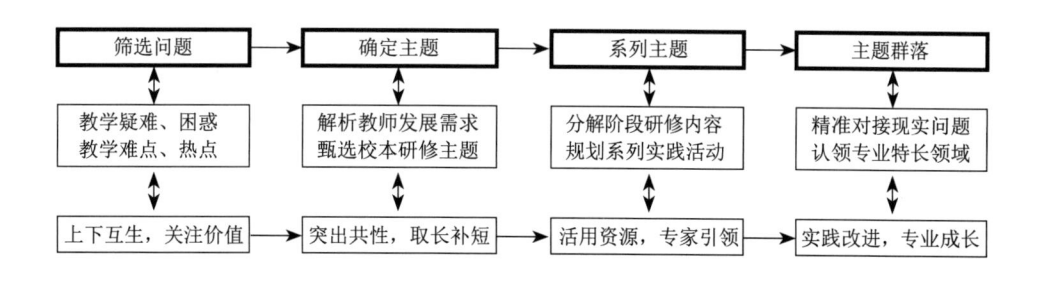

筛选问题	确定主题	系列主题	主题群落
教学疑难、困惑 教学难点、热点	解析教师发展需求 甄选校本研修主题	分解阶段研修内容 规划系列实践活动	精准对接现实问题 认领专业特长领域
上下互生，关注价值	突出共性，取长补短	活用资源，专家引领	实践改进，专业成长

图9-2 教研主题甄选路径

教师根据自己的教育教学专长投入某一主题的研究，于实践中将主题转化为一个个问题，又生成一个个科研课题，这些课题的研究方案势必又转化为教师的一个个教学改革的行为。从"系列主题"到"主题群落"的发展，整个历程不断激励教师的教学理念创新。

(三)推动适当的教研生态形成

主题教研的目的在于解决教师教学的难点,关注教改的热点,帮助教师聚焦问题,促使自主学习、积极反思、实践改进,强调教师教研的全程参与。共同需求、价值认同的教师,建立起合作、互动、共生的共同体的研修关系,用团队的力量攻坚某一个项目。

在学校组织的主题教研中,教师也摸索出一系列的管理经验,如"主题教研模式的建构""主题甄选的路径""主题教研模式的运行机制",这些经验以具体的案例、以专题的形式凝练出教研的成效。教师结合自己的特点,在自己的日常教学中自觉地借鉴学校主题教研的模式,用科研的方式开展教学研究,把科研镶嵌在教研中。

"教师逐渐学会以研究的视角设计、观察、反思、优化自己的课堂教学。"[1]如我校体育教研组围绕"差异教育"主题,开展了球类教学的研究。教师在"运球绕杆"的教学研讨中,重点研讨照顾差异、层级教学的创新性做法。体育教师准备了3个场地,把全班同学分成若干组,让学生经历从1号场地到3号场地的晋级过程,旨在满足不同的学生完成训练所需指导的差异,实现"下要保底,上不封顶"的培养目标,深化了"差异教育"的理解。可见,教师于持续的、充分的观察思考中,将理论与实践相结合,从理论层面的学校到教学行为的改变都有所提升。

(四)提升各级教师专业的发展水平

教研的过程有步骤,每个步骤有内容、有重点、有布置、有落实,持续地进行某一主题教研,教师必然聚焦一个教学问题,不断地"研究—实践—反思—改进—研究",况且这样的研究模式集合了学科组,甚至是全校教师的力量在一个点上着力。成熟期教师作为有经验的老师要能做到"理念浸润,观点催生",教学熟练期的教师则"现场研学,反思改进",新手型的教师在"问题驱动"下"模仿生成",分水平的教研为各

---

[1] 石培军.主题式教研如何研出深度?[J].中小学管理,2018(12):47.

层级教师创设了不同的专业成长路径。

随着"双减"政策的出台，如何在其政策背景下实施差异教育成了曾营小学各学科教研组攻坚的方向。围绕教研主题，语文组以"校本作业研发"、数学组以"核心问题设计"、体育组以"球类运动"等开展主题教研活动。教研场域中的各层级教师共同经历教研的过程，他们现场对话，及时交流，同时发展（见图9-3）。

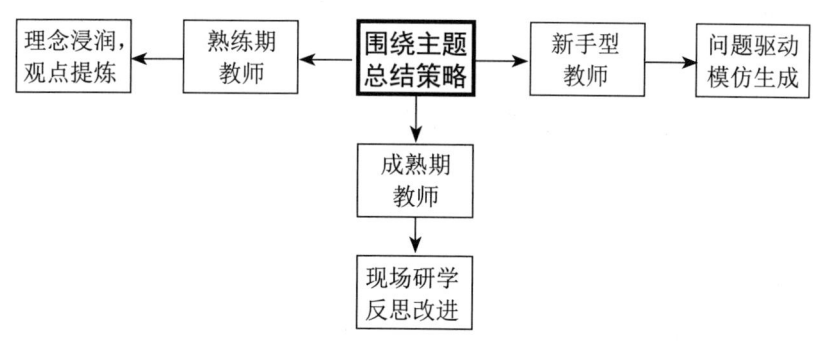

图9-3 主题教研中教师专业发展状态

学校运用主题教研模式，根据教师的差异，分水平、分角色、分岗位进行主题教学研讨，促进教师积极思考、勇于实践，在互动中汲取他人经验及时调整，进而改进自己的教学，对提升专业理念、丰富专业知识、强化专业能力等大有裨益，有效地促进教师专业发展。

第二节　主题教研助推教师专业成长

"在'双减'背景下，学校的作业创新如火如荼，教研作为学校教育教学的隐形翅膀，理应为教师科学设计和布置作业提供'扶手'和'路标'。学校要积极落实'双减'政策提出的'将作业设计纳入教研体系'要求，扎实开展作业教研工作，并以此推动学校教育的内涵建设和教师的专业发展。"[1]

经常看到教师在众多的校内外教研中表现得"很激动",可是回到班级时"一动也不动"。为什么种类繁多的教研活动丰富了教师的视听,却难以帮助他们建立起学习培训和教育管理工作的关系?如何帮助教师在教研中学习和成长?学校近年来着力推进主题教研,不管是学校备课组教研活动,还是外出参与各级教研,都要求教师带着明确的主题,去寻找、发现和思考,获取相关的信息,并与自己的教学实践相结合。实践证明,此举催生了教师的问题意识,引发了教师课题研究的热情,有效促进了教师的专业成长。

一、主题教研催生问题意识

学校每周的校历上最显眼处就是以列表方式呈现的"校内外教研一览表",可谓教研次数多、参与人数多。教师参加数量众多的教研活动,若问有什么收获,通常会得到这样的答案:"还不错。""挺有收获的。"但这只能说明教师并非真有什么收获。

(一)主题教研引导教师发现问题

问题是主题教研的出发点和开展主题教研活动的起点。某次教研中,一位教师反馈外出培训的情况时说:"听了三堂课,其中《手指》一课没有体现学段特点,用串问法教学,看不到语言文字训练的痕迹。"老师的反馈从某一角度体现出对有效教研的期待。这位老师关心的问题,正是学校在"语文课堂练习设计"主题教研中讨论的问题。

在确定这个教研主题前,组长们一度很迷茫:我们研究什么好呢?我们小组适合研究什么呢?别人研究什么呢……一连串的疑问指向了主题研究的根本问题——研究内容是什么?但这也暴露出老师做研究的最大症结——不知道自己的问题是什么,不知道自己应该研究什么问题,也不知

---

[1] 张坤华. 基于学习导向的作业教研:定位、内容和策略[J]. 福建教育,2023(6):18.

道教学中的问题，即教学研究的内容。问题是客观存在的，关键是教师头脑中是否有积极研究问题的意识和发现问题的策略。

（二）主题教研引导教师提炼问题

我们在确定以"优化课堂练习设计"为教研主题后，要求教师备课要体现"练习设计"，课堂教学中要安排10分钟左右练习时间，听评课要集中讨论练习设计的实施成效等，结果教师又纷纷提出了问题：

每堂课都要设计课堂练习吗？需要设计多大的量？练习类型有哪些？
如何确定训练点？学段特点怎么体现？怎样教学才能完成教学任务并落实课堂练习？
课堂练习的时机如何选择？
课堂练习运用什么评价方式比较合适？
…………

教师提出的问题不少，但所有的问题都指向学校的教研主题——课堂练习设计，体现了教师对同一主题的关注。教研组在研讨、交流过程中将大家共同关注的"问题"进行发掘和提炼，并且转化为研究小专题，如低年级教研组确定了"课堂作业形式的研究"，中年级组确定了"课堂作业评价的研究"，高年级组确定了"培养思辨性思维的课堂作业的设计与实施的研究"。

"围绕一个教研主题，大家既有共同的奋斗目标，又从不同方向各自努力；不仅教师研究的主题有相互的联系，教师与教师之间也形成一种新的关系。"[1]教研主题的确立，让不同层级的教师主动参与教学研究，从中学会提问题，提有价值的问题。

---

[1] 李元昌. 每个教师都会成为优秀教师：对主题教研的几点思考[J]. 中小学教师培训，2012(07)：30.

二、主题教研做实课题研究

主题教研与具体的教育教学工作息息相关，教师的教育教学研究一旦有了明确的主题，就像旅游确定了目的地，一路车马劳顿，却满心欢喜地向前。教师备课、课堂教学、听评课及教学反思的过程因为聚焦主题，便多了一双看课堂的眼睛，能更精准地发现教学中的诸多细节。

（一）促使教师关注单元整体教学

以往上课，教师要么根据自己的经验，要么借鉴他人案例，但求上课顺利又精彩。以"优化课堂练习设计"为主题的教研要求教师聚焦"课堂练习"的研究。因此，教师备课时必须充分考虑三个方面：教学目标、单元要素和语言训练点，只有这三方面明确了，才能设计出合适的"课堂练习"。如统编版语文六年级下册第五单元"科学之光"人文主题教学，教材编排了《文言文二则》《真理诞生于一百个问号之后》《表里的生物》《他们那时候多有趣啊》等课文。该单元要素为：体会文章是怎样用事例说明观点的；展开想象，写科幻故事。结合单元要素，根据"阅读与鉴赏"的学习要求，教师可以制订本单元教学目标为：一是掌握作者是怎样用具体事例说明观点的；二是学习举例论证、对比论证、引用论证等方法，初步感受课文表达严谨、逻辑性强的特点；三是能运用举例论证等方法，表达自己的观点。

因为单元目标和单元要素是明确的，教师进行课堂作业的设计便有的放矢。教学《真理诞生于一百个问号之后》一课时，教师设计了这样一些核心问题：作者是怎样用具体的事例说明自己的观点？每个事例是按照怎样的顺序安排的？并提供了课堂作业表（见表9-1），让学生填写。

表9-1 《真理诞生于一百个问号之后》课堂练习设计

作者观点	写作顺序					得出结论
	事例	现象	问题	探究过程	结果	
真理诞生于一百个问号之后	试纸变红					
	大陆漂移说					
	脑电波与梦境					

我们紧扣单元要素的课堂练习，让学生了解课文主要内容和观点，把握作者的写作顺序。而完成课堂练习的过程，正是教与学交互的过程。为了能完成这份课堂作业，教师的教学过程始终围绕单元主题，持续关注单元要素在课堂的落实，单元整体教学更具实效性。

（二）促使教师实现有主题反思

反思是主题教研活动的关键环节，哪些方面达到了预想，取得哪些成果，对成果的认识有哪些，存在哪些问题，下一步该怎样进行，主题教研使得教师渐渐习惯从教学理念、教学目标和教学效果等方面展开讨论。为提高教学反思的实效性，教研组在《学校听课记录表》中单列一栏"聚焦点——课堂练习设计"，其右侧紧跟着一栏"即时评价"。此举意味着教师听课时要详记课堂上呈现的"课堂练习设计"，并即时作出相应评价。议课中教师首先要思考执教教师基于怎样的目标定位选择语言训练点；其次教师要评议教学策略的实施是否与课堂练习设计相辅相成；最后要评议课堂练习设计的实施或评价反馈是否合适。

主题教研让参与教师在一定程度上持续关注某一个方面，对于研讨的主题有一定的认识，因此在讨论环节能充分展示自己的观点。一次，"教师甲"评议统编版语文二年级上册《我是什么》教学设计时，认为教师让学生读完一个自然段，就用"＿＿＿变成＿＿＿"的句式让学生说自己的理解，然后再用"＿＿＿变成＿＿＿变成＿＿＿还变成＿＿＿"的句式说说"我"的变化，这个看似简单的练习，能有效地帮助学生读懂课文，感受"我"的善变，并且亲历说好一句话再到一个复句的训练。"教师乙"却认为执教教师满足于学生把话说完整，忽略了引导学生将一句话说生动、说具体，而且局限于用一个句式进行说话练习，忽视了学生的差异，未能为学习能力强的学生提供有挑战性的练习，也没有为学习弱的学生提供额外帮助。两位教师的意见不同，指向却是一致的，都聚焦课堂练习的设计和实施。

评议他人就是反观自己。在热烈的讨论中，教师渐渐明白课堂练习的设计首先应考虑教学目标，同时要兼顾学段目标。看似简单的"一句话练习",是低年级的教学重点也是难点,低年级做好句子的训练,高年级在此基础上才能生发,不能任意拔高要求。尤其是针对学生的差异性,教师要考虑如何向优等生提出"保底不封顶"的要求。经过讨论,执教教师修改了部分教学设计,并分享了自己的思考:让学生练习把话说完整。这虽然符合低年段的语用训练要求,但是存在两个问题。首先,题目的开放性不够。学生根据图片就能在空格上填上本课所学的"霜、露珠、彩虹、冰"等内容,思维训练得不到落实。其次,训练的功能性单一。作业目的只是把内容梳理完成,应该修改成"水会变成_____的汽,变成_____的云。水会变成_____,还会变成_____"。如此,引导学生尝试使用修饰语,使得答案更加丰富多彩。这样,不仅能训练学生梳理课文内容,还能训练学生联系生活、展开想象把话说完整。

主题教研中,教师的评议课紧紧围绕主题展开,他们备课时专注于一点,看课时专注于一点,评课时专注于一点,反思亦是专注于一隅。许多教师表示,开展主题教研后撰写教学反思比以前容易多了,提笔时就会在脑海中出现课前设计课堂练习、课上使用课堂练习,以及课后讨论课堂练习的方方面面,因为对课堂练习设计与教学目标制订、语言训练点选择等进行不断的思考与实践,写起案例或论文就有素材了。

主题教研中,教师以课题研究的形式进行教研活动,把课题镶嵌到教研活动每个环节,从而形成了教师之间合作、交流、共探、共享的教研活动机制和模式。它无形中将教师联结在一起,形成一种向前的拉力,激活了教师内在的研究潜能,增强了教师教研意识,从而促进了教师的专业成长。试想,一个教师在一年或更长的时间里专注于一个主题进行教学实践,思考教学得失,撰写教学反思,改进教学策略,这样的教师能不快速成长起来吗?

第三节　主题教研中优化教学策略

　　主题教研在一定意义上是一线教师在反思教学成败的基础上，总结经验教训，发现教育教学规律，提高专业素养的过程。其主要特点是立足于改进教学的需要，密切结合了教师自身的教学活动。"适性"语文教学重视学生主体，教师要在"主动地改进教学、发展教学"的良好教学状态中。因而教师提出"三人学习小组建设"如何体现差异教育理念，落实学生主体，提升课堂教学实效的问题时，学校便敏锐地发现这是一个值得研究的话题，努力把它从教研主题的方向去推动，以期在主题教研中去寻得提升"三人学习小组建设"的有效策略。

一、人员分工，倡导全员全程参与

　　"三段四环"主题教研模式中，"三段"的第一阶段为准备阶段。此阶段主要进行三个方面的工作，一是明确研究问题的现状，确认研究问题的意义，安排研究的时长；二是阅读、查找相关的案例、同行研究的经验，取得相关的理论支撑；三是教研组教师的分工与协作的要求（见图9-4）。

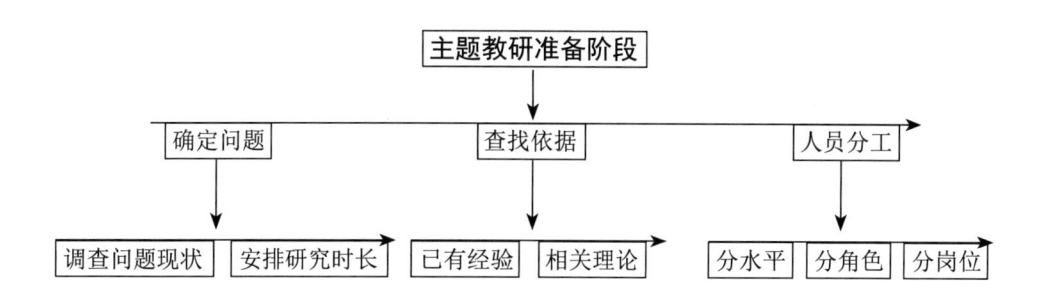

```
                    主题教研准备阶段
                          │
        ┌─────────────────┼─────────────────┐
     确定问题           查找依据          人员分工
        │                 │                 │
   ┌────┴────┐       ┌────┴────┐      ┌─────┼─────┐
调查问题现状 安排研究时长  已有经验  相关理论  分水平 分角色 分岗位
```

图9-4

首先，教研组会进行人员分工，让不同的人承担不同的职责。分水平，不同的年级组里的新手期教师、熟练期教师、成熟期教师分别承担查找、汇总资料、分析整理问题、提炼和确定研究方向等层级性任务。不同层级水平的教师看似任务不同，实则全员全程参与了主题研究的资料准备工作；其次是教师以年级组进行"分岗位"，岗位分设活动主持人、调查员、课例执教人、课堂观察员、微讲座者、评课人、报道人、归档人等，在一定时长的主题教研活动中，不同年级组的不同教师都有自己的岗位；最后是分角色，指的是三级带教中"徒弟""师傅"以及"师傅的师傅"的关系，三者分工不同、职责不同，必须一级为一级服务，一级为一级负责。

二、确定问题，寻找理论支撑

三人小组合作学习是常用的教学方法，是沟通"教"与"学"的桥梁，也是促进学生发挥自主性的学习方法。在语文单元整体教学中，教师通常会设计单元任务，让学生以小组合作的方式进行合作学习。但是，现实存在的"小组学习方式有何问题，如何提效"？在主题教研中，教师根据"岗位"要求，需要明确两个方面的情况。

（一）明确存在问题

通过问卷、访谈等方式，调查员要收集整理三人小组合作学习建设存在的情况，微讲座者要梳理和汇报其中存在的问题。在第一阶段的调查中，教师总结了以下三方面的问题。

1. 小组建设，未能照顾个性

顾名思义，三人小组合作学习是由三个学生组成合作小组互帮互助的学习模式。在设计和组建小组时，教师常常简单地以性别搭配或学生学习成绩优劣为主进行考虑。分工时，通常让学习成绩优秀的学生担任组长，组长承担起组织讨论、分配任务、汇报学习结果的角色，因而出现学生参与度不均的现象。有的小组学生性格相近，热情开朗或腼腆沉闷型，将其安排在一组，容易出现争吵或冷场的现象。而有的小组学生学习风格迥异，有的喜形象思维，有的偏听觉学习倾向，难以进行有效沟通。没有充分考虑学生差异并科学分组，使得某些学生对小组活动失去兴趣。阅读教学的关键在于阅读，缺乏学习兴趣与动力的小组学生，难以静心阅读。

2. 小组学习，目标任务不明确

小组学习，重在合作。小学生的学习互动、学习的目标实现、内容和方法的选择，都是三人小组运行的重要方面。实际操作中却经常出现如下情况：学习目标不明确，学生看似在阅读，事实上无从下手；学习任务不具体，学生各说各话，合作无从谈起。如果教师未能为学生设定清晰、可衡量的学习任务，那么学生在学习过程中缺乏明确的方向，将难以采取与之匹配的学习方法。甚至因为没有具体的任务，学生之间无法进行沟通和协作，更难以发挥小组学习应有的优势。如此教学，无法激起学生思维的浪花，而不带思考的阅读如同走马观花，阅读教学必然大打折扣。

3. 评价反馈，不够及时全面

"某某小组讨论得很激烈""某某小组汇报很生动"，这是小组合作学习中经常可以听到的教师点评。这样的评价没有明确的指向，评价内容不具体，丧失了评价的指导性功能。教师占据评价的主导地位，忽视了学生的参与和多元评价的重要性。教师无法观察到所有学生的学习过程和表现，导致以教师为主的评价效果欠佳，具体表现在：学生感到评价与自己无关，学习积极性不高，无法充分发挥每个学生的优势和特长；不能及时对学习的内容和方法进行正确评估，出现"教—学—评"脱节。"表达"是"阅读与思考"的结果，也是师生评价的重要内容，教师评价与"读思达"三个教学环节紧密结合，才不会失之偏颇。

（二）寻求理论支撑

鉴于调查中发现三人学习小组建设中出现的诸如学生的组成不科学、学习任务不明确，以及评价标准不具体等问题，教师通过阅读专著、期刊、相关案例等，发现"读思达"教学法强调学生在学习过程中的主动性，通过阅读、思考和表达三个环节，将知识转化为素养，这与三人学习小组建设理念是高度契合的。这个发现让教师萌生了运用"读思达"教学法的理念来改进三人学习小组建设的想法。

在教研组提出开展"读思达"教学法改进三人学习小组建设的策略研究后，相关岗位的教师便开始了"读思达"教学法的理论与案例等的研读与分析。

在这当中，教师渐渐梳理出"读思达"教学法的内涵："读思达"教学法包括阅读、思考、表达的三个基本环节、步骤，是一种"让学生的学习在课堂中真实发生"和"让核心素养在课堂真实落地"的教学法。成熟期教师根据"读思达"教学法的内涵，结合调查分析得出的问题，率先做出了研究假设：三人学习小组建设尊重学生的个性差异，如果能根据学生的个体差异进行分工，指导学生在合作共学中经历"阅读、思考、表达"的过程，那么将有效发挥学生在阅读教学过程的主体性。

基于研究假设，在成熟期教师的指导下，熟练期教师和新手教师根据"岗位"和"角色"的分工，确定了"读思达"教学法导向的三人学习小组建设的研究。按照"三段四环"主题教研模式的阶段安排，主题教研进入研究的第二阶段。

三、结合课例实践，提炼教学经验

"三段四环"主题教研模式的第二阶段，主要是课例展示。结合"读思达"教学法的理论依据和实践经验，下面以统编版六年级下册《那个星期天》为例，呈现"读思达"教学法运用于三人学习小组的建设实践中的可行性操作。

（一）充分阅读，实现三人学习小组共学

"读思达"教学法重视阅读指导，三人学习小组同样关注学生的阅读状态，并以此作为后续"思考与表达"的基础。本单元的语文要素为"让真情在笔尖流露"。教师设计了"制作班级纪念册"的单元任务群，其中一个任务为"每个学生用一篇习作记录小学时光"，以表达真情实感。

学习伊始，教师出示主题为"让真情在笔尖流露"的单元学习任务单，让学生了解本单元学习的任务。接着，教师展示课前"预写习作"中

的情况让学生客观了解自己及班级同学的习作情况。在此基础上，教师较准确地根据学生的差异，组织三人学习小组的活动。

随后，让学生阅读课文第3自然段，完成学习任务单（见表9-2），要求：根据学习任务单，学生独立阅读课文3分钟，阅读时要圈画和批注；3分钟后，三人学习小组中的1号同学口头汇报，2号同学填写"作业单"，3号同学补充。

表9-2　《那个星期天》课堂练习（一）

时间	母亲的活动	"我"的心情

教师通过"作业单"引导学生带着任务深入阅读，指导小组的三个学生分别承担阅读和分享的任务。因为只有认真"阅读"，学生在获取文字与符号的表层意思的基础上，理解文字背后的意义，才能实现知识的内化。第3自然段教学中，学习作者抓住"跳房子""看云彩""拨弄蚁穴""翻看画报"四件事，写出了小男孩的焦急心情，主要运用"列举事例"和"反复内心独白"以及"省略提示语"等表达方法。阅读是"读思达"教学法有效实施的基础，而这样的教学无疑让学生能得以充分阅读。

（二）引导"思考"，促进三人学习小组分工协作

"读思达"教学法的三个环节旨在引导学生对知识进行深度加工，即学生在阅读中"输入书本知识后，对知识进行加工、内化，最后将所学知识运用至新情境中"的过程。这是学生自主阅读中实现核心素养落地的有效教学方法。教学中，学生充分地阅读，是"对知识进行加工、内化"的前提，"加工、内化"是学生分析思考问题和解决问题的过程，最后将

"所学知识运用至新情境中"。因此,教师让三人学习小组以共学的方式参与,做到分工协作,发挥所长,达到解决学习任务,从而发展核心素养的目标。如教学片段一:

1.了解作者心情变化特点和写作方法(见表9-3),三人学习小组讨论:从表示心情的词语和母亲的活动,发现了什么。再读第4—5自然段,思考作者是怎样真实自然地表达自己的内心感受。三人学习小组汇报时,其中一人主汇报,另两人补充。

表9-3 《那个星期天》课堂练习(二)

心情	段落	怎么写(写作方法)
焦急难耐	第4自然段	
	第5自然段	

2.迁移学法,感悟写作特点。再读课文第1—4自然段,寻找"反复独白""省略提示语"的相关句,让学生分享这样写的好处。要求:各自圈画句子,写批注;按照3号、2号、1号的顺序,交流学习的思考或发现。

作者史铁生以细腻的笔触,刻画了一个母亲忙碌的身影,凸显了一个焦急等待母亲带他出去玩的小男孩不断低落的心情。关于小男孩心情变化的描写,是学生要理解并能迁移训练的内容。为此,教师结合"读思达"教学法设计了三个教学步骤来突破这个教学重点:(1)学生通读全文,利用表格梳理出时间和小男孩心情的变化,了解小男孩的心情随时间变化而变化的情况;(2)引导学生合作学习第3—4自然段,理解作者在表达情感方面的秘诀,学习"罗列事例"表达情感的方法;(3)学习第4自然段,体会"反复独白""省略提示语"的表达效果,并迁移运用。由此可见,"读思达"教学法导向的阅读,促使学生深入思考,学生在获得知识与方法的层级交互中,实现了对知识的内化和理解。

(三)鼓励表达,倡导学习小组多元评议

阅读教学中的"表达",是学生把自己获取的信息转化为学生自己的理解，并把自己的思考转化为口头或书面的过程。通过这个过程，学生才能真正将文本的知识转化为学生自己的知识。因而，语文教学中阅读和思考固然重要，"表达"能力训练更是不可或缺，只有通过不断地表达，才能真正转化为学生的言语能力。如教学片段二：

1. 出示学生的预写习作，提出修改要求：运用本节课学习的表达真情的写法，修改自己的作品。

2. 习作修改后，对照评价标准修改习作（见表9-4），小组学生先自评，再互评。

表9-4　《那个星期天》课堂练习评价标准

评星标准	自评	三人学习小组互评
能"列举事例"表达真情实感	☆	☆
能运用"反复独白"表达真情实感	☆	☆
能"省略提示语"表达真情实感	☆	☆
语言细腻，书写美观	☆	☆

3. 师生小结：通过修改，同学们的习作在表达情感方面都有所进步。这样的习作集中在一起成为毕业纪念册，将会成为小学阶段的美好回忆。

借助评价标准，运用三人学习采取小组自评、互评的形式，学生在自评和学习伙伴互评中，对自己在阅读与思考后的"表达"环节，会得到一个较为客观的评价结果。教师引导学生去反观自己在巩固和迁移训练本单元的语文要素与教学训练目标的情况，不但能建构真实的语言表达运用能力，还能指导学生学习表达优秀的同学。在这当中，小组学生也会对小组中表达能力较弱的同学提供帮助，学生的表达能力在这样的训练中得以提升。

《那个星期天》课例研讨的过程，教研组的所有老师教学通力合作，他们认为"读思达教学法"导向的三人学习小组的学习是学生共学共进的过程，体现了学生主体地位。同时，整个过程又是"阅读、思考、表达"

的过程，有效落实了单元要素，培训了学生语言实践能力。从具体的课例研究中，教研组初步得出一个结论："读思达"教学法导向的三人学习小组建设是有效教学的策略。

四、反思与改进，推行教学策略

不同年级的不同教师就这样在不同课例实践中，反复论证"读思达"教学法导向的三人学习小组建设的可行性策略。而主题教研作为结构化的教研模式，还需进入第三环节"形成策略，总结改进"，进一步提炼课例中的经验和教训，微讲座负责人在综合前两个阶段的研讨中，用"微讲座"进行梳理总结，从理论和实践两个方面，结合"教—学—评"一体化理念提炼研究的价值，以便形成一般规律，推广使用。

（一）理论层面：确认"三人学习小组建设"的价值

"读思达"教学方法把学习过程分解成三个阶段，每个阶段强调学生在学习过程中的主动性，鼓励学生通过阅读获取信息，通过思考深化理解，并通过表达或实践应用来巩固和拓展所学，体现了建构主义学习理论的核心观点，即学习是学生主动建构知识的过程。

上文中，根据"读思达"教学理念，教师通过观察、测试、问卷调查等方式，了解学生的学习风格、兴趣、能力等方面的差异，进行异质分组。小组学生分别为1号、2号、3号，三人坐成一排，2号居中。三个学生的知识储备、学习知识的能力、解决问题的能力等各不相同，相对而言，2号的综合能力稍强些，一般情况下要带领左右两个同学进行学习。学习力或注意力等较弱的为3号，座位靠近过道一侧，便于教师巡视指导。编号不同，但每人都是学习的主体，每个主体都是学习的主人。

自学时，三人学习小组的每个学生独立阅读或小组共读，自主查找、圈画、注释等；共学时，三人学习小组进行讨论、说明、填写、汇报，人人都有事做，事事都有人做。"读思达"教学法导向的三人学习小组建设凸显了学生的主体性，倡导教师主导、学生主体，推行的是人人平等，人人参与阅读全过程的新举措。

（二）操作层面：形成"三人学习小组建设"策略

内在驱动力是学生坚持学习的核心力量。鼓励学生在遇到困难时能持续探索、不轻易放弃，在挑战中不断成长，形成自主学习的良性循环。教师根据教学目标，合理安排每个学生的角色和任务，才能激发学生内在学习驱动力，促使每个学生充分发挥自己的优势。

"阅读"阶段，教师根据小组学生的兴趣和多元智能特点，分配不同的阅读材料，让每个学生都有机会接触并发展自己的优势智能。随后的共享阅读成果时，鼓励学生将自己的理解和感受分享给小组其他学生，促进小组学生之间的交流和理解。

"思考"阶段，即阅读的深化与拓展阶段，2号居中坐定，1号和3号围着2号或坐或立，共同解决学习任务或从阅读材料发现的问题，对内容的理解、作者的观点或写作风格等进行讨论。

"表达"阶段，分为两种情况，一是书面表达，要求小学学生各自完成再交换意见；二是口头表达，由教师随机指定"主汇报人和补充汇报者"，如"这个问题请1号主汇报，2号、3号补充"或"请2号主汇报，1号、3号补充"，依此类推。小组每人都要做好"汇报"的准备，每人的"表达"机会相等。小组各自汇报完，教师指定小组学生上台汇报。这样操作，不仅可以锻炼学生的表达能力，还可以增强学生的自信心。

（三）实施推广："教—学—评"一体化理念

学生及时对学习的过程进行总结与归纳，形成自己的解题思路和思考方式。这是"读思达"教学的阅读教学中形成知识的过程。引导学生对学习过程进行总结和归纳，是"教—学—评"一体化的理念在课堂落地的体现。在小组学习过程中，教师的"教"和学生的"学"相互交融，相互成就。

在这当中，教师基于"教—学—评"一体化理念，妥善运用评价工具，能有效鼓励学生，激发学习积极性。教师评价学习的结果，能让学生比较客观地了解自己掌握知识的情况和能力水平。如评价学生的表现，可以让学生反观自己和学生在其中的学习态度、学习方式以及合作的分工与配合情况，以利于学生认识自己的优势和劣势。教师的评价，还有助于学生去感受小组学习中的氛围感。当学习小组建立起一个安全的、积极的环境，某方面弱势的同学也才能毫无心理负担地在其中交流与分享。因为，只有当学生感受到轻松愉快的合作氛围时，才有利于合作意识和合作技能的提升。

基于"读思达"教学法的三人学习小组建设，重视学生经历"阅读、思考、表达"的三个环节，课堂学习富有节奏感。在三个环节的学习中，学习内容具体，学习方法得当，使学生在阅读中逐渐形成自主性学习能力，提高语文实践能力和沟通能力。这样的学习方式，有助于激发学生的学习兴趣和动力，不断提高学生的综合素质。综上，"读思达"教学法导向的三人学习小组建设的主题教研完成一轮研讨，取得初步的研究成果。接下来一段时间，教研组教师将在教研组设定的一定"时长"的教研中反复实践，不断印证，最终将其推广。

第十章　适性语文与教师的教育叙述

我总在思考，是内林小学基于榕树文化的"脚踏实地·心向蓝天"的校训促使我当年研究"求实语文"？还是曾营小学基于海洋文化的"海纳百川，勇立潮头"的精神，点燃了我研究"适性语文"的热情？

"求实语文"的研究和"适性语文"的研究有什么区别和联系呢，主要是学校办学文化的差异所致吗？也许是的，依据学校各自独特的学校文化，提出不同的教学主张，看似各有千秋，实则都指向同一个核心目标，即教师对语文学科深入的理解和学生语文核心素养的培养。

无论学校文化有何差异，语文学科的本质都是不变的，都是对语言文字的运用和传承，是对中华文化的弘扬和发展。因而，教师的教学主张的表达和形式各异，但都是在对语文学科本质深刻理解的基础上，探索最适合学生的教学方法。无论是注重传统的学校，还是偏向创新的学校，教师们都致力于提升学生的语言建构与运用、思维发展与提升、审美鉴赏与创造、文化传承与理解等素养。

无须纠结"求实"与"适性"。其实我从来都是我，对我的学生，对我的同事，对我的家人，对我服务的学校，我何尝不是努力践行一个语文老师的职责：发扬脚踏实地的作风，深耕语文教育的沃土，耐心培育，让每一颗语文的种子都能茁壮成长；秉承差异教育的理念，尊重学生的独特体验，因材施教，让每个学生都能在语文的海洋中畅游。

第一节　适性育人心得：我的学生来"家访"

"小学老师不懂得发现学生的特长，您不觉得吗？"一位就读高二的学生这样问我。一个问句轻轻说出，却重重压在我的心头。这是学生突然来访带给我的震撼，留给我的思索。

晚上八点左右，先生从健身房带回了一个高大健硕的男孩。一米八的个头，圆圆的脸上淌着热汗，薄薄的汗衫几乎湿透，肩上挎着个大提琴包。他有些腼腆又有些激动地与我打招呼，左边嘴角隐约可见一个浅浅的酒窝。尽管变得人高马大，我依然可以在一瞬间认出他——林英杰。

简单吃过晚饭，林英杰架起了大提琴。他左手按弦，右手持弓，随即《欲望的声音》在客厅里响起，轻盈的旋律，如一泓湖水，沉静典雅，轻轻地渲染出甜蜜的感觉……

天啊！真是英杰吗？想当年，几乎每天放学后，我与数学老师、英语老师争着给他上辅导课，希望能给挣扎在及格线上的他拉一把。上学期期末考试前一周，我天天带他回家吃饭，以便于在饭后亲自督促他完成一些基础练习题，可惜收效甚微。为此，我也常常安慰自己：其实他是很可爱的！有礼貌，见到老师总是毕恭毕敬地问候；有正义感，敢跟欺负女生的男孩子据理力争；为人豪爽，赈灾捐款拿出的都是百元大钞；兴趣广泛，养金鱼、种兰花、做手工，样样会一些。唉！就是学习成绩差些。

英杰告诉我，他中考的分数进不了普高，依靠特长考进了一所音乐学校。现在是学校乐团的大提琴首席，并且已经跟某乐团正式签约。目前，他一边学音乐，一边学国画。近两年获得了好几个全国性的中小学生书画大赛金奖。他说今天临时来拜访，没准备礼物，下次一定送我一幅获奖书画作品。

"什么时候变得这么优秀了？"我真有点不敢相信自己的耳朵。

"嘿嘿……只是从小感兴趣而已。"他又腼腆地笑了笑，忽然话锋一转，说道，"高老师，小学老师不懂得发现学生的特长，您不觉得吗？"

第十章 适性语文与教师的教育叙述

我一时语塞。谁说不是，我当了他四年的语文教师，我和班主任怎么就没发现他的特长呢？记得他读四年级的时候，临近期末出了车祸。我和班主任去家访时，隐约记得他的腿上捆着绷带，拿着画板在床上画着什么。为了确保他能顺利通过期末考试，我们和他的家长寒暄几句便开始给他辅导功课。记得当时他的父母感激涕零，不住地夸我们是负责任的好老师。如今想起那个场景，深感惭愧。

我从没有像今天这样，清晰地意识到自己的"学生观"是如此狭隘。不是经常标榜自己是"关心学生，尊重学生"的人民教师吗？我关心和尊重的是怎样的学生呢？我关心和尊重过哪些学生呢？有的——陈同学的手风琴演奏在全省的中小学生艺术比赛中获一等奖。如果不是我做通家长的工作，也许她早就放弃了；在北京中科院任职的魏同学，正是发现他在信息技术方面与生俱来的兴趣，我便鼓励他从三年级起参与各级信息技术的竞赛；还有林同学，整天涂鸦，我安排她为班级制作墙报、为学校设计宣传栏，还带她到社区画宣传画，现在的她成了一家跨国公司的高级服装设计师……多少学生感恩我的慧眼发现了他们的特长，曾经是那样小心且用心地为他们人生打开另一扇窗。可是，英杰的质疑却一针见血指出我的问题。

陈同学、魏同学、林同学，这些孩子一个个在我眼前闪现，他们胸前飘扬着红领巾，脸上洋溢着笑容，一种只有"学优生"才有的自信的、骄傲的、阳光的笑容。我恍然大悟，何尝是不会发现学生的特长，我是多么善于发现"学优生"的特长啊！我只是不善于发现"学困生"的特长。《弟子规》中说到"有余力则学文"，意思是先学做人，懂得道理，再去读书。在功利化的现代学校里，变成了"学有余，可特长"。"学优生"是考试的常胜将军，是老师心目中的好孩子，他们品学兼优，因此集万千宠爱于一身，"优先"享受学校的优质教育资源。而"学困生"则不然，连基本的学习任务都不能胜任，"学无余，则再学"。他们的生活就陷入了"学不好，拼命学；拼命学，学不好"的怪圈里，老师逼债似的追着要分数，父母抱怨孩子不如别人家的好，搞得姥姥不疼舅舅不爱。"学困生"连起码的尊严都没有，哪有机会在老师的微笑里发展自己的特长呢？

道过晚安，英杰告辞了。看着他渐渐远去的高大背影，我百感交集。这一天，我无比感谢率性大男孩的"家访"，他让我重新思考我的"学生观"和"人才观"。尊重学生，因材施教，相信每个孩子都可以成才，这是朴素的言辞，却是教育的真理。

第二节　适性读书心得：
用温和而坚定的方式陪伴孩子成长

《6—12岁孩子的正面管教：陪孩子走过小学六年》的作者基于儿童心理学、阿德勒个体心理学以及人本主义心理学的研究，结合自己的育儿经验，给出了26个正面教育的工具，提出正面管教的育儿理念，倡导父母用温和而坚定的态度陪伴孩子走过小学六年。

这本书从"做个有准备的小学生家长""小学生疑难早知道""孩子是家庭的'放大镜'""花时间培养孩子的能力，学习事半功倍""划清自己和孩子之间的界限""小学生性教育，多早开始都不算早"六个方面展开育儿的实践与思考。但它不是普通的育儿经验之谈的书籍，而是一本适合父母和老师共读的教育工具书。相信不同的读者都会和我一样认同作者的观点：孩子的错误是学习的好机会，孩子的成长就是不断试错的过程。家里有学龄儿童的父母阅读此书，可以借鉴当中的许多育儿方法，对孩子实施"正面管教"的尝试，教师阅读此书能淘得教育学生的"干货"，并作为家长学校教育的素材。

改变起床磨蹭、吃饭拖拉、睡觉不准时的毛病，对许多一年级学生来讲是不小的挑战。许多父母为此感到焦虑而一味指责，导致家庭氛围紧张。作者提醒到，"虽然成为小学生，但孩子仅仅比在幼儿园大一岁"的事实，这恰是检验父母能否运用正面管教工具的时机到了。当你和作者一样"把准时睡觉和准时就餐一样，排在所有事情的第一位"，说明你也正

第十章　适性语文与教师的教育叙述

在使用正面管教的工具。"先把睡觉时间定下来，再倒过来推算孩子下午放学回家后可以做哪些事，哪些是必须做的，哪些是需要做的"，当你把准时睡觉排在第一位以后，考虑时间有限，你和孩子产生一定的紧迫感，会想办法提高做事的效率。此时，你会发现诸如"准时睡觉"并非简单的"好习惯"或"坏习惯"，而是可以通过选择和练习形成的能力。

会听课、听懂课同样是一年级学生面临的挑战，把"挑战"视为孩子学习的好机会，父母可以学习作者经常性运用玩"什么不见了""找不同""走迷宫"之类的游戏训练孩子的注意力、观察力和记忆力。因为这很好地体现了父母关注孩子的焦点是否放在了孩子的学习能力的训练，而不是简单地判断孩子入学前储备了哪些知识，那么父母教育孩子的方法自然会跟着改变。

"可以通过自己的行为影响老师，但不要试图改变教师"是作者在运用"先连接，再解决问题"的正面管教工具时，劝慰家长的良苦用心。有人认为遇到好老师是幸运，其实不然，那是家长看到老师的闪光点，同时引导孩子也发现老师的闪光点，建立起师生间深厚的联结，孩子打心眼里喜欢和崇拜老师，才能倍加尊重老师。所谓"偏科偏的不是学科，而是老师"就是这个道理。家长用挑剔的眼光评价教师的心情可以理解，但是孩子能遇到什么样的老师却难以选择。运用正面管理工具的家长，不会轻易说"这么不懂事，看老师怎么批评你"，也不会疏忽孩子口中的"老师偏心""老师很凶""老师不公平"等言论，而是"带孩子从各种途径了解小学及小学老师""让孩子知道他受老师的欢迎和肯定"，当孩子意识到老师关注自己，便会愿意把自己优秀的一面展现在老师面前。父母忌用威胁孩子或猜忌老师的做法，而是坚定而温和地让孩子感受到自己遇到的是好老师，师生建立起必要的联结，那么作者的经验便真的在父母和孩子的身上发生了正面的效应。

在"撕掉标签，培养孩子的成长性思维"的章节中，作者剖析了"贴标签是在做评价，忽略了事情本身"的危害程度。我们希望孩子勇敢，却重复地强调孩子胆小怕生；希望孩子通过努力获得成功，却总是把孩子的成功归因为"聪明，有天赋"；卡罗尔·德韦克在《终身成长》中用拼图任务实验，得出了"评价让孩子依赖天赋，关注事实让孩子看重努力"的结论，他认为关注努力的程度和获得的成果，利于培养学生的成长型思维。这种思维品质，会激发孩子遇到问题时，不断地从外界找原因转向内省，个人能力在整个过程中不断得到修炼。这一点，对教师的学生观发展意义非凡，教师学习关注事实，引导学生把失败变成学习的机会。那么，当孩子面临各种事情时，就不会居高临下地去评判孩子，而是陪伴和引导孩子，关注事情本身，一起寻找解决的办法，帮助孩子在其中获得自信。

书中还谈到了游戏力、界限感、性教育等概念，作者或结合女儿成长故事，或引用国内外经典的教育案例，同样让你能够轻松地阅读下来，又能主动勾连自己作为父母、人师教育中的种种是非。让你在感受作者教育成效时，不由得感慨自己要是早一些拿起正面教育的工具，那么对自己，对孩子或对学生的教育，是否能做得更加温和而坚定？

第三节　适性家教心得：言传身教　代际相承[1]

中华优秀传统文化博大精深，蕴含着中国人最深沉的精神追求和最根本的精神基因。以"整齐门内，提撕子孙"为目的的家训，是优秀传统文化宝库中的瑰宝。"齐家治国平天下""家和万事兴"的思想，先祖们耳提面命、率先垂范，世代相承，融入我们的血脉，浸润我们的灵魂，成为我们中国人的精神特质。家是最小国，国是最大家，家训承袭是传承传统文化的重要途径。犹记小时候的我得益于父母的言传身教，成长为父母希望的样子。而今成为教育队伍中一棵"大树"，父母的训诫仍回响耳边，鞭策着我教书育人。传承的力量，微妙而又伟大！

父母共养育了三个孩子。那时，他们白天上班，业余种菜、喂猪、养

---

[1] 高玉梅. "无声"教育，在心上种下美德之花[J]. 福建教育，2019（22）：13—14.

鸡贴补家用，一年四季不得闲。每天晚上，在昏黄的灯光下，母亲的手里不是织着渔网、打着毛衣，就是剖着海蛎，但她忙而不乱，从未见她着急上火。印象中，母亲只有一次冲我大喊，并吓唬要把我揍一顿，是因为我在伙伴们的起哄声里追赶了一个老乞丐。母亲当时脸色铁青的样子把我吓得不轻，也许在那一刻，尊重每个人、关注弱势群体的认知，就像一颗种子悄悄埋植在内心深处了。

"尊重"两个字说起来容易，做起来需要勇气，更需要智慧。刚结婚那会儿，我年轻气盛，偶尔会跟先生怄气。一次，母亲认真地问我——你是我养育成人的，能了解我的想法并愿意按照我的要求生活吗……所以怎能要求你丈夫按你的意愿过日子呢？这番话，母亲说得心平气和，我却听得内心翻腾。可不是，我俩一个南方人一个西北人，不同的生活方式和教育环境中长大的两个人，组成家庭也改变不了两个个体存在差异的现实。显然，母亲参透了"家庭"这本书，她用自己的人生智慧传达给我与人相处应该相互尊重，相互理解的道理。说来也怪，从此我再没有跟先生发生过别扭。

孔子云："少成若天性，习惯成自然。"古希腊哲学家柏拉图说："一个人从小受的教育把他往哪里引导，能决定他将来往哪里走。"这说的都是教育的影响力，对此，我深有体会。我的儿子从小就不善于对付文化考试，这方面完全没有遗传到父母的良好基因。在众多同事、好友用自己孩子的优秀成绩碾压我的承受能力时，我反而淡然了。正因为儿子与众不同，那才是独属于我的孩子。高考时，我尊重儿子的意愿，根据他的特长选择了他喜爱的音乐系。去年，就读大二的儿子给我带来一个惊喜——成为该学院第一个在本科阶段成功举办个人演奏会的学生。儿子成长的经历再次让我明白，尊重孩子，亦是为人父母要面对的课题。

如果说"尊重"是人生的"底色"，那么"认真"则是人生有无"底气"的关键。小时候，我们姐妹三人性格各异，犯错误难免，闹矛盾也是常有的，但是父母从不打骂我们。只有在我们姐妹做事马虎时，母亲会监督我们重新做好，比如饭碗没有洗干净，她就看着你再洗一遍，然后说：

"下次认真洗好。"作业写潦草了，父亲就拿出他的笔记本叫我们看。父亲工作期间一直担任单位的宣传委员，板书写得特别好，一般学校里难以找出一个写字能赢过他的人。父亲常常一边收起笔记本，一边说道："肯干才能干！认真才能写好字！"然后看着我们把字擦掉重写。用劳动的方式培养孩子劳动的习惯，用负责任的态度培养孩子的责任感，真不失为家庭教育的法宝。潜移默化中，我们成长为勤劳而踏实的人，我读了师范学校当了教师，妹妹们学的是会计专业，一个在国企任职，一个经营私企。

可能是记住了父亲说的话，一旦认准的事我就会全力以赴。二十年前，担任学校德育主任时，接连承办了两场市级大型少先队主题活动后，来不及兑现带儿子去游乐场的诺言，随即投入了全国品德与社会课教学展示的准备。可能是心疼我备课、研课的辛劳，儿子说："妈妈，你的任务很重吧，让我来帮帮你！"在儿子的"支持"下，我获得全国二等奖的好成绩。2012年，我报名参加中央电教馆举办的全国语文教师教学录像课比赛。那时学校没有条件录制课例，我便自己联系场地，自己邀请摄像师傅，并陪着摄像师傅一帧一帧地制作视频，最终不仅获得一等奖，还收获剪辑教学实录的技能。目前在同龄人中，我制作PPT、录制微课算得上小有名气，还真应了父亲说的"肯干才能干"的道理。

言传身教，身教为先。父母的言行对孩子的影响比说教十句、百句更有意义，更有说服力。正如德国哲学家雅斯贝尔斯所说："教育的本质意味着一棵树摇动另一棵树，一朵云推动另一朵云……"如果我也是一棵树，那么父母就是"摇动"我的另一棵树。他们把自己对传统文化的理解，内化为自己的处世之道，并润物细无声地塑造了我，这不正是一棵树对另一棵树的影响吗？

"言传身教"是家庭教育的法宝，也不失为学校管理的秘诀。2015年，我到现在的学校报到后，右腿受伤了。开学后，拖着沉重的石膏，我坚持每天早上7:00前拄着拐杖站立在教学楼下，迎接第一批师生的到来。两个月后，拿掉石膏的同时，竟意外地拿掉了这所学校的"老大难"问题——上班迟到的老师少了，上学迟到的孩子也几乎没有了。印象中，一个低年级的小男生总会跑到我跟前,轻轻说声"校长好",然后欢快地跑开了。无意中看到他左边嘴角的小酒窝,才惊喜地发现,这不就是开学初总是踩着铃声跑向教室的"风一样"的男孩吗?后来天天来得那么早,是跟校长比赛吗?

许是校长的身份特殊,对老师的影响更大些。这所学校的老师为人比较朴实,向往安逸的工作。距离退休十几年的教师,本该是年富力强的黄金阶段,却早早做起养老的准备。如何让这部分教师焕发工作的热情,相应的"奖惩制度"是必要的,但表率的引领作用可能会发挥更大的作用,我是这么想也是这么做的。于是,我带头开放课堂,积极承担各级研讨课,并把每年参加各级比赛的经历和材料分享给老师。行动无言,但是变化确实发生了。学期初,教研组长在工作汇报中谈道,50岁以上的老师纷纷申请市级、区级课题研究了,目前两周一次的大组教研活动,已经安排不完老师申请的校级研讨课……年轻的科学老师郑晓万参加2018年福建省教师技能大赛获得特等奖,回顾备赛的过程,他说:"校长从简单的'木'字教起,告诉我写字要'横平竖直,撇有尖,捺有脚',她说越是大赛越要扎实练好基本功……更是在比赛前夕,勉励我不能只是尽力,必须尽全力!"曾几何时,我极力倡导的踏实学习和认真工作的态度,竟已经变成了老师们共同认可的价值观。

对学生的影响也是如此。每周一升旗仪式结束前,孩子们都会高喊学校的校训——脚踏实地,心向蓝天,这何尝不是我想送给孩子的"礼物"呢?学校80%以上的学生都是外来务工人员子女,培养良好的生活和学习习惯是当务之急,但又不能操之过急。回想过去,父母以"用负责任的态度培养孩子的责任感"的方式培养了我,今天的我特别相信这依然是行之有效的教育方式。因此,我和我的学生把校训精神转化为具体的动作指令,比如"离位'三清一靠'",即离开座位时要清理桌面、清理抽屉、清理地面,然后把椅子靠进桌子底下。每天,我和我的老师们、学生们一板一眼地做好"三清一靠"。日复一日的操练中,学生出操、集会时路队安静有序,精神面貌绝佳。任何时候,教室的课桌椅总是横竖整齐、地面干净整洁，让人赏心悦目。从打理自己的课桌椅开始，学生在实操中形成了一丝不苟的工作态度，他们开始认真读书、写字和做实验，进而养成认真做好每一件事的习惯。与其刻意地告诉学生认真负责是一种美德，不如让他们通过师长的言行，亲身感受这样做的好处，那么改变的将不只是孩子的行为，还有他们学习和生活的态度。三年过去了，学生不仅在学业成绩方面有了明显的进步，摘掉了"落后"的帽子，而且在第二课堂方面也取得了丰硕的成果，荣获厦门市中小学男篮比赛第一名和厦门市鹭岛花朵舞蹈比赛金奖的好成绩。

教师对学生的教育影响，就如春雨"随风潜入夜"，在关键的时候发生关键的作用。局限于课堂的学习，把学生当作传承文化知识的载体是错误的，真正的教育往往是一个人对一个人的影响，或者是一代人对一代人的影响。就如我的父母一辈子身体力行，书写了"尊重他人，认真工作"的中华传统美德，搭建起我赖以生存和发展的精神家园。如今，这八个字犹如家风良训深深镌刻在我的灵魂深处，不知不觉成为我的价值观念、思维方式和行为习惯。作为一名教师，我有机会也有使命把自己对传统美德的理解，通过自己言行转化为对学生的影响，这是一种潜移默化的"浸润"，更是一种身体力行的"传承"。可以想象，将来我的学生也将以"言传身教"的方式把美德继续传扬。传承的力量历久弥新，代际相传的方式微妙而伟大！

第四节　适性生活心得：
"尊重与成全"的生活更舒适

我的家庭很普通，但是很温馨。因为这个家庭里的每个人都尊重他人的生活方式，每个人都可以按照自己的方式过日子。

一、我工作很忙碌，先生从不干涉

1992年，先生从大西北来到厦门。几年后，我们成了一家人。作为一名小学教师，我只是传说中的那个人——小学教师工作轻松，还有寒暑假，可以相夫教子。事实上，先生看到的是我此后近三十年，始终每天起早摸黑不说，连周末都几乎是在加班中度过。从班主任变成了年段长、德育主任、副校长，渐渐成长为学校的书记、校长。既要做好行政工作，又不能影响专业的发展。我虽然常常顾不上家里的事，但先生很理解我，也从不干涉。我周末经常加班，他时常陪着我去学校，免得我一个人在学校干活显得太孤单。

二、我们夫妻工作忙，父母全力支持

我们夫妻俩能够全力以赴地工作，一定要感谢我的父母。两位老人家都是拥有五十多年党龄的中共党员，他们年轻时正遇上新中国翻天覆地的变化时期，坚持党的领导，工作兢兢业业，在平凡的岗位上克己奉公。退休后，他们仍保持良好的党员风范。有一天夜里11点多了，母亲发现"学习强国"的任务没完成，便戴起老花镜，认真操作起来。父亲生活简朴，但他参加社区党员活动，总是要穿戴得特别整齐，佩戴好党徽，并守着闹钟做好提早半小时到会的准备。让他迟一些出发简直不可能，因为"迟到"这个概念从来就没有出现在他的人生词典中。父亲除了做一些家务，生活很自律，每天定时健身和阅读，生活过得很充实。

两位老人一辈子身体力行，用自己认为最舒服的方式度过了大半辈子。因为他们严于律己，但是对自己孩子的成长却很"人性"，他们允许自己的孩子去过自己的人生。因此，我们姐妹各尽其才，各自走出自己的人生之路。

我们夫妻俩忙于工作，家务事全都落在了老人的身上。他们对此从无二话，坚持劳动，几乎承担了全部的家务活。因为他们认为年轻人就该好好工作，而他们把力所能及的家务事做好，这是理所当然的。

三、先生乐于跑"马",我乐见其成

我和先生是在不同的生活方式和教育环境中长大的两个人,先生西北人的性格,说话直来直去。我驾车上路的时候,他有时批评我刹车踩慢了,有时说弯道减速不够……我虽然不喜欢听,但是我努力把这些话消化成"爱之深责之切"的别样表达。因此,我们在一起生活二十多年来,没有发生过别扭。

五年前,先生迷恋上了马拉松运动,每天4点多早起晨练,常常把我吵醒。我醒了,也不怪他,将就着再睡一觉。2018年,先生一年里拿下8个"全马"的奖牌,目前60多个奖牌挂满了墙壁。就这样,2019年,我们荣获厦门市"十佳最美家庭"的荣誉。二十多年来,相互理解,相互鼓励,倒也惬意。

四、村里人不富裕,我们就帮一点

1997年,我和先生带儿子回西北老家,才发现村里还是那么穷,村民们几乎没有换洗的衣服,孩子们勤劳朴实却大字不识几个。我完全理解村民因为经济问题无力提供子女入学费用的遗憾,作为一名教师,我懂得学习文化对于农村孩子改变人生的重要意义。

我提议:"让村里的孩子去上学吧。"先生说:"孩子的学费我们来负责吧!"我们俩一拍即合。从此村里的每个孩子每学期50元左右的课本费都由我们夫妻俩来买单。2001年,得知西部山区实行簿籍费减免的政策后,我们把个人的助学活动提升为"奖教奖学助学基金会",从此吸引了多位朋友加入我们的活动。转眼二十三个年头过去,基金会先后资助学生140多人,发放资金30多万元,资助困难家庭达50多户。如今村里的每个年轻人都识字,他们陆续完成了中小学,甚至大学的学业,纷纷走上工作岗位。

儿子6岁起主动参与了"奖教助学"的活动,他常常把压岁钱贡献出来。高考报考大学志愿时,他填报了师范类学校。我想,这个家庭二十多年的公益活动一定对他产生了积极的影响,让他体会到了父母的心意,也

感受到自己的责任。然后，他成长为他应该成长的样子。

生活里的"适性"是什么？应该是家里的每个人相互尊重、相互成全，可以依自己的天性，寻找舒服的方式，过自己想过的生活。这样的生活，自己过得舒适，家人也感到舒适。

第五节　适性办学心得：学校文化密码阐述[1]

学校文化是一所学校发展的核心和灵魂，也是学校办学体系的目标和指向，所以很多校长都重视学校文化建设。但是，学校文化是学校内部成长出来的，即生活在同一环境里的所有人共同创造出来的，是自己的文化与学校师生的体悟、感受和思考结合起来的产物。阐述一个学校的文化，应该把自己学校里每天经历的每件事，从学校文化的角度去思考与表述。

一、基于"自己"，文化认知驱使学校文化认同

胡适先生说过，吸收进来的智识、思想，无论是看书来的，或者是听来的，都只是模糊零碎，都算不得我们自己的东西……自己组织过、用自己的语言记述，那种智识思想方可算是你自己的了。学校文化建设也是如此，校长要在一定时间内，结合学校实际情况（学校历史、地理位置、社区文化、生源及家长等方面）有意识地摸索、梳理和总结。关于"学校文化是什么""有何价值""如何作用于师生的灵魂深处"等问题，都要在办学的过程中让师生都清晰地认知。

学校办学近八十载，校内有一棵两百多年树龄的老榕树，几代内林师生就在这棵老榕树下学习和成长。师生们懂榕树、爱榕树、恋榕树，榕树情怀深深扎根在师生们的灵魂深处。于是，学校做出了把榕树确定为学校文化的具象化特征的重要决定。

---

[1] 高玉梅.学校"自己"的文化密码阐述——以福建省厦门市集美区内林小学为例[J].新教师，2019（1）：23—24.

根据榕树的特点，学校提炼出象征榕树精神的校训——脚踏实地·心向蓝天。校训是一个学校核心价值观的语言符号，它明白地告示师生：为人处世要脚踏实地，像榕树一样扎实根基、不断向上。榕树精神的提出，尊重了学校的历史文化，又帮助师生找到了维系学校过去和明天的一丝关联。

一所学校的开启便是文化的开启。学校不断挖掘榕树"脚踏实地"的精神与教育管理的链接点，从校训的提出到办学愿景"内养英华·芬芳成林"，以及教风"立己达人·枝繁叶茂"和学风"春华秋实·向善立美"的制定，榕树精神成为学校的文化基因渗透到办学实践的各个方面，并成为全体师生拥有的集体朝向。

围绕当下的现状与需求，学校不断向师生说明学校文化的内涵，让师生理解学校"为什么这样做"，以及必须"脚踏实地去做"的道理。学校的文化认同，其核心是对一种基本价值的认同。当"脚踏实地"成为学校师生特有的思维品质时，带给学校的不仅是"精气神"，还是一种学校特有的价值观，它指引着学校发展的方向。

二、发展"自己"，落点恰当的学校文化建设行动

文化是想和做的结合。确定榕树精神作为学校的文化内涵时，学校便创造性地依据榕树特点给各项主题教育活动冠名，如"昌榕舞台"榕树文化节以及校园四节——"榕海艺梦"艺术节、"榕园书语"读书节、"榕子健体"体育节、"榕林探秘"科技节。观其名，悟其意。从校园文化的角度去表述，给校园里的每件事印刻上榕树的精神象征，师生在各项教育实践中渐渐建立起"脚踏实地"的根本意识。

学校挖掘榕树文化中蕴含的丰富资源，构建了榕树文化课程体系——根基课程、主干课程和树冠课程，三者相辅相成。根基课程，主要是以校本课程为依托的学校创编教材《榕情觅意》，它彰显榕树精神底蕴，是学校课程个性化的直接体现，促使学生认识榕树，学习榕树精神。主干课程，以国家课程为依托，寻找校园文化的生长点，在教学过程中渗透校本

文化。主干课程作为基础课程，为学生奠定广博而丰厚的文化基础。树冠课程，则是以各种主题活动为依托的社团活动，是学生实践的平台，为学生体验榕树精神、感受榕树文化提供了丰富的载体。

学校致力于榕树课堂理念的建设。课堂教学是学校文化的生长点和发展点。立足榕树文化，学校提出"榕树课堂"的三大内涵，即"实""活""效"。"实"是"厚实"，倡导用最朴素的教学手段获得最扎实的教学效果，教学应犹如榕树的根，夯实基础、扎实训练，才能教得牢靠，学得厚实。"活"是"鲜活"，课堂是极具张力的生命场，强调教学流程和练习设计的"活"两大特点。除了紧扣课堂教学主线设计有针对性的作业，还要重视学生主体，兼顾"学练"多样性。"效"是有"效度"的课堂，让学生"得法于课内，得益于课外，内外兼修"。学校用榕树文化滋养课堂，让课堂成为滋养学校文化的沃土，催生出榕树一样的美好的情怀。

三、成就"自己"，价值导向学校文化的实现

"教育的最终目的不是传授已有的东西，而是要把人的创造力量诱发出来，将生命感、价值感唤醒。"德国教育家斯普朗格告诉我们，教育的核心使命是唤醒，学生如此，教师亦然。如何让师生愿意秉承学校文化去实践、去分享、去创新，需要不断凝练学校的核心文化理念，在管理文化、师生文化等实践中，使师生拥有共同的价值判断，形成鲜明的价值导向。

首先是学校标识系统的打造。在榕树文化情境中，内林小学师生创造了特定的符号系统，主要表现在以"内"字为主要元素的校徽，以榕树、党旗和爱心构成的党建Logo，以及校园吉祥物"榕娃"等视觉符号。在一系列榕树文化的衍生物中，可以看到师生对榕树文化的理解与思考，也可以看到践行榕树文化而产生的真实情感和体验。如校园吉祥物"榕娃"的诞生，看似是偶然，却是必然，它由师生、家长共同设计而成。头顶翠绿榕叶的"榕娃"，脚踏实地，阳光向上的气质，恰恰是校训精神的体现。

标识系统负载着鲜明的主题思想情感，代表或突出某一精神特质。

学校党建活动肩负着发挥党员先锋堡垒的作用，亮出"榕情心语·党员先锋"Logo的标记，党员教师便也清楚地认识到：党员有义务和责任践行校训，用自己的学习和工作，彰显党员应有的风采。秉承校训，不说虚话、不干虚事，认准党建活动必须与教学工作相结合的道理。学校要求党员把上班来得早、教学成效高作为最基本的标准。就这样，党员教师用务实的学习行动擦亮了内林小学党建品牌，把学校党支部建设成为区级样板支部。

其次是实施契合学校文化的管理制度。关于制度的建设，学校坚持三个"务必"：务必利于发展，务必利于执行，务必利于落实。"利于发展"指的是制度的提出要具有科学性和可行性，更需具有促进师生发展的驱动性。苛刻的、不切实际的，或可能激发对立面的制度要慎思。如考勤制度的实施，对于不同年龄、不同学科、不同岗位教师的考勤，是统一要求还是照顾差异，应通盘考虑，最大限度地保障每位教师的权利和义务，避免歧义而产生不良影响。在"脚踏实地"的学校管理实践中，制度的制定还必须体现在"务必利于执行"和"务必利于落实"上。学校的制度条例不在多而在于实，要求条款清楚，奖罚分明，人人看得懂，人人能适用。每学期初，分发到教师手中的《内林小学教学常规管理手册》，各项规定（工作要求）一目了然。违反规定，将受到什么惩处，同样一看便知晓。

凡常规，均有制。什么样的学校造就什么样的制度建设，制度建设反过来又促使校园文化的凝练和提升。当全体师生秉承校训精神，当学校呈现出"扎扎实实地做好每件事、踏踏实实地过好每一天"的境况，制度便升华成了文化，一种有别于其他学校的独特而又迷人的校园文化：脚踏实地，实事求是，严谨而又开放。

一个学校的校训成为学校管理的核心理念和集体的价值导向，意味着特色鲜明的学校文化在校园里落地生根了。但学校文化并非表述出来就算成了，更为重要的是要体现在全体成员的行为上。学校要在丰富的实践活动中，不断梳理、总结，建设和丰富"自己"的教育管理体系，进一步深化"自己"的文化内涵，从而促进学校的发展。

至此，《适性语文》的书稿基本完成，回望走过的路，我愈加坚信一点，即学校需要准确把握教育规律，符合学生特点，才能高质量地发挥育人功能。教育要有因材施教的策略和有教无类的情怀，才能不辜负每个孩子的潜能，让每一个孩子按照自己的优势去发展，这是教育工作者的初心和使命，也是我要不懈攀登的高峰！

后记

2023年12月31日，这是一个值得纪念的日子。这一天，我决定动笔把自己三十多年来在语文教学中对差异教育的理解和实践的点滴记录下来。截至2024年4月20日，历经冬天到春天，再到夏天，随着脚边的取暖器换成了电风扇，《适性语文》书稿竟然完成了。

回想过去100多个夜晚的"煎熬"，印象最深刻的是每天凌晨1点左右决定停笔时的天人交战：睡吧，却只写了区区数字；继续熬呢，白天没法上课。因而停止敲击键盘时，总会宽慰自己，明晚早一点写吧，写时动作快一点吧。笔耕时的艰辛与苦闷，令人有些后怕，却也有些感动。诚如朱小蔓教授所言，人活着需要有支撑我们生命的东西，太需要有为我们每一天的生活得到鼓励和依据的东西，所以我们寻找自己为人的原则、信念乃至方法。对于这一点，我是十分赞同的。

1992年起，我极其有幸跟在时任曾营小学校长沈怡蓉的身边，参与差异教育的研究，切身感受沈怡蓉校长走在差异教育研究路上的智慧与力量，是她带领着"曾营人"走在"'异步教学，差异发展'的差异教学策略的实验研究"到"新课程背景下大班额教学照顾学生差异的实践与研究"的征程中。十多年里，她沐风栉雨，谱写了曾营小学差异教育的新篇章。2012年，时任曾营小学校长的叶秀萍更是高举差异教育的"大旗"，以"基于师生核心素养发展的差异教育改革与实践"为题开展了福建省首批教改示范性建设学校的项目研究，且于2021年，正式出版专著《差异教育促进最优发展》，把曾营小学的差异教育研究推向了高潮。

其间，我离开曾营小学达十七年之久，但是差异教育的理念已经深植我心。2011年在新源小学任副校长时，我进行"照顾差异的校本作业"省级规划办的课题研究；2015年，在内林小学任校长时，我推行了"三实教育"。"三实"的"实"即教育的"实然"，也就是教育要根据学生的实际情况，开展基于学情的教育研究，促进学生在原有的基础上得到发展。这两个阶段的研究无疑是我所理解的差异教育在不同学校的校本实践。显然，在不知不觉中，我已把差异教育的理念融入日常，并作为自己教育的自觉。

时至2020年，按照组织的安排再回曾营，我毫不犹豫地接过差异教育研究的"接力棒"。分析了原有差异研究侧重学生层面的情况，我有意识地把聚焦点倾向教师层面，突出对不同层级教师成长的关注，开展了关于教师专业发展的省级课题研究。2023年，我所带的集美区第三届名师发展工作室接受考核，并着手申报厦门市第三批名师工作室，在提炼语文教学主张时，"适性语文"教学主张伴随着思考付之笔端，体现"适性语文"教学模式的建构也呼之欲出，"三六三"适性语文教学模式得到初步的论证。

教学研究的过程痛并快乐着，但写作的过程明显备受煎熬。回想写稿的过程，我很感慨：人这种生物实在有趣，竟然如此倔强与坚强，是什么支撑着我去"寻找为人的原则、信念与方法"呢？毋庸置疑，是一路走来，始终爱我、支持我的导师、领导和伙伴们。

我感谢学校首开教育差异研究先河的沈怡蓉校长，感谢在差异研究路上继往开来的叶秀萍校长，她们先行先试，总结了丰富的研究经验，留下了宝贵的研究成果，激励着我沿着前辈的足迹勇往直前。

感谢福建省名校长后备人选培训时的理论导师徐敏教授和实践导师黄马福校长，他们指导我构建差异教育的育人框架和办学思想，为"适性语文"教学主张的提出奠定了基础。

感谢厦门教育科学研究院副书记江礼平、集美区教师进修学校校长李涛、福建省教育学院杂志社编辑周志平，感谢他们先后对我的教学主张提炼以及书稿撰写进行悉心指导。

感谢曾营小学全校教师秉承"海纳百川·勇立潮头"的学校精神，上下通力协作，几十年如一日献身差异教育的实践与研究，呈现了具体生动的差异教育研究的案例。

感谢名师工作室的伙伴陈荧、范昊、林秋菊、刘晨、杜鹭昀老师的暖心陪伴并提供适性语文教学的精彩课例，其中陈荧老师还撰写了第三章第三节，张萍老师撰写了第六章第三节，在此一一表达谢意。

由于时间仓促，加上水平有限，许多问题还有待进一步深入研究，书中不当之处，敬请斧正。

高玉梅

2024年5月6日

参考文献

一、著作类

[1]蔡元培.蔡元培选集[M].中华书局编.北京：中华书局，1959.

[2]杜时忠.学校德育何以可能[M].南京：南京师范大学出版社，2000.

[3]冯恩洪.创造适合学生的教育[M].天津：天津教育出版社，2017.

[4]冯荣.扬长教育论[M].北京：知识产权出版社，2017.

[5]陶行知.中国教育改造[M].北京：东方出版社，1996.

[6]王夫之船山全书（第7册）四书训义（上）[M].船山全书编辑委员会校编.长沙：岳麓书社，1991.

[7]徐世贵，刘恒贺.教师怎样做小课题研究[M].重庆：西南师范大学出版社，2011.

[8]叶秀萍.差异教育促最优发展[M].厦门：厦门大学出版社，2021.

[9]周兴国.教育实践话语的意义阐释[M].芜湖:安徽师范大学出版社，2016.

[10]郑仁东，王斌.追寻适合的教育：杭州市求是教育集团轻负高质十年教改之路教改之路[M].杭州：浙江大学出版社，2012.

[11]（英）怀特海.教育的目的[M].壮莲评，王立中译.上海：上海文汇出版社，2012.

[12]（美）霍德华·加德纳.多元智能[M].沈致隆译.北京：新华出版社，1999.

[13]FanganT. K. &WiseP. S. ScholPsychology.Past Present and Future. London: Longman Publishing Group, 1994.

二、期刊类

[1]陈小红.细化习作目标,提高写作质量:小学语文习作教学研究[J].教育管理与教育研究,2023(3):32—34.

[2]崔允漷.学科实践:学科育人方式变革的新方向[J].人民教育,2022(9):30—32.

[3]刀吉草.小学语文习作单元整体教学设计与实践:以三年级下册第五单元为例[J].语文新读写,2023(20):77—79+64.

[4]范吉明.审美视域下语文"读思达"教学新路径[J].新课程评论,2020(9):64—71.

[5]方家鸿,苏军政.主题班会课的主题确立策略[J].中国德育,2024(5):78—80.

[6]郭炎华.把握教学流程管理的几个问题[J].教育发展研究,1999(51):95—96.

[7]顾明远.全面发展与因材施教[J].江苏教育,1982(1):1—3.

[8]高翀骅,王纪田,于海生.素养导向的高中语文单元教学目标的研制与表述[J].基础教育课程,2023(6):24—33.

[9]刘治富.综合实践活动课程差异化评价的路向[J].教学与管理,2023(29):18—21.

[10]刘娟,刘飞.学科大概念下语文单元教学目标的设计理念及其实现[J].教学与管理,2023(13):29—33.

[11]李冲锋.教学环节的组织与教学流程的展开:以李卫东《阿长与〈山海经〉》教学实录为例[J].2011(5):20—22.

[12]赖婉茹.立足单元习作,实现读写融合:以统编版语文五年级下册第五单元习作教学为例[J].小学教学研究,2024(5):43—44+52.

[13]刘玉勇.增值性评价缘起、现状与未来指向[J].教育评论,2023(9):67—74.

[14]沈哲怡,沈美琴.方法引导 任务驱动 融合运用:以"借助资

料，加深对课文理解"为例[J].小学语文，2023(8)：79—82.

[15]孙双金.情智语文：我的教学主张[J].江苏教育研究，2011(12)：14—18.

[16]吴忠豪.语文教学内容科学化的三次探索[J].语文建设，2020(18)：18—23.

[17]吴清山.适性教育的理念与实践[J].教育研究月刊（中国台湾），2018(1)：4—16.

[18]王安琪.随文练笔 读写融合：统编教材视域下小学语文随文练笔教学实践探索[J].山西教育（教学）.2023(9)：3—4.

[19]王慧霞.适性教育个例研究[J].现代中小学教育，2014(8)：31—34.

[20]肖淑芳."双新"背景下的高中语文作业设计与实施[J].现代教学，2022(Z1)：57—58.

[21]徐芳.阐述学校"自己"的课程密码表达密码[J].中小学管理，2018(4)：50—52.

[22]闫守轩.罗杰斯"非指导性教学"思想新释：生命哲学的视野[J].南京航空航天大学学报（社会科学版）[J].2006(2)：87—90+94.

[23]余文森."读思达"教学法：学生教材学习的基本范式及主要变式[J].中国教育学刊，2021(7)：67—72+77.

[24]曾东升.整体性治理视角下的校企协同合作机制研究[J].教育与职业，2015(23)：10—13.

[25]郑朝晖.语文学习就是特定情境中的言语活动[J].中学语文教学，2022(2)：63—64.

[26]赵芝萍，张晨晖.培养自主学习者：以单元整体教学落实语文学习任务群的探索[J].语文建设，2023(12)：52—58.

三、学位论文

[1]王旭青.教师专业发展视角下教研主题生成策略研究[D].上海:上海师范大学硕士论文,2020.

[2]周雨桐."读思达"教学法在小学语文教学中的应用研究[D].河南:洛阳师范学院硕士论文,2023.